조선문학문학총서 20

문학으로 보는 성경

정재영 지음

조 선 문 학 사

문학으로 보는 성경

정재영 지음

책머리에

성경의 문학성이 우수한가, 라고 질문하면 거의 그렇다고 대답한다. 그러나 왜 그럴까, 재차 물어보면 선입관에 의한 견해임을 알게 된다. 대부분 성경이 오랜 역사성을 가진 책이며 많은 사람들에게 큰 감명을 준 사실로 미루어 그것은 설명이 필요 없는 매우 당연한 것으로 여긴다. 그 이유는 그 방면에 미처 관심을 두지 못했거나 성경 내의 문학적 이론이나 관심이 부족하기 때문이다. 그래서 문학적 이론에서도 성경의 우수성을 설명할 수 있는 변증을 위해 이 글을 썼다.

성경의 내용은 신학적으로 다루어야 할 부분이다. 이 책의 내용에서는 가능한 한 문학창작 이론인 드러냄의 방법 즉 표현기법을 중심으로 성경이 왜 문학으로도 뛰어난가를 한정시켜 이해를 구하려 시도해 본 것이다. 특히 시론(詩論)을 중심하여 관찰해보았다.

표제에는 성경이라는 단어를 사용했으나 본문에서는 성서라는 말로 표기했다. 그 이유는 신앙 경전이라는 뜻의 성경을 인문학적인 분석이나 설명함에 있어 혹시라도 인간적인 학문적 견해가 믿음의 경전에 대해서 불경스러울 수도 있다는 우려에서 굳이 구분해 본 것이다.

문학은 허구로 목적을 이루나, 성경은 사실로 진리를 설명하는 차이가 있다. 그러나 성경도 인간의 언어로 이루어졌기에 그 표현기법 내에서 살펴보면 문학적인 이론으로도 설명이 가능하다는 소신을 가지고 이 글을 썼다. 즉 경전도 일반 문학방법론을 가지고 설명이 가능하다는 의미에서 성서라는 단어를 사용하였다. 신학의 입장이 아닌 문학의 입장에서 본다는 것을 강조한 것이다. 성경의 문학적 부분을 중점적으로 고찰했기 때문이다. 그러나 아주 한정된 부분에서는 신학과 문학의 통섭을 시도하려는 의도가 있음을 시인한다.

이 책이 나오게 된 것은 조선문학사 덕임을 밝힌다. 『조선문학』에 연재하였던 것을 단행본으로 묶게 된 것이다.

각 장은 연재 당시 편집상에 따른 분량이어서 각 주제마다 충분한 지면을 가지고 논하지 못한 부분이 있다. 또한 애초부터 참고문헌 첨부를 생략한 이유도 그런 연유에서다.

부족한 사람을 배후에서 역사하신 성경의 주인공에게 감사를 드린다.

경인년 정월

소석 정 재 영

賀書

기독교문학의 오묘한 세계를 파헤친 역저

李姓敎(시인 · 한국기독시인협회 회장)

정재영 시인은 한 마디로 특출한 사람이다. 그를 새로 설명할 필요 없이 그가 하는 일의 모든 분야에서는 우뚝 솟아 있다. 그는 남다른 체험의 시를 줄기차게 쓰고 있는 시인이기도 하거니와 그의 직업 분야에서도 우뚝한 존재로 알려져 있다.

그가 오늘까지 여러 면에서 두각을 나타내기까지에는 큰 배경이 있다. 그것은 믿음이라고 말할 수 있다. 섬기는 교회의 장로로 성도들에게 본이 될 뿐 아니라 기독교 여러 단체에서 앞장서 책임을 성실히 수행한 일은 귀감이 되고 있다.

그는 다재다능한 사람이다. 전문직에 종사하면서도 시인으로 크게 활동을 하고 있다. 그가 고백한 글에 의하면 그의 어릴 때 꿈이 시인이 되는 것이라 했다. 그는 한참 꿈이 소롯이 피어나던 중학교 시절 주위를 놀라게 하는 글을 발표하여 이미 시인이 될 것을 멀리서 보여주었다고 한다.

돌아보면 그가 하는 다른 일 때문에 남보다 조금 늦게 문단에 등단하였으나 그동안 남모르게 속으로 익힌 시심으로 더 좋은 시를 쓸 수 있었던 것이다.

그는 남다른 꿈과 노력으로 유수한 문예지로 등단한 지 이제는 오랜 시간이 흘렀지만 변하지 않는 꾸준한 마음으로 작품을 발표하고 있다. 그 결과 이미 8권의 시집을 내어 시단에서 큰 위치를 굳혔고, 작품을 발표할 때마다 좋은 시인으로 평가를 받았다.

그의 시가 남다른 것은 그의 시정신과 노력에도 기인한다. 그는 큰 목적을 가지고 주어진 시간 안에서 최선을 다하여 시를 생각하고 정진하는 노력을 기울려 왔던 것을 알게 된다. 어떻게 하면 좋은 시를 쓸 수 있을까를 늘 기도하며 시를 쓰며 공부해 왔다. 무엇보다도 시의 세계, 본질을 잘 파악하고 거기에 맞추어 시를 쓰려고 했다.

그는 그 바쁜 생활 중에도 시의 세계를 더 넓히기 위하여 한 단계 코스를 택했던 것이다. 대학원에 들어가서 문예창작 원리와 이론을 연구했던 것이다. 그 결과 『 현대시의 시법과 창작 실제』라는 이론과 비평을 겸한 저서를 내기도 했다. 그것으로 그의 독특한 시와 시 창작 비법이 널리 알려지게 되었다. 이와 같은 그의 행적으로 「조선시문학상」, 「한국기독시문학상」을 수상하기도 했다.

그 이후 또 하나의 작업이 이루어지게 되었다. 그것은 그의 인생 전체를 지배하고 있는 신앙과 문학의 관계를 더 깊이 구체적으로 연구하게 된 것이다.

그가 일찍 신학대학원에서 공부한 신학과 시인으로 추구하는 문학의 연구를 통해 기독문학의 오묘한 세계를 파헤쳐 연결하여 두 관계를 밝히고 있다. 그래서 이번에 나오는 저서는 신앙과 문학의 두 분야에서 볼 때 드문 가치가 있는 큰 성과물이라고 말하겠다.

賀書

이 책의 주된 내용은 성경과 문학의 관계를 살폈는데「현대시 창작기법으로 본 성서」,「성서문학의 구조적 통일성과 창작기법의 특성」이 크게 눈에 띄었고, 이외에도「성서 안에 나타난 미학성」. 「성서의 절기에 나타난 상징과 원형심상」도 문학이론을 적용하여 신학과 연결하는 것을 발견하게 된다.

여기서 그가 그동안 쌓아온 성경지식과 문학이론의 수준을 짐작할 수 있다. 이런 지식을 무기로 종횡무진으로 두 분야를 섭렵하며 주장하는 내용에서 다시 한 번 그의 식견과 믿음에 머리를 숙인다. 이제 오랫동안 기도한 그의 사상이 만천하에 드러날 때가 되었다.

이런 점으로 봐 이번에 상재한 역저는 문학계뿐만 아니라 종교계에서도 큰 각광을 받으리라 믿는다. 특히 신앙을 가지고 문학을 하는 많은 사람들에게 남다른 자극이 되리라 분명 믿는다.

메시아의 출현의 필요성과 당위성

박 형 용(전 총신대학교 신학 교수 · 서울성경신학대학원대학교 총장)

금번에 정재영 박사의 『문학으로 보는 성경』이 출간된 것을 진심으로 축하한다. 정재영 박사는 1970년대 말 총신대학교 교수로 재직할 당시 신학생으로 신학을 공부한 열심 있는 학생이었다. 그 당시 정 박사는 바쁜 일정 가운데 시간을 쪼개어 공부에 전념했던 것을 기억한다. 어쩌면 본서인 『문학으로 보는 성경』도 그 때 신학을 차분히 공부했기 때문에 그 열매로 나타난 것이리라 생각한다. 성경은 글 쓰는 일에 대해 "여러 책을 짓는 것은 끝이 없고 많이 공부하는 것은 몸을 피곤케 한다"(전 12:12)고 말한다. 정 박사가 전문직에 종사하는 일원으로 또 단체를 이끌어가는 리더로 여러 가지 의무를 실천해야할 책임이 있음에도 불구하고 이렇게 좋은 글을 썼다는 사실은 그의 성실한 삶의 단면을 보여 준다. 이제 이 책의 몇 가지 특징을 생각하면서 추천의 말을 하고자 한다.

첫째, 『문학으로 보는 성경』은 성경의 문학적 가치를 높이는데 크게 기여했다고 사료된다. 성경의 내용을 연구한 책은 많이 있지만 성경의 문학성을 연구한 책은 그리 많지 않다. 그런데 본서는 성경의 문학적 가치를 염두에 두고 기술한 책이다. 성경은 원래 하나님의 작품이지만 하나님이 인간 저자들을 사용하셨기 때문에 저자 개인들의 문학적 특성이 내재되어 있다. 정 박사는 성경의 이 특성을 세밀하게 관찰하여 본서를 저술한 것이다.

본서는 저자가 서언에서 밝힌 대로 "신학의 입장이 아닌 문학의 입장"에서 쓴 책이다. 하지만 책 전반에 걸쳐 성경을 바로 해석하는 바른 신학이 마치 사람의 뼈대와 같이 본서의 골격을 이루고 있다. 저자는 성경 전체가 통일된 주제를 가지고 있는데 그 주제는 "예수님"이라고 확신한다. 구약 성경은 저자의 표현대로 인간의 죄 문제를 해결하기 위한 하나님의 계획으로 "메시아의 출현의 필요성과 당위성"을 제시하고 있다. 그리고 신약 성경은 메시아이신 예수님이 성육신(육현, Incarnation)의 방법으로 이 세상에 오셔서 성취하신 것과 활동하신 내용을 기술하고 있다. 저자는 이와 같은 성경의 맥을 기초로 성경의 문학적 가치를 높이고 있다.

둘째, 정 박사가 성경의 문학성을 다루면서 성경의 문학적 기법을 설명한 부분들은 신학교 (M. Div.)과정의 성경 해석학 시간에 참고자료로 사용할 수 있을 만큼 유용한 내용이라고 생각된다. 일반적으로 신학대학원의 성경해석학 시간에 성경 속에 내재해 있는 언어의 특성들을 다룬다. 그런데 정 박사가 본서에서 설명하고 있는 성경의 문학적 기법은 다른 성경 해석학 책의 내용과 비교해서 손색이 없을 정도로 좋은 내용이다. 본서는 문학도들뿐만 아니라 성경을 전문적으로 연구하는 신학도 들에게도 유익한 책으로 사료되어 적극 추천한다.

셋째, 추천자는 본서의 내용을 일별하면서 본서가 성경의 문학적 문분뿐만 아니라 성경의 내용을 잘 소개하고 있다고 생각한다. 물론 본서의 목적이 성경의 내용을 소개하기 위한 것이 아니기 때문에 성경의 전반적인 내용을 소개할 수는 없지만 본서가 다루고 있는 부분은 성실한 연구를 통해 유익한 내용을 전하고 있다.

본서는 시세계의 관점에서 성경을 볼 수 있고, 성경의 관점에서 시세계를 엿볼 수 있는 책이다. 추천자는 정 박사가 다른 사람들이 시도하지 못한 성경과 시세계와의 관계를 신학을 연구한 시인답게 훌륭하게 제시해 주었다고 생각하면서 적극 추천한다.

차례

문학으로 보는 성경

성서 속의 문학성

1. 들어가는 말

성서를 주제로 한 그림 중에는 예수님의 탄생이나 죽음 그리고 부활 등의 것이 많다. 그 중에 기독교 신자의 여부를 불문하고 성화(聖畵)중 쉽게 떠오르는 하나는 양떼를 거느리고 가는 목자상과 문밖에서 두드리는 예수님의 모습일 것이다. 전자의 성화는 사람과 양 무리가 푸른 풀밭에 한가로이 있는 모습에서 시편 23편을 그린 것이고, 후자는 계시록, 3장 20절을 회화화한 것이다.

문밖에서 두드리고 있는 사람의 그림 주제는 동등한 인격적 관계설정을 두는 전제에서 어느 성화보다 매우 마음에 든다. 또한 이것은 애절한 사랑의 고백 같아서 요한복음 15장에 나타난 동등의 신분과 인격적 관계설정의 상황에서 현대시의 창작기법을 설명하기 쉬운 기독교 메시지다. 물론 보는 사람의 각도에 따라 여러 해석이 가능하나, 여기서는 종교적인 깊고 심오한 내용을 내포시킨 의도를 여러 가지 상상을 가능케 하는 문학적 방법론을 부분적으로나마 점검하면서 그 본문을 다루어 본다. 이미 여러 화가들이 이 주제를 시각화한 것 자체가 이미 현대시의 창작이론과 일정한 맥을 같이 함을 인정할 수 있기 때문이다.

2. 성서 속의 문학적 함축성과 현대시와의 창작기법의 비교

볼지어다
내가 문밖에 서서 두드리노니
누구든지
내 음성을 듣고 문을 열면
내가 그에게로 들어가
그와 더불어 먹고
그는 나로 더불어 먹으리라

– 계시록, 3장 20절

먼저 간단히 본문에 대한 뜻을 살펴보기로 한다.

'나'라고 하는 사람이 어느 집 문밖에서 '문'을 두드리고 있는 상황 설정이다. 그 집 앞에서 배회하거나 주위를 사피는 것이 아니라 고정된 자세로 서 있는 것을 알 수 있다. 이 고정된 자세란 집중력을 가지고 문이 열리기까지 두드리는 사람의 모습인데, 그 모습에서 치열성과 진정성을 짐작케 한다.

'나'의 상대인 '그'는 문을 열되 문소리를 듣고 문을 여는 것이 아니라 문을 두드리는 사람의 목소리인 '나의 음성'을 듣고 문의 개폐 의사를 결정함을 알 수 있다. 문 두드리는 소음이 아닌 문 두드리는 사람의 목소리를 듣고 행동에 옮긴다는 것이다.

만일 '문을 열면', '그' 사람을 밖으로 이끌어 내는 것이 아니라, 그 '문'안에 있는 상황 속으로 '나'라는 사람의 목적은 들어가는 의도를 가진다. 문 안의 장소적 상황을 정확히 알 수는 없다. 다만 '그'와 '나'는 더불어 먹는다는 식탁 앞의 장소에 두 사람이 대면하고 있음을 마음으로 그려낼 수 있다. 이런 것은 지금이 아닌 문을 열고 난 후의 미래적 예측을 단정하는 것이다.

그럼 앞의 글에서 표현 속에 은폐시킨 숨겨진 의미, 즉 현대시에서 말하는 소위 전경화시킨 비의(秘意)는 무엇일까? 성서의 기저는 무엇을 뒤에 감추고 '문'이나 '식사'라는 상황을 전개시키고 있는 것일까.

여기서 '나'는 신적 존재를, '그'는 인간의 존재를 가르킨다. '문'이란 마음의 문을 칭하는 것이고, 연다는 뜻은 신적 대상에 대한 신앙적 열림 즉 신앙의 대상으로 모시어 들이는 모습을 말함이다. 즉 신앙적으로 영접하는 결단의 자세를 뜻함이다. '나와 그'가 '더불어' 있다는 것은 공동체적인 삶의 모습인 교제의 의미를 내포하고 있다. '먹는다'는 것은 식사 행위를 말함이 아니라, 영어로 표현한다면 '다인(dine)'(이곳에서는 향연으로 해석 가능)하는 축제적 장소에 동거함을 뜻한다.

신을 영접함으로써 신앙생활에 들어가 서로는 동료요, 인생의 상담자로써 삶을 공유하는 의미를 내포하고자 함이다. 여기서 신을 영접한다는 것은 서로의 신분적 관계가 주인과 노예인 주종간의 신분이 아닌, 서로는 대화를 나눌 수 있는 신과 인간의 관계에 대한 속성을 추측케 한다. 여기서 문학적 특성을 특징적으로 잘 나타내 주고 있음을 알게 된다. 소위 관념의 육화(incarnation)기법을 알게 된다. 기독교 신은 어디 까지나 영적인 존재이다. 여기서 나타난 신은 삼위일체의 아버지 위의 성부이거나 아들의 위인 성자인 예수이거나 영적인 위인 성령을 구분할 필요 없이 구체적인 인간의 모습을 가진 인격체를 나타냄을 볼 수 있다. 즉 이런 방법론은 현대시가 육화(肉化)의 기법에 대부분 의존하고 있었음을 볼 때 종교적 진리를 설파함에도 문학적 기법을 충실히 동원하고 있음을 알게 된다. 왜냐면 인간에 대한 진리 전달은 어차피 인간의 언어를 사용할 수밖에 없으며, 결국에는 언어 사용 방법에서 효과적인 시적 기능을 통해서 심오한 관념적 사상을 가장 잘 전달하는 기법을 취하고 있음을 알게 된다. 왜냐면 가장 효과적인 표현방법은 예나 지금이나 시적 태도를 취할 도리 밖에 없기에 그런 태도를 취하는 것은 매우 당연하기 때문이다.

이와 같이 종교적 경전과 상관없이 성서라는 고전은 이미 수천 년 전에 현대시가 정리한 각종 뛰어난 기법을 이미 사용했음을 쉽게 확인하게 된다.

그렇다면 성서가 내포하고 있는 의미는 무엇일까. 단순히 역사적 기록이나 사실적 표현이 아닌 문학적 기법을 차용한 글이라면 위 본문의 글에서는 어떤 상황을 상상하게 하는 확장된 의미망을 가질 수 있을까.

위 글이 심오한 종교적 메시지라면 그 속에 어찌 한두 가지만 담을 수 있었을 건가마는, 여기서는 의미의 확대를 가능케 하는 문학적 태도로 살피는데 한정하고자 한다. 즉 신학적 해석이 아닌 문학적 방법과 태도로 본 성서라는 고전 속에 나타난 의미를 찾아보고자 한다.

우선 첫째, 인간의 문제 앞에는 신적인 자세를 살필 수 있다. 인간이 먼저 문을 열고 그 상황을 해결하려 하는 적극성이 아닌 신이 직접 인간의 장소와 처지에 다가오는 모습을 알게 된다. 일반 종교는 신에게 도달하려는 인간적 노력을 먼저 앞세운다. 철학적 사고를 통한 존재에 대한 진지한 고민이나, 선행을 통한 인간적 노력이나, 종교적 수도를 통한 구도자의 자세나, 깊은 사고를 통해서 깨달음을 얻어 해결하고자 한다. 그러나 이 글을 통해서 보는 의미는 인간의 노력보다 먼저 다가오는 신의 자세에 달려 있다. 인간이 신 앞으로 다가가는 것이 아니라 신이 먼저 인간에게 다가가 그 앞에 서는 자세에서 특이점을 발견하게 된다. 일반적으로는 인간이 신을 부름인데, 여기서는 신이 이미 인간을 부르는 행동을 취하는 것을 내포하고 있다

하나 재미있는 것은 인간의 대응 자세다. 문을 두드리면 그 문소리에 반응하는 것이 일반적인 사고인데, 여기서는 문을 두드리는 사람의 음성에 대한 반응을 요구한다. 문은 사물이고 음성은 인격적인 소리에 대한 응답이다. 참 신기한 표현이다. 이미 문을 열기 전에 대화의 시발점이 됨을 알 수 있다. 여기서 인간적인 지성과 정서와 의지가 총체적으로 요구되고 있는 중요한 시발점인 것을 알게 된다. 문을 열기 전의 대화를 통한 결단에서 비록 신이라는 권위가 있을지라도 일방적이거나 강압적 태도를 취하지 않는 신의

성품을 알게 된다. 종교적 발로의 시도는 신의 입장으로부터 시초된다. 그러나 그 결정은 인간의 의사여부에 달렸음도 짐작케 한다. 그런데 인간의 책임은 단순성에 있다. 단지 개문만 하면 된다. 이것은 아주 쉬운 노력만을 요구하는 것이지만, 이 순간이야 말로 인생의 가장 큰 결단의 순간이요, 위대한 결정이 된다. 단순한 것에서 전체적이고 종합적인 삶의 새로운 방향전환의 순간인 것이다. 그러나 행동은 두드리는 것이나 문으로 들어오는 것이나 모두가 '그'라는 신적 독단적 역사인 것을 밝히고 있다. 인간의 노력이나 선행이나 지식이나 공로는 신 앞에서는 아주 보잘 것 없는 매우 하찮은 것임에 틀림없다는 사실을 유추할 수 있게 하는 중요한 대목이다. 그런 행위를 철저히 거부한다.

그럼 문으로 들어온 '그'의 목적은 무얼까. 글에 나타나 있듯이 먹는 것이다. 앞에 밝혔듯이 먹는다는 행위를 나타내는 언어의 의미는 인간의 기초적이고 근본적인 생존을 유지하게 하는 행위를 나타내는 단어를 사용하여 존재론적인 근본을 책임진다는 뜻으로 해석 될 수 있다. 더 나아가 먹는다는 언어에 내포된 생존을 위한 행위에서 잔치나 축제라는 의미까지 이끌어 준다. 모든 잔치나 축제의 행위를 이루는 향연은 '먹는다'는 과정이 근본을 이루고 있음은 더 말할 필요가 없다.

문 안에 들어온 것은 우리의 마음, 곧 심령의 깊은 자리에 들어온다는 것을 말함은 굳이 설명이 필요 없다. 다만 그 심령이라는 것이 인간을 인간답게 하는 사령탑이며 중심부위인 것을 강조하고 있다. 이 중심의 자리에서 더불어(with) 먹는다는 언어의 배경에는 명령이나 복종을 일방적으로 요구하는 것이 아닌 서로 대화를 통한 인격적인 관계를 유지하고 있는 의미도 앞서 말했다. 여기서 대화라고 말하는 것이 종교적으로는 기도라는 행위임을 표현하고 있음을 알아차리는 것도 역시 그리 어려운 일이 아니다. 즉 대화를 통한 서로의 삶의 나눔이야말로 최고의 지상의 낙원이요, 행복의 근원임을 포함하고 있음도 알아차리게 된다. 신은 왕, 다스리는 자, 군림하는 위치에 있는 자, 절대적 권위를 소유하고 있는 자로 그려내는 것이 아니다. 이 언어 사용은 다정하고, 친절하고, 인간의 최고의 관심에 대하여 구체적으로 같은 관심을 가진 인간적 시야로 바라보는 대상자로 떠올리게 하는 구절이다.

그럼 둘째로는 문을 여는 '그'의 입장에서 상상의 의미를 확대해 본다. 그는 갇혀있는 존재다. 문안에서만 그의 세계와 우주가 존재한다. 문안에서 한계성을 가진 인식의 세계관을 가진 인간의 유한성 존재를 알게 된다. 담이나 울타리 안에 갇힌 공간은 문밖과 대비된 공간구조의식을 말함인데, 이것은 자기철학이나 자기인식의 한계 내에서 의식하고 판단하는 불완전한 인간의 실존에 대한 문제의식을 지적하고 있음도 읽어내게 된다. 이 한계는 인간의 존재론적 한계나 종말론적 유한성을 지적하고 있다. 문을 여는 것만이 인간이 스스로 갇힌 존재로의 고독감에서 탈피할 수 있는 유일한 방법임을 내포하고 있다. 솔로몬의 글에서처럼 인생의 헛됨의 모습에 대한 인식이라는 통과의례가 필요한 것이다. 만일 염세적 자기

혐오나 부정적 고독감에서 탈출하는 인간의 한계성 있는 노력이 아니다. 그것은 단순하고 용이한 신적 임재의 초빙을 통해 그 문제를 해결할 수 있는 유일한 방법인 것을 제시하고 있다. 인간이 원초적 죄인(원죄)이라는 신분에서 스스로 도달할 수 없는 가능성을 근본적으로 부정하는 구원론을 은연중에 풍기고 있다. 인간은 구원에 대해서는 무능한 존재이며, 인간이 자기 구원을 위해서는 할 수 있는 일이 없다. 타락한 인간이 할 수 있는 일은 오직 신의 부르심에 반응하기만 하면 된다. 자기 현실에 대한 변명이나 도피는 무익한 것임을 말하고 있음이다. 칼빈이 말하고 있는 인간론은 인간은 철저한 타락한 존재이기에 그 구원을 스스로 이룰 수 없는 전적 무능에 대한 단정을 이 구절이 선명하게 보여준다.

구원에 대한 인간이 대하는 반응은 다양한 해석이 가능하겠으나, 문을 두드리고 여는 행위를 보아서 신인(神人)공동의 결과로 이루어내는 작업과 같이 언뜻 보여 질 수도 있다. 그러나 실은 문밖에서서 두드리는 신이 사전에 작정(예정)된 계획과 사랑에 의해 가능하다는 논리다. 일반적인 종교에서 볼 수 있듯이 신인(神人)간의 대등한 노력으로 가능하다는 의견을 사전에 방지하고 나선다. 여기서 예정론의 이론이 성립된다.

기도도 마찬가지다. 인간의 존재가 자기 문 안에 있다함은 절망으로부터 탈출구가 없는 절망이다. 탈출구가 없다는 것은 인간의 무능과 한계를 말함이다. 문이 있다손 치더라도 문 밖의 음성을 들어야 한다. 그럼 이 음성은 무엇일까. 대부분 신의 부름의 영적 소리 즉 그것은 경전 속에 나타난 신의 부르심일 것이다. 간단히 성경말씀이라고 말해도 무방할 것이다. 물론 개인적인 체험도 있을 수 있을 것이나 그것은 매우 다양하여 공동어로 사용하기는 부적절하다. 개인 체험의 애매성에 의해 모두 인정하기 어려울 수 있다. 획일적인 것을 말하는 것은 아니나 통일성을 얻기 위해서는 공동의 인식을 위해 성경이라는 믿음의 경전에 국한하는 것이 안전하다고 말하고 싶다.

한 가지 난제가 있다.

'누구든지'라는 말은 세상 모든 사람을 의미할까. 축자적으로는 '모든 사람'을 말한다고 할 수 있으나 이 글의 내용을 보면 모든 사람이 아닌 문을 두드려 주는 사람 중에서라는 숨겨진 의미를 발견하게 된다. 즉 한정된 의미를 내포하고 있다. 신의 초청은 한 사람씩 개인적으로 부르심이며, 응답도 개인적으로 한정된 것임을 알아차리게 된다. 그래서 '제한적 구원'이며 '개인적 소명'이라는 신학적 이론과 궤를 같이한다.

이런 상상의 확장이 가능한 것은 성서의 표현 방법이 시적 창작기법 이론에 의한 함축적 의미를 내포해 두었기 때문에 가능한 것이다. 어찌 수천 년 전에 발표된 기록의 내용인데도 불구하고 그 기술이 이토록 탁월할 수 있단 말인가. 성서는 시대를 뛰어넘고, 동서양의 사고의 공간을 초월하고, 인종의 습성에 구애받지 않는 글이란 것을 확인하면서, 인간은 진화가 아닌 규범적인 것에서 점차 멀리 떨어져 퇴화되는 것을 본문을 통해 알게 된다. 문물의 점진적 발전은 인정하나 인식과 사고는 오히려 후퇴하지나 않았는지 반문하게 되는 것이 어찌 종교적 영역이기 때문일 것인가. 문학과 연극을 위해서는 아리스토텔레스의 『시학』을 제외하고 정의를 내리는 일이 수월할 수 있을까. 우리는 왜 그것들을 규범으로 삼는 고전이라고 부르는가를 위 짧은 본문의 글에서 해답을 명료하게 얻을 수 있다.

앞서 말한 대로 위 본문이 회화로 표현되기 쉬운 것은 사상이나 관념의 시각화란 현대시의 창작이론에 정확히 구미가 맞는 것이기 때문에 화가들이 즐겨 사용하는 주제가 될 것이다.

다음 시를 살펴 비교하면서 앞의 글에 대한 확증과 존재에 대한 담론을 이어가기로 한다.

커피 속에 종이컵 바닥이 어른거린다
향긋하고 달착지근한 맛에
쓴 커피 주는 줄 몰랐구나
자판기 커피가 일생의 거울인 줄 몰랐구나
반품 안 되고 리필 안 되는
딱 한 컵의 생애
마지막 한 모금 삼키고나면
누구든지, 그냥 빈 종이컵이 되고 마는구나

— 감태준, 「자판기 커피」 전문

이 시를 선택한 것은 먹는 것과 마시는 것은 '향연(dine)'의 유사한 일종이기 때문이다.

두 시의 공통어는 '누구든지'라는 단어다. 여기서 누구든지 라는 말은 인간 모두에게 해당된다는 의미다.

'종이컵 바닥이 어른거린다'는 말은 커피를 거의 다 마신 상태를 지시한다. 인생에 빗댄 비유로 본다면 이것은 삶의 후반기 정도를 가리킴이다. 또는 목적이 상실된 삶을 빗댄 것이라고 할 수 있다.

작품의 배경에 깔린 인생의 정의는 모든 인간의 삶은 고난이요, 그 과정의 본디 미각은 쓴맛이 기본적임을 암시하고 있다. 비록 그것을 달착지근한 설탕으로 가미했다 해도 그것은 고난과 역경을 견디어 내는 방편일 뿐임을 말하고 있다. 더군다나 리필이나 반품이 되지 않는 자판기 커피처럼 인간의 삶의 모습은 한 번 밖에 살 수 없고, 돌이킬 수 없는 시간이나 수정이 불가능한 단선의 길임을 묘사하고 있다. 즉 이 시에서 인생의 기본적 시야는 고난이며 허무다. 그러나 이 시가 단순히 절망이나 좌절을 말하고자 함이 아니다. 그렇게 함으로 비워서는 안 될 영원한 존재에 대해 숙고해야 하는 문제에 대한 단초를 제공하고 있다. '자판기 커피가 일생의 거울'이라는 것 자체가 그 비유의 의미를 진술하고 있는 근원임을 밝히고 있다.

이 시의 뛰어난 점은 적절한 진술과 묘사가 합쳐져 인간의 철학적 모습을 담는 존재론적 거대 담론을 객관적상관물인 아주 단순한 종이컵으로 변용하여 말해주고 있다는 것이다. 인생을 종이컵으로 의인화시킨 점도 특징이다. 여기서 빈 종이컵의 모습을 유심히 생각할 수 있다.

종이컵을 비유법에서 본 창작기법을 살펴보자. 인간이 흙으로 돌아가는 종말론적 모습을 의인화 시킨 종이컵의 빈 모습은 두 가지의 해석이 가능하다. 하나는 영혼이 떠난 육체의 모습이며, 다른 한 가지는 위 계시록 3장 20절의 진정한 채움이 없는 삶의 모습을 말한다. 인간의 절대적 고독과 절망적 실존의식은 인간 내부 심령의 텅 빈 공간을 채우지 못함에서 연유한다는 키에르케고르의 말을 굳이 동원할 필요조차 없다. 앞의 성서의 예문에 나타난 견해처럼 문을 열고 영접하는 행위와 서로 삶을 나누는 공간으로의 초대가 언제나 커피잔이 가득 차 있는 인간의 진정한 의미의 풍성한 삶의 모습이 숨겨져 있는 것을 위 두 시를 연결해 볼 때 더욱 분명해지고 있다.

원래 인간은 자판기 커피와 같다. 컵 속에 담긴 것에 의하여 그 용기의 가치나 이름이 규정되듯이 사람은 그 속에 무얼 담고 있느냐가 중요하다. 영혼이 담기지 않는 육체를 죽은 몸이라 하듯, 커피를 다 마신 잔은 종이컵에 지나지 않다. 더 한 걸음 나아가 내용이 없는 인간은 단순한 육체나 다름없음을 지적한다. 이 내용이란 지성이나 인격 등 인간이 가지는 가치관을 말함이다. 이 최고선과 지고의 가치관을 상실한 현대인의 모습에서 다 마셔버린 자판기에서 뽑은 종이컵이 역설적으로 신의 부르심에 반응하는 인간의 모습까지 연상케 한다. 삶의 중요한 마음의 보좌의 자리에 최고의 가치관을 초대하는 사실을 통해서 그 잔과 같은 소멸되지 않는 풍성한 가치를 품고 사는 인생이야말로 바로 세상에서 직접 최고선의 맛을 보는 하늘나라라고 말할 수 있다.

현대처럼 모든 이들이 추구하는 최고의 가치이자 목적은 금전이나 명예다. 그것들만 가득한 세상에서 어느 한구석, 팽개쳐 둔 자리라도 고귀한 위치는 남아 있는지. 만일 인생을 다스리는 그 보좌나 가장 값어치 있는 곳에 그분을 영접한다면 영접된 분은 그분의 신분은 무엇이겠는가. 그 가치관에 따라 개인이 추구하는 모습도 달라질 것이다. 마실 커피가 없는 빈 종이컵이란 마치 사명을 다한 사람은 쓸모없는 것과 매한가지임을 일러주고 있듯, 마르지 않는 영원한 가치는 무엇일까.

또한 마셔도 마르지 않는 생수와 같은 신적 부르심, 그 초청을 응답한 후의 향연에서 그 분을 어떻게 대접하겠는가. 기도라는 방편, 즉 신과의 대화가 그분에게 일방적으로 요구하는 것일 수 있겠는가, 아니면 그분의 음성에 순종하는 일이 되겠는가. 신앙의 자세에 굳이 설명이 필요치 않다.

모든 인간은 그가 추구하는 최고의 가치관의 그의 신이 된다. 마셔도 갈증을 해결하지 못하는 가치나 변질 또는 소멸될 수 있는 가치는 결국 버려지는 종이컵의 빈 모습과 닮았다는 것을 추론할 수 있다.

예시에서 보는 바처럼 자판기 커피를 설명하려는 것이 아니다. 그 목적은 인생의 모습을 자판기 커피의 모습과 종이컵을 통해 그것의 덧없음을 말하려고 하는 것이다. 그 말하는 목적을 위해 자판기 커피를 대신 들어 시인의 속내를 드러내고 있는 것이다. 이 속내를 감추고 대신 다른 사물로 드러나는 것을 비유라 하거나 보조관념이라 하거나 전경화라고 말한다. 그것은 시인의 본의(本意)를 다른 상관물로 변용한 것으로 이 본의는 원관념이 되고 원경화(遠景化)로 되는 것이다. 이같이 드러냄의 방법을 문학적 표현이라고 한다. 성서 속에서 저자의 본의가 숨겨져 있는 것을 시에서는 은폐(숨김)라 하고 은폐를 노출함에 있어서 성서의 입장에서는 계시성이라고 말할 수 있다. 이 계시를 성서는 여러 사물과 사건 속에 숨겨두고 있는데 그런 모든 것들이 예수님의 등장에서 노출된 것을 알게 된다. 시초부터 말하면 이해할 수 없는 것들을 '때가 차매'(갈라디아서, 4장 4절) 알려주시는 것을 진정한 계시의 완성이라고 말할 수 있다.

3. 나가는 말

성서는 창세기부터 마치 문학적 요소로 이야기 하는 듯하다. 그러나 그 속에 담긴 한 민족의 역사적 사실을 통해 우주의 존재에 대한 담론과 구원의 방법론을 제시하고 있다. 전체적으로 그 중심에 그리스도의 메시지가 담겨져 있기 때문이다. 그러나 성서가 단순히 이스라엘의 역사를 기록한 고대문서라 한다면 그것은 문학적 모습으로 보여준 하나의 민족에 대한 역사서일 뿐이게 된다. 그러나 그 역사 속에 나타난 사건들과 인물들을 통해 저자는 장차 나타날 메시아(그리스도)를 말하고자 함이다. 성서가 문학성을 가졌다 함도 유구한 시대를 거쳐 이어지는 이스라엘의 역사 속에 담겨진 메시아 출현의 필요성과 당위성을 설파하여 전 인류를 구원하고자 하는 뜻이 곧 신의 목적이라는 내용을 구약성서에 기록되었음을 알 수 있다. 신약의 중심도 메시아에 대한 계시의 완성을 선포함이 전체적 요약이 되고 있다.(고린도전서, 15장 1~2절) 이것이 전체적인 복음인 것이다.

그런 사실을 통해 성서는 전체가 예수의 죽음과 부활이라는 사건에 중점을 두고 사건을 전개하고 있으며, 이 사건에 해당하는 여러 인물들이 마치 한 사람의 연출자의 지시에 따라 전개되는 연극의 대본이 되어 거대한 대서사극을 펼치고 있다고 해도 타당성을 가진다.

여기서 성서가 언어로 기록됐다는 단순성에서 문학성을 가졌다고 말함이 아니다. 그 내용의 드러냄의 방법론이 단순히 언어표현에 한정하여 문학성을 찾는 것도 아니다. 이것들이 포괄적으로 문학방법론을 구성하는 구조로 되었다는 것이다. 즉 내용 전개가 대하역사소설처럼 오랜 시간을 통한 여러 저자들을 통해 기록된 옴니버스식의 구조라 한다 해도 그것은 문학목적론에 합일된 자세로 기록되었음을 말하는 것이다.

성서가 문학에서 추구하는 미학성을 통한 감동(감화)을 가지는 것도 모두 그런 이유서이다. 내용의 우주적 담론을 각각 시대마다 이해할 수 있는 사건과 사물로 전개하여 마침내 그리스도의 출현으로 완전히 노출되는 숨겨진 신의 모습에서 계시의 은폐와 노출의 무한한 고리를 발견하게 되는데서 성서를 대하는 사람마다 기독교인의 여부를 떠나 모두 감동을 받게 되는 것이다. 이것은 전체 구조도 문학적 변용의 자세를 취할 뿐 아니라 표현기법에서도 시대를 초월하여 현재 사용되는 문학기법이 성서 안에 모두 포함되었다는 것을 말할 수 있다.

이곳에서 중점적으로 강조한 것은 본문에서 살펴본 바와 같이 요한계시록, 3장 20절의 짧은 본문 속에 우리의 사고의 영역을 최대한 확장시키는 것은 앞서 기술한 것처럼 심오한 진리의 표현에 있어 시적 방법론은 여전히 동일하다는 것을 볼 때 현대시 창작이론이 역시 의미가 있음과 그 이론적 타당성을 갖는다. 현대시의 이론 중 관념을 사물로 변용시키는 객관적상관물의 사용은 객관적인 태도와 증거를 보여주어야 신뢰하는 인간의 과학주의 태도와도 무관치 않다. 종교와 과학 사이에 갈등이 부분적으로 존재함에도 불구하고 여기처럼 성서는 표현기법상에는 전체적으로 고금을 무시하고 같은 맥을 지양하고 있음을 알 수 있다.

그래서 성서는 종교적 경전 뿐 아니라, 영원한 문학서이며, 그 수명의 면에서 볼 때 가장 뛰어난 불후의 작품임에 틀림없다.

성서에 나타난 미학성

— 누가복음, 10장 사마리아인 예화를 중심으로

1. 들어가는 말

문학의 목적은 유희설이나 교훈설로 구분하여 보통 그 기원을 제시한다. 그 과정은 미적 태도를 추구하는 미적 감동을 통해 이루어진다. 성서의 문학적 기능의 한 가지는 종교의 진리를 효과적으로 전달하기 위함이며 다른 한 가지는 읽는 사람에게 효과적으로 전달하기 위한 기술적 방법이다. 종교적 진리란 대부분 교훈적(교시적) 목적을 두고 만든 종교적 문서이기에 기본적으로 문학서가 될 수밖에 없지만 이번 글은 문학에서 말하는 미학적 태도가 성서에서는 어떻게 구체적으로 표현되었는가를 살펴 종교적 진리를 가진 것과 동시에 내포하는 보편적 미의 범주 안에서 예술작품으로 존재해 오는 미학적 특징을 살피고자 한다. 물론 방대한 전체의 성서 내에서 그것을 살피는 일이란 거의 불가능하다. 여기서는 아주 간단한 예화를 통해서 종교적 진리의 표현양식을 살펴봄으로 미적 감동을 유발케 하는 요소인 성서도 문학서라는 동의 하에 미의 개념과 본질을 고찰하려는 의도를 가진다.

2. 성서문학의 미학의 전제

앞의 전제를 이루기 위해서는 첫째 미, 즉 아름다움이란 무엇인가를 정의할 필요가 있다. 이 말은 문학 분야에 국한된 언어가 아닌 다분히 예술철학 분야의 개념이다. 그 분야의 학문인 소위 미학(심미학, Aesthetics)적 설명이 필요하다. 그래서 이번 주제는 미의 간단한 개념 정리와 함께 미를 대하는 예술사적 흐름을 살피면서 성서 안에서 존재하는 미학적 특징의 일면을 살피고자 한다.

먼저 우리는 예술작품을 감상하기 위해서는 어떤 것이 예술성을 가진 것이냐, 하는 질문을 던지게 된다. 여기서 예술작품이라고 설정하여 논할 범주는 성서라는 문서가 예술로 존재하기 위해서는 '좋다', '아름답다'하는 용어를 우선 정의를 내려야 한다. 무엇이 아름다운 것인가 하는 문제이며, 그 미의 속성은 어디에 존재하는 것인가 하는 질문에 대한 답을 구해야 한다.

관계적 속성(relational property)을 뜻하는 미적 속성이란 주관적이냐 객관적이냐 하는 의문은 아주 오래된 역사를 가진다. 예를 든다면 톨스토이는 셰익스피어를 진부한 것으로 보았고, 콜링우드는 베토벤의 음악이 요란스럽다고 생각했다. 이와 같이 역사적으로 뛰어난 사람들의 작품도 서로 일치하지 않는 평가를 내리고 있는 것을 알게 된다.

이런 불일치는 작품을 어떤 위치에서 평가하느냐 하는 태도와 시야와 관점의 차이에서 연유한다. 허치슨(Hutcheson)이 말한 것처럼 미(아름다움)란 '다량의 통일성'이라고 정의 한 것을 보더라도 미의 단순한 정의를 한마디로 말하기란 어려운 일이다. 그것은 예술이라는 분야가 아마 보편성에서 멀리 떠나 있는 다양한 정신 능력에서 기인하기 때문일 것이다. 내가 아름답다고 생각하는 것이 남도 아름답게 느끼는 객관적 속성인가. 아니면 자기가 마치 사랑처럼 큐피드의 화살을 맞아 설명될 수 없다고 치부하는 자기만의 감성의 영역인 주관적 속성인가.

전자처럼 미가 객관성을 띤 속성이라고 보는 견해는 피타고러스가 시초이다. 그의 견해는 미적인 것을 미적인 것으로 보지 않는 경우는 미적 대상에게 모순이 있는 것이 아니라 그것을 느끼거나 경험하는 주체에게 문제가 있다는 것이다. 그렇게 느끼는 것은 주체의 예술성의 소양이 모자란 이유와 잠재적 수준 탓으로 단정한다. 즉 미에 대한 교육이 필요하다는 후천적 기능을 인정한다. 소위 이 미적 능력은 개발해야 한다는 교육론을 지지한다.

반면에 미가 주관적이라는 견해는 쇼펜하우어 같은 사람을 들 수 있다. 즉 미란 대상이 가지는 속성과 전혀 다른 것으로 생각한다. 주관이 어떻게 그 대상을 바라보거나 태도를 취하느냐는 데에 따라 미를 경험할 수도 있고 그렇지 않을 수도 있다는 것이다. 전자는 고전주의적 미론이고, 후자는 낭만주의적 성향의 미론이다.

미가 객관적이라면 그 대상이 주체로 들어오는 미적 감수성의 통로를 미적 수반이라고 한다. 이 미적 수반이란 대상이 비미적 속성에 의하여 수반된다 한다. 이런 수반 현상을 통해 대상의 자율성이 각각 있음을 말하는 것이 된다. 한편 미가 주관적인 감정의 문제로 간주된다는 것은 미를 경험하는 주관적 조건에 대한 관심을 가지는 동기가 되어 왔다. 이 주관적이라는 미적 태도는 자기개성을 중요시하는 정신, 즉 낭만주의의 미학론에 기초를 두게 된다.

이런 오랜 논쟁들은 대상을 어떻게 지각하느냐 하는 미적 태도를 중요시한다. 미적 태도란 대상 자체를 주목하고 관조하는 것으로 대상에 대한 공감을 가진 자세를 말한다. 나의 입장에서가 아닌 그 대상의 입장에서 해석하는 것을 말한다. 이 주목하는 자세에서 대상(작품)에 반응하여 상상력과 감정을 촉발시킨다는 것이다. 그것은 심적인 상태가 무관심적인 관조를 이루어야 한다고 말한다. 물론 무관심이란 비관심과 의미가 다른 말이다. 역시 이런 자세는 미적 대상에만 국한된 것이 아니다. 다른 모든 대상에서도 이 무관심적인 속성에서 미적 속성을 발견할 수 있다 한다. 우리가 말하는 '우아, 숭고' 등의 모든 정서들은 이런 관조를 통해 이루어진다는 것이다.

이곳에서는 사마리아인의 전후 문맥을 살펴서 그 예화가 주는 감동을 왜 그런가 하는 이론적 근거를 삼고자 한다. 이 이론에서 사마리아인 예화의 전개 방법이 과연 예술적인 표현 방법이며, 미적 전달을 위한 수단으로 사용하고 있는 고도의 전략인 것인가를 알아보고, 성서가 품고 있는 미학의 부분적 단면을 살피며, 이런 서론적인 미학 개념을 통해 사마리아인의 예화에서 체험할 수 있는 예술적 수준의 우수함을 감히 짐작해 보고자 하는 것이다. 아울러 현대에서 예술을 위한 예술이라는 개념이 성서란 종교적인 제의를 위한 일환으로 만든 단지 종교문서에 국한시키는 것에 대한 오해도 풀고자 한다.

그러기 위해서 미학의 예술사적인 흐름을 아주 간단히 살펴보기로 한다.

첫째, 플라톤과 아리스토텔레스는 영원불변한 초월적인 이데아(형상)를 궁극적이고 보편적인 실재(reality)로 보았다. 플라톤은 우리가 느끼는 감각적인 현상(appearance)의 세계는 단지 궁극적인 이데아의 모방으로 이루어진 경험의 대상으로서 그림자의 세계에 지나지 않는다는 것이다. 이런 이원론적인 존재론의 위치에서 예술을 본다면 예술은 감각적인 현실을 모방하는 것이다. 현실세계는 이데아의 모방이며, 예술은 다시 이러한 현실 세계를 모방하는 것이다. 이들에게는 예술이란 이데아도 현실도 아닌 모방된 가상이라는 것이다. 따라서 참된 인식을 주는 것이 아니다. 이데아를 모방한 현실을 재 모방하여 대상의 유사성을 만든다는 것이다. 플라톤과 달리 아리스토텔레스는 형상(form)은 개별적인 사물에 내재하는 것이며, 이러한 실체의 형상은 우리로 하여금 그 실체의 본질을 인식할 수 있게 해준다고 한다. 그의 『시학』에서 시인의 작업은 실제의 이야기가 아닌 '일어날 수 있는 그런 종류의 사건을 이야기하는 것'이며 '시는 보편적인 것을 이야기하는 것'이라 하는데, 사마리아인의 예화에서도 이런 주장이 타당성을 가지는 가도 살피고자 한다.

중세에 와서는 종교예술의 시대가 된다. 이때는 그리스의 모방의 개념보다는 초월적인 존재의 담론에 상징의 개념을 차용하여 중요한 비중으로 자리를 바꾼다. 아리스토텔레스 주의자인 토마스 아퀴나스는 "예술은 자연의 모방이다"라고 말한바 있으나 신의 예지에 의해 창조된 질서정연한 자연을 인식하려는 태도로써의 모방을 주장한다고 볼 수 있다. 그러나 소위 암흑시대라는 종교적 중세시대를 벗어나는 르네상스와 더불어 모방은 예술론의 기본 개념이 된다. 이때 모방이란 초기와 다른 개념이 포함된다. 그래서 근대에 와서는 모방이라는 개념이 변질되거나 다른 용어로 대치된다. 18세기 후반에 들어와서 고전주의의 반동으로 일어난 낭만주의에 이르러 대상에 대한 관심이 주관적인 주체로 이양된다. 예술가의 자기 표현으로, 자기 해석으로 대체된다. 또한 낭만주의의 반동으로 생기는 사실주의에서는 고전적인 형이상학적인 것이나 기독교적 세계관을 대체한 구체적인 현실세계가 경험의 대상이 된다. 이러한 구체적인 태도가 사실주의의 모체가 된다. 사마리아인 예화에서도 어떤 모습으로 보여 지는가를 알고 싶다.

둘째, 종교는 우리의 존재에 대한 의미와 이유를 보편성과 근원성에서 물어가며 찾아가는 과정이다. 그래서 우리가 말하는 형이상학적 미학과 큰 맥을 같이 한다. 그래서 형이상시(metaphysical poetry)의 간단한 개념이라도 정리해야 하나, 여기서는 생략한다. 다만 형이상학이 근대 이후는 어떤 흐름을 이루고 있는가를 근대 예술가들의 견해를 간단히 정리하고자 한다.

우선 고전적인 자세의 마지막이자 예술관을 가진 헤겔을 본다. 플라톤이 이데아란 현실세계의 분유(分有)로 본 반면에 헤겔은 절대정신의 변증법적인 외화(外化)로 본다. 그의 절대성의 최고의 자리에 변증법적으로 연결된 하위개념들과의 연결의 논리성을 우리는 '체계적 사상'이라고 한다. 그러나 이 개념은 그의 정의가 시작이자 동시에 종결이 되는 전환점을 이루는 근대철학의 위치를 가진다. 이후부터 현대철학가들은 형이상학에 대한 비판적 자세를 취한다. 니체나 무어나 비트겐슈타인에서 형이상학은 관심의 주제가 아님을 알게 된다. 다만 미학이라는 예술철학에서는 형이상학 미론이 여전히 근원적인 해석을 하는데 중요하게 이용되고 있다. 이런 사상을 주장하고 있는 미학자는 크로체와 하르트만이 대표적이다.

먼저 크로이체의 예술 표현론을 검토해 본다. 그는 고전적인 형이상학처럼 체계적이고 관념론적이다 . 정신철학의 기초를 이루는 것으로 정신을 지적 활동과 의지적 활동으로 구분한다. 다시 세분하여 지적 활동을 직관적 지식과 개념적 지식으로 나누고, 의지적 활동을 경제적 의지와 도덕적 의지로 분류한다. 여기서 직관이라함은 외부세계에 실재하는 사물이든 정신적이든 모두 사람이 형상을 얻는 과정을 말함이고 의식 활동의 최초의 수행과정이라는 것이다. 직관의 개념에서, 관념에서 발현된 형상과 이미지라는 생산과정을 표현이라고 파악한다. 이 표현 직관론은 예술가의 창작 행위의 가장 핵심적인 부분이다. 그는 머릿속에 일어난 표현적 직관 행위로만으로도 예술이 진행된다고 한다. 동시에 그것 자체가 예술

작품이라고 본다,

하르트만은 미적 존재론을 편다. 그는 모든 존재는 그 존재방식에 따라 크게 이념적 존재와 실재적 존재로 나눈다. 그 둘은 인식의 내용과는 달리 스스로 독립적이며, 자체적으로 존재한다는 것이다. 특히 이념적 존재는 가치적으로 등급이 있다고 한다. 재화적 가치, 쾌감적 가치, 생명적 가치, 정신적 가치, 종교적 가치로 서열을 둔다. 낮은 재화적 가치에서 종교적 가치로 높아지는 등급에 미적 가치는 정신적 가치로 본다. 그렇다면 미적 가치는 성서의 가치보다 하위개념인 것을 알게 된다. 여기서는 사마리아인의 예화를 통해 미적 가치인 정신적 가치가 종교적 가치의 바탕을 이루고 있는가를 살피고자 할 따름이다. 미적 가치 역시 다른 가치들과 마찬가지로 존재의 측면에서는 절대적이고, 인식적 측면에는 상대적이다. 즉 미적 가치가 절대적인 위치를 가질 수 있는 것은 미적 가치의 절대성의 존재라는 뜻이다. 하르트만의 이론에 의하면 이 절대성의 존재는 사물에 직접 연결 된 것이 아니고, 그 실재를 받치고 있는 배경 층에서 존재하고 있다는 것이다. 여기서도 부분적으로 이원론적인 모습을 가진다. 미적 가치는 그 본질상 결코 실현될 수 없는 것이며, 오직 실재 속에 현출되거나 묘사되는 것으로 여긴다. 하여튼 미적 존재의 절대적 위치의 인정을 하고 있다. 이 말은 종교적 가치관과 무관하지 않음을 추론해 볼 수 있게 한다.

포스트모더니즘의 대표적 해체주의자인 데리다가 사유의 기본축인 "존재"라는 형이상학적인 개념자체를 절대자가 지니는 성격과 유사하다고 본 하이데거를 "로고스 중심주의"로 비판한 것을 보면, 플라톤부터 현대에 이르기까지 기본적으로 형이상적 사고가 그 큰 맥을 이루고 있음을 알 수 있다. 하이데거의 예술론은 "예술작품은 존재의 진리를 잘 담아서 그것이 지속적으로 일어나도록 해 주는 것"이라고 말하는 것을 보통해서 알 수 있듯이 성서라는 종교서를 문학적 관점에서 살펴 미학적 관점이 큰 부분으로 존재하고 있음을 재확인해 볼 수 있는 근거를 마련해 주고 있다.

3. 사마리아인의 예화에 나타난 미학

사마리아인의 예화가 제시되는 상황적 내용을 먼저 살펴본다.

이 예화는 너무 유명하여 굳이 내용을 열거할 필요가 없으나 이 예화가 나오기 전의 동기와 배경을 설명하여야 한다. 그래야 이 예화의 의미가 선명해지기 때문이다.

한 법률(유대 종교법)을 다루는 지식인이 예수님을 찾아온다. 그가 예수를 논쟁의 장으로 유인한다. 예수가 70인 제자를 유대 사회에 파송하여 사역을 맡겨 '귀신을 내쫓고' '사탄을 번개같이 떨어지'게 하는 능력을 발휘하자, 그 사회의 지식인 한 사람인 그가 찾아와서 예수와 종교적 학문의 논쟁을 시작한다. 그 분야는 자기의 전공이기 때문이다. 학문적 토론이 아닌 논쟁을 위한 고의적 도전을 한다. 성서에는 '예수를 시험하여'라고 기록하고 있음을 보아 이런 추측이 가능하다. 유대종교의 법률가의 논쟁의 주제는 '영생' 이다. "무엇을 해야 영생을 얻느냐"는 질문을 던진다. 당시는 종교사회이기 때문에 이 질문은 지식인뿐 아니라 모든 일반사회가 품은 인생관에 대한 관심이기에 종교철학적으로 논쟁하기 위한 좋은 테제이다.

이 법률가의 영생이 무엇인가라는 정의가 문맥적으로 예수와 서로 다르다는 것이 노출된다. 그는 영생을 오래 사는 것으로 여긴다. 영생을 얻는 방법을 물어보는 것을 보아 아마 영생은 취득하는 것으로 여긴다. 여기서 영생이라는 개념은 존재하는 것이 아니라 취득되어지는 것으로 받아들여진다. 마치 불교에서 깨달음을 얻은 후에야 열반에 이르는 것처럼 자기 개인의 노력 여하에 의하여 성취되는 것으로 생각하고 있음을 알게 된다. 그렇지 않으면 영생이 불로초를 구해서 수명이 길어진 생명현상으로 해석할 수 있다. 영생을 얻어지는 것으로 생각하는 것은 동양 종교인 도교의 미래관이 불로장생으로 여긴 것처럼, 예화의 문맥 속에서 보면 후천적으로 변화된 삶의 모습으로 간주된다. 정말 그런 것인가. 영원히 산다는 뜻으로 영생을 예수는 그렇게 정의하는지를 사전에 합의하지 않은 데서 논쟁은 오히려 쉽게 가르침을 받는 모습으로 상황이 전개된다. 구약적인 해석, 더욱이 그 분야의 전공학자에게 예수는 반문한다. 법률을 전공한 당신은 어떻게 생각하고 있느냐 하는 것이다. 이 반문은 그가 몰라서가 아니라, 일단 서로 대화의 범위를 한정시키고자 하는 의도이다. 그 대화의 장에 율법교사(현재의 의미는 유대종교 법률 교수)가 말려들어 간다. 율법교사는 '하나님 사랑'과

'이웃 사랑'으로 정답을 말한다. 영생을 얻는 방법은 사랑실천이라고 한다. 이런 문제에 대해서 익히 아는 것이기 때문이다. 다만 이 사랑이라는 개념이 지식의 범위에서 실천의 영역으로 옮겨지면서 더 어려운 문제가 된다. 결국 논쟁을 유발한 율법교사가 오히려 상대인 예수에게 말려들어간 꼴이 된 모습이다. 왜냐면 교사로서의 지식이 그 지식을 실천해야하는 의무자로 묶여버린 것이다. 영생을 얻는 법을 사랑이라고 답을 말할 때까지는 지식인으로 당당할 수 있었다. 그 당당함에 걸 맞는 행위에 대한 책임으로 스스로 당황한 것이다. 하나님은 지식적으로 잘 알기에 또 이웃이라는 관념적인 대상에 관하여 질문함으로 국면을 전환시키고자 한다. "네 이웃이 누구입니까?"라는 질문을 하게 된다. 이 이웃에 대한 관념적인 눈에 보이지 않는 단어를 사마리아인을 예를 들어 구체적으로 제시함으로 이웃의 성격을 확실하게 보여준다. 중요한 것은 이 보여줌이라는 말에서 문학적 창작기법의 태도를 발견한다. 예화란 설명이 아닌 비유에 해당하기 때문이다. 영생이라는 주제가 사랑이라는 관념어로, 사랑이라는 보이지 않는 관념이 사마리아인이 보여준 행위라는 실체로 치환되는 과정은 마치 현대시 창작론의 객관적상관물로 변용하는 시적이론과 너무 흡사함을 알 수 있다.

앞뒤 상황전개를 생략한 예화의 내용만 옮긴다.

> 어떤 사람이 예루살렘에서 여리고로 내려가다가 강도를 만나매 강도들이 그 옷을 벗기고 때려 거의 죽은 것을 버리고 갔더라. 마

> 침 한 제사장이 그 길로 지나가다가 그를 보고 피하여 지나가고, 또 이와 같이 한 레위인도 그 곳에 이르러 그를 보고 피하여 지나가되, 어떤 사마리아 사람은 여행하는 중 거기 이르러 그를 보고 불쌍히 여겨 가까이 가서 기름과 포도주를 그 상처에 붓고 싸매고 자기 짐승에 태워 주막으로 데리고 가서 돌보아주니라. 그 이튿날 그가 주막 주인에게 데나리온 둘을 내어주며 이르되 이 사람을 돌보아 주라. 비용이 더 들면 내가 돌아올 때에 갚으리라 하였으니.
>
> \- 누가복음, 10장 30~35절

그럼 이런 예화에 등장하는 인물을 살펴보자. 등장 순서로 본다면 국적은 기록 되지 않았으나 문맥상 유대인으로 강도당한 사람, 강도, 제사장, 레위인, 사마리아 사람, 주막 주인이다.

우선 강도당한 사람을 보자. 이 사람의 직업, 연령, 신분 등을 알 수 없으나 강도를 당한 것을 보면 재물이 있는 사람 같다. 옷을 벗겼다는 그 사람의 의복이 고급임을 알 수 있다. 그가 당하는 모습은 옷이 벗긴 상태, 즉 나체거나 반나체 상태라는 것은 육체적이며 정신적으로 고통을 당하고 있다. 다른 말로 말하면 전인격적으로 치욕적인 능욕을 당하고 있다. 이런 상태는 이 사람이 죄를 당한 인류의 대표적 모습으로 변용된 것임을 쉽게 알게 된다. 인류가 죄로 말미암아 수치심을 가지고 무화과나무잎으로 치마를 삼아 가렸다는 기록(창세기 3장 7절)을 유추해보면 금방 두 사물 간에 상관의 연결선을 그어 상상해 볼 수 있다. 그래서 강도는 죄의 상징인 사탄을 대신하고 있음을 상상, 추론할 수 있다. 그의 행위의 잔혹성을 통해 사람에게 미치는 죄의 공포를 일깨워 준다. 옷까지도 빼

앗기는 알몸의 모습을 통해 인류의 비참한 실존을 알게 된다. 그래서 종교개혁의 신학의 기본이 되는 인간의 전적 타락과 부패의 실태를 상징적으로 살필 수 있다. '거의 죽은 것'이란 스스로 회복이 불가능한 상황으로 자기 구원을 이룰 수 없는 전적으로 무능한 인간의 참 모습의 원형을 제시한다. 선행, 철학, 자력종교 등 인간의 여러 가지 노력으로는 구원을 이룰 수 없는 기독교 구원관을 엿볼 수 있다. '버리고 갔다'는 것은 인간이 도움을 받을 수 있는 근원인 하나님으로부터 유기(遺棄)된 존재에 대한 조건과 실체를 보여준다. 자기구원 능력의 부재 생태다. 또 이 말은 죄의 잔인성을 말하는 것으로 유혹과 무책임의 죄성에 대한 특징을 설명해준다.

대화의 상대가 율법교사이기에 똑 같은 직업은 등장하지 않으나 그와 비슷한 사회적 신분을 가진 동일군의 사람들이 조연으로 나온다. 하나는 제사장이다. 이는 종교적 지도자로 종교율법을 담당하는 율법교사와 같은 사회적 범주에 속한 동일한 직책임을 은연중에 암시한다. 이것은 영생에 대한 질문을 빙자하여 예수에 대한 무책임하게 고의적으로 도전하는 율법교사에게 일침을 놓고 있다. 일종의 직업군에 대한 대표성을 가진 비유이다. 또 한 사람은 레위인인데 그는 제사장의 혈통적 신분을 말한다. 소위 혈연의 의미 속에 사회적 신분을 유지하는 계층으로 당시나 지금도 다른 혈통과 구분되는 특수 계층을 상징한다. 제사장이나 레위인은 율법교사와 같은 종교지도자의 계급과 신분을 가진 자로 신정정치시대와 같은 당시는 모두 지도자급 인사들인 것이다. 그들에게 사회적 고급 신분에게 요구되는 율법에 대한 책임이 더 막중한데, 오히려 이 예화에서 보여준 그들의 자세는 관심이 아니라 적극적으로 회피하는 모습을 발견한다. 그들이 '그 길을 지나가다가'라고 기록함은 강도당한 사람의 현장에서 외면하고 있다는 것을 말함이다. 제사장이나 레위인이 혹시 사실을 모르고 있었다는 변명을 할 수 없는 상황을 기록해 둠으로 면책의 조건을 미리 차단하고자 하는 의도도 알아차리게 된다. 오히려 사랑의 개념을 안다고 하면서 행동에 무지함을 비난코자 함이다.

그러나 여행 중에 있는 사마리아인이 그곳 현장에 동참한다. 본문에 기록된 대로 그의 직업을 알 수는 없다. 다만 그가 이곳 현지 사람이 아님을 추측케 한다. 이것은 사마리아인과 강도당한 사람과는 서로 일면식도 없는 사람으로 이해가 얽힌 관계 사이가 아님도 알게 된다. 그냥 그런 고난을 당할 개연성이 있는 다 같은 사람이라는 것을 뜻한다. 그는 일반적이고 보편적 가치를 가진 사람의 전형을 가진다. 이해로 얽힌 관계가 아닌 존재로써의 관계라는 인간관을 가진 사마리아인은 어려운 사람을 '불쌍히 여기는' 마음을 가졌다. 이것은 보편적 가치관에 기초를 둔 것을 염두에 두어야 할 단서가 된다. 사랑, 자비, 인자 등의 속성은 남을 불쌍히 여기는 긍휼의 가치라는 공통점이 있음을 말하고 있다. 사랑의 시발점은 남을 불쌍히 여기는 마음에서 시초된다는 메시지를 의도적으로 깔아놓고 있다.

여행 중인 사마리아인의 태도에서 앞의 제사장이나 레위인의 자기 일에 대한 자세를 역설적으로 알게 되는데, 그들은 모두 자기 직업에 관해서는 프로라고 할 수 있는 철저한 직업의식 내지 사명감을 가진 사람들이다. 그래서 강도를 당해 어렵게 된 사람에게 다가가서 관여하게 된다면 자기의 업무가 지연될 것이고, 혹시 부정이나 타는 직업적 염려에서 불가피하게 지나칠 수밖에 없는 염려가 그들의 직업이나 신분상 불가피한 일로 이해해 준다면 그들의 그냥 지나침의 행위가 당연하게 여길지도 모른다. 아니 당연해야만 정상이다. 그러나 그런 상황윤리를 철저히 부정한다,

인간이 가지는 아름다운 마음은 긍휼이라는 초보적 단계에서 인자, 자비, 사랑 애정, 관심 등 동일한 영역의 여러 가지 현상으로 나타나는 것이다. 이것이 이 예화에서 어떤 경로를 거쳐 인간에게 미적 감동을 주는 가를 계속 눈여겨보고자 한다.

먼저 사마리아인의 고난에 대한 접근방법이다. '불쌍히 여김'이란 강도당한 사람이 처한 상황은 이제 남의 이야기나 조건이 아닌 것으로 받아들이는 정서다. 사마리아인은 곤경에 처한 일이 무조건적으로 자신의 일이 되고 또 그리 여기고 있다. 남이 아닌 자기와 같은 상황은 곧 그것을 자기의 일로 여기게 되는 동질정서에서 사랑실천의 동기가 된다는 것을 보여준다. 즉 앞의 율법교사와 같은 부류의 사람은 그냥 '지나가'고 사마리아인은 곤경에 처한 사람에게 본능적으로 '가까이 가'는 행동은 그 행동을 지배하는 마음에 있으며 그 행동의 원인인 마음의 무의식 세계에 존재하고 있는 것을 말함이다. 이것은 논리를 떠난 것이다. 논리적으로 다진다면 제

사장이나 레위인이 더 잘 알았으리라. 만일 그들의 직업상 부정을 타는 것을 피하고자 함에서 그런 행동을 하였다고 가정한다면 그 판단을 발발하게 한 동기는 종교지상주의일 것이다.

여기서 종교의 가치와 목적이 어디에 있는가를 예수는 비유적으로 설명해주고 있다. 이 예화 이전에 율법교사가 사랑을 답변하면서 순서가 '하나님 사랑'이 먼저 나오고 '이웃(사람) 사랑'이 그 다음으로 나온다. 그런 견해로 하나님에 대한 종교적인 직업적 의식은 부정한 것을 피하는 것이다. 그러나 그들이 간과한 것은 사랑의 순서가 하나님 그리고 사람이라는 서로 이원적으로 구분되지 않는, 다름이 아니라 동일하다는 성서의 기본진리를 오해한 것을 예수는 지적한다. 즉 유대교가 변질된 진리를 수정 보완하고자 함에 이 예화를 든 것이다. 율법교사의 '영생' 종교적 교리 논쟁에서 예수는 인간의 본질과 종교의 목적에 대한 근본적이고 보편적인 진리를 설파하고자 예화를 들어 문학적 태도를 취한 것이다.

제사장과 레위인이라는 당시의 신분과 정반대의 위치에 서있는 신분의 사람은 사마리아인이다. 그들은 당시 유대인이 종교 면에서 이단시 하는 종파의 종교를 가진 사람이다.

그는 강도당한 사람에게 '가까이' 가서 살핀다. 가까이란 그 어려움을 당한 사람을 지식적으로 이해하는 것이 아닌 그 고난에 동참하는 첫 과정이다. 이웃을 이해하는 태도란 '가까이' 있지 않고서는 일어날 수 없는 것이다. 사랑의 하위 단계인 동정심은 같은 처지로 다가가는 행위다. 여기서 신적인 하늘의 위치에서 세상이라는 사람의 위치로 육화된 신의 모습 즉 예수의 신성을 은연중에 나타내 주는데 문학에서 은유라고 하는 비유법과 차이가 없는 것이다. 재미있는 것은, 돕는 위치는 어려운 사람보다 조금은 나은 위치에 있어야 함이다. 사마리아인의 일정은 여행 중이다. 여행의 일정을 마치고 나중에 '돌아오'겠다는 말을 하며 차후 치료비 보증까지 하는 것을 보면 자기의 일보다 더 중요한 일은 이웃사랑 이외는 없다는 것이 함축됐다. 이 내용에서 종교적 계명의 우선권을 암시한다. 역시 이것은 신분의 높고 낮음의 차이나 각각 처한 상황윤리(situational ethic)적으로 결정할 수 있는 것이 아니라는 것이다. 의무라는 것이다.

사마리아인은 고대 북이스라엘 왕국의 수도 사마리아 지방에 살았던 사람의 후예로 사마리아는 기원전 720년 아시리라에 의해 멸망한다. 이들은 남쪽 유대와 달리 이방민족과 결혼하여 혈통의 순수성을 잃었다. 그 결과 정통 유대교와 달리 예루살렘 신전에서 제사를 드릴 수 없어 별도로 그리심산에서 종교의식을 거행했다. 그래서 유대인에게 멸시를 받았다. 지금은 인종이 거의 사라져 아주 극소수의 인구를 가진 인종이다. 그들도 엄격한 모세의 율법을 엄격하게 지킨다. 일부 국가에서 누군가 위험에 처해 있는 것을 알고 구호를 하지 않는 경우 이를 처벌하는 법을 '사마리아인의 법'이라고 한다. 소위 '행동하는 양심'에 대하는 선악의 구분이다. 사마리아라는 특수한 지역적이고 혈통적인 열등성을 전제로 본다면 종교의 옳고 그름이란 인간이 처해진 조건이나 상황이 결정하는 것이 아니다 라는 의미도 포함된다.

이 예화는 한 걸음 더 나아가 하나님과 사람이 곧 같은 목적이고 뒤집어 말하면 '사람사랑'이 '하나님 사랑'이라는 역설적인 진리를 외친다. 예화 내에 숨겨서 비유적으로 제시하는 것을 보면 문학의 표현 방법론을 차용하고 있는 예수의 언어를 발견하게 된다. 그래서 이 예화는 이천년 전의 단편소설이자, 산문시다. 지금까지 그 효용성이 이어지고 있는 불멸의 작품이다. 이 예화는 일상적으로 일어날 수 있는 사건이어서 난해하지도 않다. 그래서 이 예화를 인용하는 목적을 율법교사는 쉽게 이해하여 진정한 이웃은 사마리아인과 같은 사람이라고 답한다. 제자들이 예수의 많은 행적 중 특별히 이 사건을 문서로 기록하고 있음은 대단히 중요한 진리라고 생각해서 그랬을 것이다. 그러나 율법교사가 예수의 의도를 얼마나 알아차렸는지는 기록에 없다. 다만 공격적인 논쟁을 사마리아인이라는 문학적 예화 한 문단이 오히려 도전자와 피도전자가 입장이 역전되어 가르침을 받는 모습으로 변환하는 동기가 이런 놀라운 설득력이 있는 문학적 방법을 사용하여 이루어 내는 모습을 보게 된다. 심오한 종교적인 진리를 표현함에 있어서 그 방법론은 설명하는 것보다 내포하는 방법론을 차용한 일종의 문학적 행위라고 할 것이다. 역설적으로 현대문학은 성서의 그런 방법을 확인하는 것에 지나지 않는 것인지도 모른다.

또한 치료하는 약품을 살펴보면 기름과 포도주다. 이것은 당시 고가의 물품으로 사랑 실천 앞에서는 자기가 가진 것을 아끼지 않는 정신과 물질적 헌신이 요구되는 것을 단적으로 모습을 보여준다. 일차적으로 자기 이익의 여부를 떠나 생명의 구호에 대한 가치를 가장 우선적으로 두고 있음을 본다. 성서에서는 기름과 포도주가 비유적 언어로 자주 사용됨을 미루어 단지 약품의 효용에서 머무르지 않고, 장차 십자가에서 죽어 인류를 사랑하는 예수 자신의 고난을 상징하고 있음을 알게 된다.

'상처'를 '싸맸'다는 말은 구체적인 행위로 사랑이란 단지 구호에만 그치는 것이 아니라는 뜻이다. 사랑은 의지적인 행동이다. 여기 싸맨 모습은 한 걸음 더 나아가 아담과 하와가 인류의 대표로 처음 죄를 짓고 벌거벗음을 부끄러워 나무에 숨었을 때 하나님이 가죽옷을 입혀준 것(창세기 3장 21절)을 기억하게 하는 대목이다. 이때도 사람의 위치는 죄인으로써 그런 사랑을 받을 수 없는 신분인 것을 미루어 아무런 관계가 없는 사람이라 할지라도 사람이라는 것 자체가 사랑을 받을 가치가 있다는 것을 내포한 의미망이다. 더군다나 여행 중에 긴요한 교통수단인 '짐승'까지 태워 운반하는 것을 보면 자기중심보다 타인을 우선시 하는 사랑의 모습을 보여준다.

그는 시간적인 배려를 통해 사랑을 나타낸다. 사랑이란 관념이 아닌 우리 삶의 현장에서 귀한 시간을 투자하면서 행하는 것임을 알게 된다. 슈바이처, 테레사 수녀 등 많은 선한 일에 뛰어난 사람들은 자기 인생의 많은 시간들을 그 일에 소비한 것을 알게 된다. 남을 위해 허비하는 시간처럼 보이는 것이 사랑인 것이다.

한 걸음 더 나아가 이틀 노동력의 가치인 두 데나리온의 금전을 보증금으로 내어 놓는 일은 일단 위기를 모면한 것에 그치는 계산적인 것이 아니라 최후까지 책임을 지는 즉 자기 자신의 일로 감당하는 자세에서 사랑의 범위를 밝히고 있다. '비용이 더 들면'이라는 미래에 대한 책임의 말 밑에 숨겨둔 의도는 '세상 끝날 까지 함께 한다'는 임마누엘의 진정한 의미를 예화로 제시하여 보여 주고 있다.

여행에서 돌아와 모든 것을 책임지는 언어에서 예수의 재림사상을 찾아보게 된다. 처음부터 마지막까지 전적으로 책임지는 마음이야말로 사랑의 본질이며 그것은 신적인 사랑의 본질이라는 것을 쉽게 일깨워 준다. 사랑은 남에게서부터 시작하는 것이 아닌 자기가 시작의 시발점이요 남에게 유익을 돌리는 귀결점이 된다는 것을 이 예화는 사랑의 본질과 현상적인 실체를 포괄적으로 보여주고 있다. 앞서 말한 '무관심의 관조'라는 영역에서 볼 때도 이 예화는 기독교의 교리에 머무는 것이 아닌, 적십자의 기본 정신이며, 의사들이 다짐하는 히포크라테스의 정신이다. 즉 종교나 사상이나 이념이나 지역이나 인종을 초월하는 규범적 사랑의 의미를 제시하고 있다.

이제는 시야를 돌려 앞선 전제하에 문학서로 본 누가복음 10장에 나타난 사마리아 사람의 이야기에서 먼저 전제된 아름다움을 찾아 성서의 미학성을 확인하고자 한다.

우선 미가 주관적인가 아니면 객관적인가 하는 문제에 대한 고찰이다. 왜냐면 영생의 기본조건인 진정한 삶의 본질은 직업이나 종교가 아닌 보편적 사랑의 실천에서 시작하는 것이다. 이 실천의 가장 아름다움의 표상이 예화의 내용이라는 전제하에 그 가치의 내재적 의미가 미가 객관적이냐 주관적이냐 하는 문제를 다루는 발제적인 동기로 삼는다면 자기애(自己愛)적인 것이 아닌 이타애(利他愛)인 정의를 내리게 된다. 이런 연유로 심지어 유대민족이 이방시하는 사마리아인의 예화는 예수가 자기 유대민족에게 지탄의 대상이 되고 있음도 발견하게 된다.(요한복음, 8장 48절) 아름답다는 것은 대상의 존재자체일까, 아니면 그것을 아름답다고 느끼는 자의식에 내포된 감각의 능력일까? 서둘러 말한다면 고전적인 객관성도 낭만주의적 주관도 아닌 양면의 상호 의식의 작용일거라고 여겨진다. 만일 위 본문에서 객관적이라면 '사람 사랑'의 정서가 마땅히 훈련된 제사장이나 레위인 몫일 것이다. 또한 사마리아인의 '불쌍히'여기는 정서를 그들도 공유하였겠지만 그 대상은 단일한데도 대하는 사람에 따라 다르게 나타나는 실체임을 밝히고 있다. 즉 사람이라는 객관성과 후천적으로 습득된 의식작용으로 반응하는 태도는 주관적 의식이라고 할 수 있다. 마치 뜨거운 사막에서 태양과 이태리지방에서의 태양이 악한 것과 선한 것으로 구분되어지는 것은 태양자체에 그 의식이 숨어지는 것이 아닌 수용체로서의 주관성을 무시할 수 없는 것과 마찬가지다. 그러나 모든 조건들과 관계없이 사마리아인이 보여준 행위는 예수뿐만 아니라 율법사까지도 무조건적으로 수긍할 수밖에 없는 사랑이라는 최고미의 본질로 파악할 수 있다. 이 둘을 미루어 보면 미적 존재란 선악의 구분처럼 이원론적이 아닌 동시적 현상임을 이 본문을 통해서 알게 된다. 등장하는 인물 각자를 통해 그들이 강도당한 사람을 대하는 자세의 차이는 있을지라도 이 글을 읽는 사람이 느끼는 예술적 감성은 동일할 것이다. 이것이 존재하지 않으면 수천 년 동안 경전으로 이어지지 않고 이 예화는 사문서(死文書)가 되었을 것이다. 시공을 초월하는 작품은 예술가의 궁극적인 꿈이요, 목표인 동시에 그런 작품은 종교성을 내포하고 있는 예술작품인 것이다.

4. 나가는 말

사마리아의 모형을 역사적으로 찾아본다면 이 예화를 말하고 있는 예수 자신 이외는 완벽한 원형을 찾아보기 어려울 것이다. 대부분의 인간은 제사장이나 레위인의 범주에서 크게 벗어나지 못함이다. 비록 역사적으로 많은 사랑의 실천자들이 이룬 개별적 업적이 있다손 치더라도 그것을 완전히 보여준 사람은 인간 예수임에 틀림없다. 즉 그는 사마리아인의 예화를 통해 본인 자신의 이야기를 하고 있는 것이다. 완전한 사랑은 신적 존재다. 이 말은 곧 사랑의 본질은 로고스적인 고전적 태도를 가지게 된다는 뜻이다. 영생과 사랑의 관계를 '하나님이 우리에게 영생을 주신 것과 이 생명이 그 아들 안에 있는 그것이다'(요한일서, 5장 11절)라는 구절에서 볼 수 있는 바와 같이 영생도 사랑도 하나님의 아들이자 본체이신 예수에게 있다는 통합적 설명을 이 예화를 통해 이미 스스로 하고 있는 것이다. 예수 자신이 미의 궁극점이요, 본질이며 완결 편으로, 지고의 미적 가치를 가진다.

즉 절대적 가치인 아름다음의 본질인 '사랑이 하나님'(요한일서 4장 8절)이라는 사도들의 해석을 선행적으로 예수가 제시하고 있음을 알게 된다. 그래서 절대적 미란 로고스적인 신적 본질에 속했다 해도 틀린 말이 아니다.

만일 진선미가 최고의 가치관이라면 아름답다 하는 미적 가치의 기준은 우주적 존재에 속한 것인데, 본 예화를 통해 그것은 허상이 아닌 사람을 통해 이루어지는 것이라는 것을 볼 때 그런 목적을 가진 문학예술도 신적인 행위를 감당하고 있다고 하겠다. 아울러 성서는 이런 태도를 가지고 시간을 초월하여 미적 감동을 주는 가장 뛰어나고 규범적인 문학예술작품이다 라고 말하게 된다.

성서문학의 구조적 통일성

— 시가서를 중심으로

1. 들어가는 말

성서는 구약 39편과 신약 27편 총 66권의 책으로 구성되어 있다. 모든 저자는 아직 정확히 누구인지 모르는 부분이 있기는 하나, 대략 40명으로 알려져 있다. 저작 연대는 지금부터 약 3500년 전인 BC. 1500년경부터 시작하여, 마지막은 2000여 년 전이 넘는 AD. 100년에 쓰여진 매우 오랜 기간에 걸쳐 저술된 책이다.

성서는 종교서라는 특징적 의미를 가지고 있다. 그러나 문학적 입장에서 고대문서임에 틀림이 없으나 현대문학서에 비교하거나 문화예술사의 면을 보더라도 그 내용의 심오성은 말할 것 없이 종교의 신, 불신자를 떠나 대부분의 사람들이 창작기법론에 있어서 매우 뛰어난 문학적 가치가 있는 인류역사의 귀한 문화재라고 인정하고 있다.

이번 글은 그 중 소위 성서 중의 문학서라는 의미로 성문서(聖文書) 또는 시가서(詩歌書)라고도 불리는 욥기, 시편, 잠언, 전도서, 아가서를 중심으로 구조적 특성을 알아보고, 그 구조가 전체적으로 하나의 통일성을 이루는 거대 서사시임을 확인하며, 각각의 작품이 내용상의 차이가 있음에도 불구하고 저자가 고의적인 의도로 저술한 기획물임을 문학적 견해를 통해 살피고자 한다.

그러나 여기서는 신학적인 의미나 내용상의 구체적인 분석을 피한다. 단지 고대문서의 하나인 성서에서 문학적으로 사용한 창작기법을 찾아 현대문학에서 추구하는 문학이론과 어떤 유사점이 있는가를 알아보는 시도를 통해 그 연결된 의미를 찾는 범위 안에 주안점을 두고자 한다.

2. 성문서의 내용상의 특성

우선 본론으로 들어가기 전에 개론적으로 각 문학서의 간략한 내용을 차례대로 살펴본다.

1). 현재 사용하는 성서의 순으로는 욥기가 먼저 나온다.

이 욥기의 저자는 분명치 않으나 학자들은 이삭이나 야곱과 동시대의 사람으로 본다. 하나님의 이름인 야훼 대신 여러 곳에서 전능자라는 호칭을 사용하는 것을 보면 고대 종교의 시대이며 정착된 유대교의 체제가 확립되기 전 시대에 주인공인 욥이 살았음을 추측하게 한다. 주석가 매튜 헨리(Matthew Henry)는 이 욥기를 '고상한 시'라고 전제하면서 '원시 신학의 기념비'라고 말한다. 그는 자연 종교가 기초해 있는 자연의 빛에 대한 가장 중요한 원리들이 격렬하고 장황하게 그리고 학문적으로 논쟁되고 있다고 한다. 이 말은 욥기에 나온 논쟁을 통한 논거 등에서 우주의 통치와 원리들이 간접적으로 잘 묘사되고 있음을 알게 된다. 더욱이 도덕적 선과 악, 미덕과 악덕의 설파가 철학적으로 뛰어남을 알게 된다. 그들이 나누는 논쟁 안에서 볼 수 있는 우주적인 관심은 신약시대에서 볼 수 있는 새로운 견해라는 이방인의 구원 교리가 이미 은폐되어 존재하고 있음을 알게 된다. 즉 이 책의 담론은 유대인종을 초월한 범우주적 관심에 대하여 논리가 전개되고 있음을 깨닫는다. 그리고 우주의 운용은 모두 신의 섭리라는 법칙임을 제시한다. 의인의 고난과 악인의 형통이라는 현상에 대한 궁극적 해답을 오래 전부터 제시하고 있음을 알게 된다. 이 섭리는 인내를 통해서만 신적 의도를 알게 되는 지혜의 지팡이가 됨을 말해준다.

마지막으로 욥이라는 인물로 설정한 의인이 당하는 고난의 모습에서 장차 나타날 그리스도의 전형과 예표를 찾아 볼 수 있다.

이 작품의 내용을 간단히 정리해보면 크게 3부분으로 나눈다. 욥의 수난과 인내 (1, 2장)와 인간 욥의 약점(3장), 다음은 대부분을 차지하는 욥과 친구들의 논쟁(4~41장), 그리고 마지막 결론 부분인 영예와 형통으로 다시 회복되는 욥(42장)으로 나눌 수 있다.

욥기에 나오는 인물들은 지금의 정치가, 철학자, 변론가들의 대표적 고대의 인물들의 원형을 보여주고 있다 하겠다.

2). 다음은 순서상 시편이다.

이 시들의 묶음을 별도로 시편(Psalms)으로 부르는 이유는 노래를 부르기 쉽게 운율에 맞추어 만든 글이기 때문이다.

대부분 다윗의 시편들로 어떤 시(시90편)들은 '모세의 기도'라고 기록되어 있다. 아삭의 시편과 바벨론 포로 시대의 시(137편)등의 저자들도 나온다.

시편에서 특이한 것은 단순히 신에 대한 찬미에 그치는 것이 아니라, 장차 그리스도의 수난과 영광에 대한 예언적인 시편들이 여러 곳에 존재한다는 점이다.

다른 글들과 다른 점은 운율에 의해 읽혀지게 하는 시적 구성에 있다. 단순히 노래가사에 의미를 두는 것이 아닌 가사 내용에 탁월한 진리를 담고 있다. 내용을 살피면 선과 악의 경계와 그 구분을 정해주고 있다. 따라서 읽는 사람으로 묵상하고 음미하는데 유용하다. 독자는 시편 기자들이 대신 사고하는 모습을 자신의 경험으로 대신 체험할 수 있는 간접 경험을 일으켜 효율성을 높여준다. 즉 문학의 의도와 목적을 다른 문서들보다 더 쉽게 다다르게 해준다. 한 걸음 더 나아가 이 시편을 읽으므로 대신 기도의 역할을 하게 되고, 저절로 신앙고백을 올리는 수단이 된다. 시편들을 읽는(노래하는) 동안 신앙심을 진작시키고 삶의 행동을 제시받게 해준다.

시편은 다섯 권으로 구성되어있는데 1~41편, 42~72편, 73~89편, 89~106편, 106~150편으로 편집이 나누어진다.

3). 다음은 잠언이다.

잠언의 한자 잠(箴)은 '경계할 잠'이라는 어의를 담고 있다. 즉 말로 가르치어 훈계한다는 뜻이다. 또한 그 한자는 침잠이라고도 하여 저울의 하나인 천평칭(天平秤)의 줏대를 세우고 가로대 양끝에 무게를 견주어 다는 저울 한가운데 줏대의 뾰쪽한 침을 말하기도 한다. 아주 정확한 말이라는 의미이기도 하다. 비슷한 말은 격언, 속담 정도라고 견줄 수 있다.

솔로몬은 잠언 전도서 아가서를 썼다. 젊을 때 아가서, 노년에 전도서를 기록했다 한다. 그러나 이 잠언은 솔로몬의 중년 작품이라 추측하는 사람들이 많다. 내용상 그럴듯하다.

잠언은 이스라엘에만 있었던 것이 아니라 당시 다른 근동지방에 많이 존재하고 있었다. 고대 이집트에도, 물론 동양에도 많은 잠언들이 있었다. 특히 그리스에서는 교육의 한 방법론이었다. 짧은 문장 속에 많은 의미가 들어 있어 많은 생각을 도출해 낼 수 있는 기능을 가진 것이 잠언의 양식이기 때문이다.

이 잠언을 저술한 목적은 잠언 서술부 초두인 1장 4~5절에 어리석은 자를 슬기롭게 하고 지혜로운 자는 학식을 증가시키고 지략을 얻게 하기 위함이라고 밝히고 있다.

구조를 간추린다면, 1~9장은 간혹 에스라가 썼다는 서론의 성격으로 지혜의 방법을 연구하여 실천하라는 권면이고, 10~24장은 솔로몬의 잠언 1부, 25~29장은 2부가 나온다. 30장은 아굴의 예언, 31장은 르무엘의 예언이 나오는 것으로 구성되어 있다.

현명한 생각과 건전한 사고를 통해 선과 악을 구별하여 명철을 깨닫게 하고자 하는 것이 잠언의 전체적인 줄거리의 목적이라 할 수 있다. 잠언이라는 언어를 통해 마땅히 가르칠 것을 서로 가르치게 하는 글을 통해 당시 종교시대의 모든 대상에게 기준이 되는 생활철학을 제시해 주고 있다. 그렇기에 종교인의 범위만 국한하는 것이 아니라 모든 사람에게 해당하는 유익을 주고 있다. 이것은 현대에 와서도 모든 사람들에게 보편적 진리를 제시해주고 있다.

4) 다음은 전도서다

솔로몬이 잘못된 종교적 삶에서 돌이키는 노년의 길에서 인생을 참회하는 고백적인 설교이자, 자전적 신앙고백이다.

시작의 "헛되고 헛되니 모든 것이 헛되도다"라는 유명한 말로, 일견 생각하면 허무주의자의 고백 같기도 하지만 결론은 세상은 헛되나 신과 그의 말과 뜻과 통치는 인간의 제왕과 달리 영원하고, 불변한 진리라는 것으로 결론이 내려지는 아주 긍정적인 책이다.

인간적인 부와 명예와 정욕은 행복이 아니라는 것이다. 참 행복은 "하나님을 경외하고 그 명령을 지키는 것"이라고 결론을 내린다. 인간이 신적 위치에 도달함으로 행복을 얻어지는 것이 아닌, 그 신을 섬기고 경외하는 곳에서 참 행복을 가질 수 있다는 것이다. 인간의 학문과 계략, 정욕이 주는 즐거움, 명예와 권세, 부와 재산은 모든 인간이 추구하는 것이지만 결국은 허무한 것이라는 저자의 체험적 지식에 바탕을 둔 고백서라고 할 수 있다. 그런 가치를 추구는 사람 중에 아직까지 신약에서 예수님이 말한 대로 솔로몬보다 더 많이 누린 자가 없기 때문에 더욱 설득력으로 다가

온다.

5). 마지막으로 아가서다.

아가서는 솔로몬이 저자로 알려졌다. 내용상 경건의 헌신이나 종교적 신앙심등의 구체적인 표현이 없다. 간혹 표현상 불건전한 직설적인 성적 표현으로 당혹케 하는 내용이 들어가 있다. 그래서 유대 성서 교사인 랍비들은 어린아이는 30세 이전에는 이 책을 읽지 말도록 권장하기도 한다. 표현상 타락한 세속적 관심을 유발케 하는 동기를 만들어 줄 것을 염려해서다. 그러나 이 책의 진실한 모습을 알게 되면 경건과 헌신을 더욱 자극하게 한다. 인간적인 모습으로 보면 일편 타락한 언어 같기도 하지만, 신과 인간의 관계의 비유로 보면 원초적인 사랑을 통해 하나님의 사랑을 깨닫게 해주는 경건시라고 할 수 있다. 결혼 축시와 같은 문학적 방법을 통해 소위 관념의 육화를 이루어 낸 문학의 최고 수준임을 알게 한다.

당시 선민의식이 강한 유대민족에게는 신이 그들 민족을 결혼한 부부로 설정한 구조에서 우상 숭배가 영적으로 간음이라는 구체적인 신학적 해답을 제시 해주는 귀중한 교리적 역할을 감당하게 한다. 신약에서 아가서를 직접 문헌적으로 인용한 바는 없으나, 예수님이 자신과 교회를 비유하는데 많이 사용한 방법론에서 보면 이와 매우 비슷함을 알게 된다. 특히 시편 45편이 이것을 이론적으로 기초를 제시하고 있으며, 아울러 신약의 그리스도를 표현하고 있는 열쇠가 된다.

3. 성서문학의 구조적 통일성

앞항의 개관적인 내용의 제시와 같이 저자가 불명한 욥기나, 다윗의 시편이나, 저자가 같더라도 내용이 판이한 솔로몬의 잠언이나 전도서나 아가서 등이 어떻게 통일성을 이루어 나가느냐를 살피고자한다.

그 책들의 내용은 주장하는 성격이 제각각이다.

우선 잠언에서는 매우 당연한 이야기를 말하고 있다. 예를 든다면 다른 민족에게도 있는 격언이나 속담의 내용이다. 각각 다른 종교와 크게 구분되지 않는 일반적인 진리를 말해주고 있다. 예를 들어 '경우에 합당한 말은 아로새긴 은쟁반에 금사과니라'(잠언, 25장 11절)라는 말을 살펴보자. 어떤 귀한 말을 할 때 그 말을 가장 잘 표현한 것을 두고 금으로 만든 사과라는 것이다. 더욱이 놓여있는 곳은 은쟁반이다. 얼마나 귀한 말인가를 당시 가장 귀한 보석으로 비유한 것을 알 수 있다. 이런 문학적 태도를 떠나 내용상 경우에 합당한 말은 아주 귀하다는 인류 누구에게나 해당하는 보편적 가치를 말하고 있다. 이런 말은 표현만 다르지 동서양 여러 곳에서 찾아 볼 수 있는 보편적인 교훈이다.

역시 반대로 남을 아프게 하더라도 귀한 책망을 두고 하는 말이 계속해 대귀적으로 나온다. '슬기로운 자의 책망은 청종하는 귀에

금 고리와 정금 장식이니라.'(잠언, 25장 12절)처럼 책망도 슬기롭게 해야 하고 청종도 아프지만 슬기롭게 대처하면 금고리나 정금 장식처럼 가치 있는 결과를 가지고 온다는 매우 당연한 말을 한다. 여기서 매우 당연(當然)하다는 말은 일반적으로 자연스럽다는 뜻이다. 자연(自然)이란 말뜻은 저절로 그리 된다는 자연법칙을 인정하는 자세다. 예를 든다면 공부를 열심히 하면 좋은 대학에 들어가 성공할 수 있다는 으레 당연하게 보이는 말과 같다. 이런 잠언적인 자세에서 오는 결과는 자연적 현상이라는 오해를 가지고 올 수 있다. 그러나 이 잠언의 배경에는 그 자연의 법칙을 만들고 그 법칙을 준수하는 신적 통제의 모습을 그려냄으로 일반 격언이나 속담과 달리 진리에 대한 보편적이고 일반적인 진리 속에 존재하는 특수한 신적 법칙을 제시하고 있다. 성서의 잠언은 자연법칙을 말하는 것이 아니라 뒤에 숨겨진 신적 법칙임을 제시하고 있음을 볼 때 그런 지혜가 바로 신의 지혜라는 것을 은유적으로 말하고 있는 것이다.

욥기는 이와 반대의 자세를 취한다. 앞의 예처럼 공부를 열심히 해도 대학에 낙방하는 경우가 있다는 말과 같다.

의인 욥은 잠언의 내용을 충실하게 준수했던 표상으로 나온다. 그러나 결과는 저주를 받은 사람처럼 오히려 알 수 없는 비참함 속에 처해진다. 잠언의 말이 절대적인 진리라면 의인의 고난은 이해할 수 없는 일이 되고 만다. 진리를 성실하게 추구하는 의인은 잠언적 해석에 의탁한다면 세상적인 축복과 형통만을 받아야만 마땅하다. 그러나 욥의 고난은 정 반대의 현상임을 보여준다. 그래서 욥기의 대부분을 차지하는 분량을 세 친구와 고난의 의미와 원인을 서로 철학적 논쟁으로 해석하려 한다. 욥도 자기의 고난의 원인을 그 잠언적인 기초위에서 변명하고 있다. 마치 욥이 주인공인 연극에 세 명의 친구가 조연으로 나오는 드라마를 신과 사탄이라는 두 관객이 관람석에서 구경하는 한 편의 서사 장면을 보는 것과 같다. 인간들의 드라마의 대사를 듣고 있는 관객의 신분으로 신이 등장하는 스토리에서 그 배경에 인간이 알 수 없는 신의 숨겨진 의도가 있음을 결론적으로 밝힘으로 해답에 도달하고 있는 것을 알게 된다. 인간은 인생의 과정을 다 알 수 없으나 그 배경에는 그 길을 다 알고 있는 신이 존재한다는 종교적 원리를 제시한다. 자연스런 잠언의 원리 뒤에 그 자연을 지은 신의 진리가 있듯이 반대로 그 잠언으로는 해석되지 못하는 일이 있는 그 부분도 신의 뜻이나 의도가 있다는 것을 말해 주고 있다. 즉 인간의 존재가 신과 달리 한계성을 가지는 내용을 말하고 있다.

전도서는 잠언에서 제시한 진리의 결과나 욥기에서 알 수 없는 비밀스런 진리나 모두 허사라는 것이다. 인간의 존재, 즉 인간들이 이성적으로 존재론의 철학적 질문에 허무라는 말로 그 해답을 대신해 주고 있다.

앞의 예를 다시 든다면 좋은 대학을 나온 사람이나 낙방한 사람이나 결국 모든 인생이란 허무한 것이라는 결론적 이야기를 통해 주제를 전개한다. 즉 잠언을 통한 인간의 축복인 명예와 부귀라는 것 자체가 모두 허무한 것이란 것이다. 그래서 선인의 축복이나 의인의 고난은 결론적으로 다 허무한 것이라는 내용이다.

그러나 이 전도서의 특성은 이 허무를 해결하는 방법을 제시해 주고 있다. 허무라는 것은 신이 없는 인간의 고독한 모습일 뿐 신의 존재 인식과 그 진리 추구는 염세주의적인 것이 아니라는 내용이다. 그래서 인간이 신과 동행할 때 비로소 모든 것이 가치를 회복할 수 있고, 허무일 수밖에 없는 인간이란 존재가 신에 의해서 의미 있는 실존적 자아로 전환할 수 있다는 것을 역설적으로 말해 주고 있다. 전도서 마지막에서 두 번째 구절인 일의 '결국을 들었으니 하나님을 경외하고 그 명령을 지킬지어다. 이것이 모든 사람의 본분이니라.'(전도서, 12장 13절)라는 간략한 말로 허무라는 전제가 이 한마디를 위한 사전에 고의적으로 설정된 의도임을 밝히고 있다. 하나님 이외는 모든 것이 허무라는 역설의 방법을 통해 본의를 보여준다. 인간의 성공이나 실패 등의 배경에는 신적인 의도를 인지하는 신앙이야말로 허무에서 탈출케 하는 유일한 방법임을 제시하고 있다.

이와 같이 앞서 말한 잠언적인 가치관으로 가지게 되는 성공의 당위성이나 욥기의 내용인 이해할 수 없는 고난으로 보이는 실패나 두 경우 결국 허무일 수밖에 없는 인간만의 삶의 본질을 말해주고 있다. 결론적으로는 인생의 오묘함은 신적인 의도에서 통일성을 찾아 존재론적 질문을 해야 하며, 그런 통합적이며 통일성 있는 해답을 제시하는 일은 시편이 그 기능을 해주고 있다는 것을 지적한다.

그 간단한 예를 들어보자. 다음 항에 제시하는 시편 23편에서 목자인 여호와를 목자처럼 그 이끌림에 따른다 해도 잠언적 지혜인 푸른 초장의 성공과 욥기적인 사망의 음침한 골짜기를 만나게도 된다는 것이다. 성공을 통한 축복이나 실패로 인한 고난의 현상이란 여호와라는 목자적 존재가 있어도 언제나 상존함을 알게 해준다. 양이 푸른 초장이나 쉴만한 물가에 있는 것이 반대로 골짜기의 위험한 지경에 있을 수도 있지만 양의 배후에는 목자가 있듯, 인간의 배후에는 신의 존재가 있다는 것이다. 그래서 양의 삶이 허무나 염세가 아닌 어느 경우에도 존재론적 의미가 있음을 시편은 앞의 잠언, 욥기, 전도서의 각각 상이한 주제 속에서도 시편기자는 동일한 신의 존재를 증명하고 있다. 다른 말로 표현한다면 시가서는 공통적으로 신의 존재에 대해서 종합적인 해석을 할 때 통일성 있게 해답을 제시해주고 있음을 알게 된다.

아가서도 자세히 말할 필요가 없다. 그 표현이 남녀 간의 사랑으로 비유만 다를 뿐, 주제의 면에서는 동일하기 때문이다. 신과 인간의 관계를 설명함에 남녀 간의 관계에서 아가서는 더 본질적으로 강렬한 테마를 사용하고 있음을 알게 된다. 사랑의 본질 속에 숨겨진 신성을 원형적 이미지를 빌어 제시하는 아가서는 문학적 견해로 볼 때 가장 현대문학의 형태를 가졌다 할 수 있다. 당시의 문화적 분위기로는 가장 아방가르드적인 작품이라고 말할 수 있다. 여기의 사랑의 고백은 신이 인간에 대한 순수한 사랑의 본질이며,

그 본질인 로고스가 인간 곁으로 다가오는 육화의 과정을 그렸다고 볼 때 거대한 인간 구원에 대한 전인격적 발로를 찾아보게 하는 저서라고 말 할 수 있다.

모든 시가서는 내용이나 제작연대의 차이나 저자의 다름에 불구하고 신비한 신의 존재와 역할이 그 내용에 숨겨져 있음을 알게 된다. 이 숨겨진 저자들의 의도, 소위 은폐의 내의(內意)는 신이 개인이나 세계의 역사 중심에 있다는 해석에서 구조적 통일성을 찾을 수 있다.

4. 주제에 의한 통일성

성서의 내용은 신구약을 포함하여 대개 율법서, 역사서, 선지서, 시가서, 복음서, 서신서, 묵시록 등으로 구분한다. 그러나 그 문학으로 보면 하나의 주제로 귀결됨을 알 수 있다. 그 책이 율법서이거나 역사서이거나 선지서거나 모두 숨겨진 저자의 본의는 통일된 주제를 가진다. 결론적으로 말하면 그 주제는 예수님이라는 인물에 초점을 맞추고 있음을 알게 된다.

예를 든다면 성경의 맨 앞에 나오는 모세가 저자인 창세기는 비록 우주 탄생 이야기를 하고 있지만 그 목적은 실은 예수가 구원자로 나와야 할 이유를 설명하기 위한 그 원인을 말하고자 하는 것이다. 인간이 죄를 지어서 그 죄의 대가로 메시아(그리스도)라는 인물이 나와야 한다는 역사적인 배경을 말하고자 함이다. 만일 우주의 창조를 말하고자 함이 제일 원인이었다면 창세기는 과학역사서이다. 그러나 누구나 그 책이 구원을 이루어 나가는 큰 의미의 복음서라는 것을 인정하게 됨은 타락한 인간에게 원초적 구원의 약속을 창세기 3장 15절에서 여인의 후손이라는 암시를 계시를 빌어하고자 하기 때문이다. 인간이 죄로 말미암아 우주의 본질과 파괴된 관계에서 형제 살인과 인류 타락과 사회 혼란을 초래하게 됨을 말하고 있는 것이다. 그리고 아브라함의 아내도 지키지 못하는 인간의 한계성의 존재의 모습에서 믿음의 아버지로 인정받는 모습도 아브라함의 외아들 이삭을 인간의 힘으로 죽인다는 설정 하에 신의 독생자 예수의 장래 죽음을 예시하면서 인간에게 그 아픔의 진정한 뜻과 인간을 향한 신의 사랑의 마음을 인간의 부자지간 정리(情理)로 전하고자 하는 신의 깊은 의도를 숨겨 놓은 것이다. 요셉의 이야기도 마찬가지다. 인간 요셉은 장차 야곱의 가족을 구할 인물로 설정하고 있다. 요셉은 각종 고난을 통해 자기의 가족을 구할 수 있는 자리에 오른다. 이것도 예수님의 고난과 그 고난을 통해 그리스도의 신분으로 자기 백성을 구하는 메세아의 모습을 그려내고 있다. 같은 저자인 출애굽기도 마찬가지다. 인간의 모세라는 인물을 통해 노예에서 탈출하여 가나안에 이르는 이야기를 적은 서사적 구조를 가진다. 그것도 역시 죄의 노예에서 해방하는 그리스도와 그리스도 안에서 천국에 이르는 구원 받은 배성들의 모습을 예시하고 있는 것이다. 여호수아서도 물론 마찬가지다. 인간의 죄에서 자유를 찾아 나서는 진정한 인간 회복을 가나안 땅이라는 과정을 통해 보여준다. 점점 진행되어 나오는 사사기나 열왕기나 역대기의 모든 왕들의 이야기의 주된 주제도 다윗이나 솔로몬처럼 뛰어난 왕들을 비롯하여 유대민족의 왕들도 죄 앞에서 무참히 파괴된 모습을 그려냄으로써 인간의 권능자라 할지라도 죄인일 수밖에 없으며 그래서 스스로 구원을 할 수 없는 나약한 인간일 뿐임을 강조하는 것이다. 모든 왕들이 집권 초기에는 신의 계율과 지시에 따라 성공적인 듯 하지만 결국 죄 앞에서 무너지게 되는 인간의 원초적 죄(원죄)에서 벗어날 수 없기에 메시아가 필요하다는 말을 하기 위한 것이다. 창세기에서 어린양은 출애굽기에서도 어린양으로 나온다. 이스라엘 민족은 모든 제사에 어린양의 피가 그 중심에 놓여 있음도 다 그런 연유에서다. 죄 앞에서 철저히 무력했던 인간의 모습은 바벨론의 포로 시대를 통해 죄 앞에서 인간이 맞이하게 되는 죄값에 대한 체험을 암시함이다. 살았어도 죽은 목숨인 포로는 곧 노예이며 그 노예의 신분은 철저히 사탄으로 상징되는 지배자의 손에 있음을 통해 신과의 관계회복만이 유일한 구원의 길임을 말하고 있다. 그래서 그들이 포로에서 돌아오자마자 우선적으로 시행했던 것은 성전의 재건축이었다. 이 성전의 재건축의 의미도 신과의 회복을 말하는 것으로 메시아에 의해서만 이스라엘은 진정한 자유를 보장받는다는 것을 보여줌이다. 포로로부터 귀환도 스스로의 힘이 아닌 고레스라는 당시 파사(페르샤)국의 왕의 타력에 의한 것임을 통해 선민인 이스라엘의 구원과 진정한 자유로의 해방은 메시아사상으로 해석해야 됨을 강조하고자 함이다. 성서에 나오는 모든 인간은 예수님의 도움을 요청해야 할 부족한 죄인인 인간이라는 것을 강조하고자 성서의 위대한 신앙지도자는 신구약을 통해 큰 결점을 가지고 있음을 알게 된다.

신약은 구약에서 은폐된 계시의 완전한 노출이다. 은폐와 노출이라는 문학방법론에서 신약은 그 메시아의 현현을 강조하는 책이다. 복음서의 중심은 메시아인 예수님의 죽음과 다시 사심에 있다. 이것이 성경이 말하는 주제의 핵심이다. '성경대로 죽고 성경대로 다시 사신'(고린도전서, 15장 3~4절) 예수님이 복음의 중심제목인 것이다. 여기서 '성경대로'라 함은 성경의 중심 주제라는 것을 말함이다. 성서의 중심 주제가 메시아라면 주인공은 당연히 예수 그리스도가 되는 것이다.

이같이 신구약 모두 내용은 서로 각각 다른 이야기를 기록하고 있다. 그러나 비유나 변용이라는 문학적 방법론이라는 면에서 보면 모두 한 가지로 귀결되는데 메시아는 예수님이라는 것을 말함이다.

여기서 성서의 큰 흐름을 단일 주제 면에서 본다면 하나의 통일된 모습을 볼 수 있다. 그것은 바로 하나님은 인간을 사랑해서 죄인인 인간을 위해서 그리스도인 독생자 예수그리스도를 보내어 어린양으로 예표된 죽음과, 인간이 당할 죽음을 대신 당하시고 그 죽음에서 이김으로 인간을 신과의 창조적 질서의 교제가 회복되게 하시는 신의 역사를 그려놓은 책인 것이다. 그것이 율법서이건, 역사서이건, 선지서이건, 묵시록이건 모두 예수님이 인간으로 와야 할 원인과 이유를 말하고자 하는 것이다.

위와 같은 성서의 전체 관점에서 볼 때 시가서를 해석하는 전제도 구원론에 의한 해석이 필요하다. 시가서가 지혜서라는 단순한 인간의 도서 구분법에 의탁할 것이 아니라 그 지혜가 모두 예수님이라는 테두리 안에서 해석이 되어야 한다. 시가서도 구원의 노래이며 그 구원은 메시아에 의한 것으로 그 구원의 중심축에 예수님이 계신다는 것을 말하고 있다. 허무까지도 그래야 소망으로 전환되는 진정한 구원에 이르게 된다는 것을 보여준다.(전도서, 12장 13절) 따라서 시가서의 모든 주제는 시가의 기법을 사용한 구원론적 메시지라는 것을 강조하고자 한다.

우선 시가서에서 강조된 결론부분을 살펴본다.

잠언에 자주 나오는 단어는 '여호와의 경외'다.

> 스스로 지혜롭게 여기지 말지어다. 여호와를 경외하며 악을 떠날지어다. (잠언, 3장 7절)
>
> 여호와를 경외하는 것은 악을 미워하는 것이라. (잠언, 8장 13절)
>
> 여호와를 경외하면 장수하느니라. (잠언, 10장 27절)
>
> 여호와를 경외하는 자에게는 견고한 의뢰가 있나니 그 자녀들에게 피난처가 있으리라. (잠언, 24장 26절)
>
> 여호와를 경외하는 것은 생명의 샘이니, (잠언, 14장 27절 상)
>
> 여호와를 경외하는 것은 사람으로 생명에 이르게 하는 것이니, (잠언, 19장 23절 상)
>
> 겸손과 여호와를 경외함의 보상은 재물과 영광과 생명이니라. (잠언, 22장 4절)

이런 구절들이 잠언의 중심 언어라 하면 성공의 메시지는 모두 여호와를 경외함이라는 전제가 있음을 알 수 있다. 잠언에서 보는 모든 성공은 여호와와의 관계에서 시작되고 말미암고 돌아가는 신학이다(로마서, 11장 36절), 이것은 칼빈의 '하나님 주권사상'과 일치한다.

다음 실패의 신학이라는 욥기는 결론 부분만을 살펴본다.

> 주는 들으시고 내가 주께 묻겠사오니 주여 내게 알게 하옵소서.
>
> — 욥기, 42장 4절

> 내가 주께 대하여 귀로 듣기만 하였사오나 이제는 눈으로 주를 뵈옵나이다.
>
> — 욥기, 42장 5절

이런 말은 곧 그 자신의 알 수 없는 실패로 보이는 삶의 모습이 인간으로는 설명할 수 없는 것을 고백하고 있다. 그것은 신을 만나 음성을 들은 후에야 신의 우주질서 안에서 의미가 있다는 것을 말하고 있다. 사람 편에서 해석되는 인생은 언제나 인간이 가지는 우주 질서와 신에 대한 궁극적 지식의 무능을 다음과 같은 구절의 모습에서 인간의 철저한 무능을 알게 해주고 있다. 그래서 어떤 경우라도 신의 뜻에 의지해야 한다는 것을 고백하고 있는 것을 알 수 있다.

> 내가 스스로 거두어들이고 티끌과 재 가운데서 회개하나이다.
>
> — 욥기, 42장 6절

> 여호와께서 자기들에게 명령하신 대로 행하니라. 여호와께서 욥을 기쁘게 받으셨더라.
>
> — 욥기, 42장 9절 하

위 구절에서 동방의 의인일지라도 신 앞에서 철저히 무능함을 고백하는 자세는 신 앞에 무조건적 회귀가 절대적으로 요구됨을 말할 수 없는 고난을 겪은 욥이 체험적으로 스스로 고백하고 있는 것이다.

다음은 성공이나 실패의 양면 모두 허무하다는 전제를 가진 전도서도 결론 부문은 같은 단어다.

> 일의 결국을 다 들었으니 하나님을 경외하고 그의 명령들을 지킬지어다. 이것이 모든 사람의 본분이니라.
>
> — 전도서, 12~13절

허무의 우주의 진리 속에 그 허무의 좌절을 극복하는 것이란 곧 여호와를 경외함이란 말로 마지막 결론을 내린다. 전도서의 허무가 진정한 실존의식으로 전환되는 결론적인 구절이 예문이다.

앞의 항에서 잠언과 욥기와 전도서의 통일성이 시편에서 통합적으로 노출된 것을 극명하게 알게 된다.

그런 여러 시편들을 다 인용할 수 없다. 왜냐면 대부분이 시가성의 통합성을 가지고 있기 때문이다. 다만 여기서는 그 통합성을 깨닫는 인간의 종합적인 고백의 결론과 같은 편지상의 결론인 시편 150편의 마지막 구절만 적는다.

> 호흡이 있는 자 마다 여호와를 찬양할지어다. 할렐루야!
> — 시편, 150장 6절

여호와를 찬양한다는 말은 성공이나 실패나 허무감이나 모두 신의 섭리라는 것이다. 그래서 인생은 살아가는 경로가 무엇이든지 신을 경외하면 인생의 진정한 의미가 있다는 것이다. 경외하는 자의 공통의 표현이 바로 찬양이기 때문이다.

그럼 신의 진정한 뜻이 무엇인가. 앞 문단에서 밝힌 것과 마찬가지로 신은 인간으로 하여금 죄인임을 깨닫고 죄인에서 해방되기 위해서는 어린양의 제물이 된 예수님을 믿고 하나님을 신뢰하여 그의 구원을 이루어 나가는 사랑의 계획과 그가 주시는 풍성한 삶을 누리기를 원하는 것이다. 이것은 시가서만 가지는 것이 아닌 창세기에서부터 요한계시록까지 성서의 66권의 통일된 내용인 것이다.

주제는 메시아인 예수님의 죽음과 다시 사심에 대한 인간의 반응이 곧 찬양이다. 그것은 예배 형태로 나타나는 것을 미루어 알 수 있는 것이다.

5. 성서문학의 표현기법으로 본 특성

다섯 시가서의 모든 작품을 각각 문학적 표현기법에 관하여 살펴야 되나, 앞의 통일성을 전제로 시편 하나를 대표적 예시로 들어 살핌으로 그 견해에 대한 의견을 간략하게 좁히기로 한다. 왜냐하면 그 방대한 작품들의 모든 표현이 다음 시편에 적용되는 이론과 별로 다르지 않기 때문이다.

여호와는
나의 목자시니
내게
부족함이 없으리로다

그가
나를 푸른 풀밭에 누이시며
쉴만한 물가로 인도하시는도다

내 영혼을 소생시키시고
자기 이름을 위하여
의의 길로 인도하시는도다

내가
사망의 음침한 골짜기로 다닐지라도
해를 두려워하지 않을 것은
주께서
나와 함께 하심이라
주의 지팡이와
막대기가
나를 안위하시도다

주께서
내 원수의 목전에서
내게 상을 차려 주시고
기름을 내 머리에 부으셨으니
내 잔이
넘치나이다

내 평생에
선하심과 인자하심이
반드시 나를 따르리니
내가
여호와의 집에 영원히 살리로다.

- 시편, 23편 전문

위 예시의 각 연은 성서의 구절에 따른 것이나, 행은 필자가 임의적으로 만든 것이다. 편의상 한 절을 한 연으로 만들었기에 여기서 첫 연이라 하면 1절을 뜻한다.

이 시편은 너무 유명하여 모르는 사람이 거의 없을 것이다. 뿐만 아니라 노래 가사로도 널리 알려져 암송하는 사람도 많이 있다.

유대민족은 유목민이었다. 따라서 그들이 하는 직업상 흔한 일은 양을 키우는 것이었다. 더군다나 이 시편의 저자는 어릴 때부터 목동으로 지내왔고 나중에 왕이 되는 과정에 목동의 기능을 통하여 신의 존재를 깨닫게 된다. 그는 목동으로 있는 현장에서 거인 적장 골리앗을 죽였고, 목동으로 일하는 현장에서 불리어 지도자로 세움을 받는 기름을 붓는 예식을 치룬다. 그의 아버지조차 아들이지만 단지 지도자로 선택 받는 날까지도 사실상 제외된 자식이었다. 막내라는 신분인 그는 장차 지도자로 예견하지 못하고 선택이라는 구체적인 지시가 있을 때까지 궂은 일만을 하고 있었다. 목동이 그의 유일하고 당연한 책무였다. 그의 전문은 양을 먹이는 일이었다.

시란 기본적으로 자기가 경험한 사물에 대한 기억의 형상화에 의하여 써진다. 즉 자기 기억의 행위에서 표현된 결과물이다. 자기의 생각이 연상과 연상을 거쳐 만들어지는 사물, 이것을 비유라고 하고 그 작업을 변용이라고 한다.

그래서 다윗이 경험한 신의 모습은 자기가 경험한 목자상과 같다는 체험적 전제의 묘사에서 진술이 시작된다. 목자가 양을 푸른 초장으로 데리고 가기도 하고, 양은 길을 잃고 고난의 골짜기에서 헤매기도 하는 것쯤은 목자였던 시인이 경험상 잘 알고 있다. 그래서 그 묘사는 현실감이 강하다. 양이 길을 잃어버린 어려움 속에서 도구를 사용하여 구해내기도 하고, 심지어 이리 등, 악한 짐승을 대변하는 원수와 같은 동물들 앞 불안한 환경에서도 밥상을 차려주듯 먹이를 주고 관리하는 적극적 목자의 책임을 다하는 모습을 그려내는 일도 경험상 그는 잘 알고 있기 때문이다. 양이 자기의 행한 노력이나 행위에 비견해서 목자에 의해서만 안전하고 풍성한 삶을 누리는 것임을 체험적으로 안다. 목자의 심정을 잘 아는 시인은 양이 누리는 행복과 안전이 목자의 처소인 것을 알기에 인간도 마찬가지로 목자의 역할을 하는 신의 집에 살아야 한다는 종교적 진리와 그 의미가 무엇인 줄을 시편에서 결론적으로 말하고 있다. 한마디로 이 시를 설정함에 목자의 경험이 많은 시인은 신과 인간의 관계가 목자와 양의 관계로 설정하는 일이 가장 적합한 것을 안 시인의 경험론적인 고백이기도 하다. 이와 같이 시의 형상화란 시인의 경험에서 기초한 상상에서 가능하다. 여기서 상상과 공상의 차이가 존재한다.

다음은 수천 년 전의 시인인 다윗이 사용한 기법은 현대시에서 추구했던 창작기법과 이론상 매우 동일함을 밝히고자 한다.

첫 번째 '관념의 실념화'라는 기법상의 의미로 그는 신을 목자로 실념화한 것을 볼 수 있다. 즉 신은 일반인의 사고에서는 일종의 관념적 존재라고 할 수 있다. 그런 존재를 엘리엇이 말한 객관적으로 누구나 인정할 수 있는 사물인 목자로 변용 또는 치환하는 행위를 '객관적상관물'의 이용이라고 말한다. 즉 목자는 신의 객관적상관물이 되는 것이다. 모더니즘의 특징 중 하나인 보이는 것만 믿을 수 있는 과학주의에 의해 대부분의 명시는 예전이나 현시에도 그런 공통점을 가지고 있다. 그래서 이 방법은 예나 지금이나 시간을 초월하여 여전히 유용한 이론으로 인정받게 된다. 한 걸음 나아가 '천상적 이미지를 지상적 이미지로' 전환하라는 현대시 이론을 들어 보면 더 확실하게 된다. 즉 여기서 천상의 신적 존재가 지상의 목자라는 존재로 읽어지는 것을 알게 된다. 만일 화자가 신을 천사나 그리스의 님프나 동양의 신선으로 동일선상의 이미지로 변용했다면 내용상에는 의미가 있을지 몰라도 체험하는 감동에서는 매우 타성에 젖은 일이 될 것이다. 신적인 거룩함의 속성이나 초월적 이미지를 그 당시 누구나 동감을 할 수 있는 인간의 천한 직업 중 하나인 목자로 과감히 이미지를 연결해 내는 작업을 소위 '폭력적 결합'이라고 한다는 것이다. 이것은 현대의 창작방법론에서 효과적으로 사용하고 있음을 알게 된다. 그런 면에서 이 예시는 과연 고대 문서인지 현대 작품인지 시창작 이론으로 평가해본다면 구분하기 더욱 어려워진다.

둘째 연은 소위 잠언적 결론을 유추할 수 있는 매우 당연한 이야기로 구성되어 있다. 양이 목자의 인도를 받고 목자가 양을 잘 인도하면 이른바 성공의 보장을 받는 인과응보의 결론을 말하고 있다. 타종교에서도 볼 수 있는 성공 신학적 형태를 말하고 있음을 알게 된다. 그런데 이 성공을 초장에 있는 양의 모습으로 그려냄에 시법의 특이성이 있다. 앞서 말한 객관적상관물인 것이다.

그러나 다음 연에서의 시적 반전이다. 좋은 목자를 따라가더라도 사망의 골짜기인 이유 모를 고난이라는 현실 도래의 현상이다. 원인의 설명이 불가능한 고난의 모습에서 바로 욥기적 메시지가 담겨있다. 인간의 눈으로 보여지는 성공 보장만이 있는 것이 아니라, 인간이 실존적으로 다가오는 알 수 없는 고난의 원인을 계속적으로 해오던 성서 속에 숨겨진 존재론적 질문인 의인의 고난 상을 그려내고 있다. 이것은 바로 앞서 말한 욥기 내에 있는 숨겨진(은폐된) 신의 깊은 의미를 인간은 정확히 해석해 낼 수 없음을 말해준다. 그 내용을 표현하는 기법에서 다시 고려해 본다면 고난을 사망의 골짜기라는 상황을 보여 줌으로 양들이 당하는 고난의 모습을 현실감 있게 사실적으로, 현장감을 살려 그려내는 표현 기법을 발견하게 된다. 앞의 목자로 변용하는 자세와 동일하다.

다음 연은 자세히 설명할 필요가 없다. 왜냐면 모두가 같은 이론이기 때문이다. 다만 전도서에서 인생의 성공과 실패가 신을 경외함으로 승화하는 허무주의나 염세관의 탈피를 5~6연에서 결론적 진술로 말해준다. 이것은 전도서의 내의를 목자인 신의 말씀에 순종함으로 극복하는 자세를 유추해 냄을 가능케 한다.

이런 면이 시편에서 통합적으로 조직된 구성을 알게 될 뿐 아니라 신의 집(殿)에서 누리는 모습에서 궁극적 기독교 구원관의 특성까지 설파하고 있음을 알게 된다. 목자와 양의 관계를 남녀의 인격적 관계로 발전시킨 것이 아가서라고 해석할 때, 시가의 모든 주제는 인간의 존재에 대한 담론이며 그 사랑의 노래라고 줄일 수 있다.

5. 나가는 말

성서도 문학이라는 면에서 다가가 보았다. 시가서 다섯 작품은 각각 판이하게 서로 다른 내용을 취급하고 있지만, 그 내용은 시편에서 통합적 구조를 이루고 있음을 알게 된다. 각 편은 외견상 각각 주제가 다른 성격임이 분명하다. 그러나 그 속에 은폐시킨 비의(秘意)는 신의 목적과 의도가 숨겨져 있거나 노출되어 있음의 차이는 있을지 몰라도 신의 존재와 뜻이 공통적으로 내포하고 있음을 알 수 있다. 여기서 성서는 내용상 구체적인 통일성을 가지고 있음을 발견하게 된다.

우선 내용으로 본 통일성은 시가서의 각 편이 서로 상반된 내용을 말함이다. 잠언은 열심히 노력하면 성공한다는 성공신학이요, 욥기는 열심히 노력해도 알 수 없는 고난이 도래한다는 실패신학의 형태를 기지고 있다. 또한 전도서는 성공한 자나 실패한 자 모두 인생의 종말은 덧없다는 허무의 종말론적 신학이 그 주류를 이룬다. 그러나 이런 셋의 각기 다른 반응이 시편에서는 통일을 이룬다는 것이다. 그 좋은 예가 본문에서 말한 대로 시편 23편이다. 푸른 초장의 성공의 삶과 죽음의 계곡의 실패와 같은 삶은 여호와를 목자로 섬기는 사람들에게 혼재적으로 나타날 수 있다는 것이다. 그것은 어떤 삶이든지 허무한 종말이지만, 영원한 마지막 세대에는 여호와의 양들에게는 그의 선하심과 인자가 늘 따라오는 것으로, 결국에 영원한 행복인 여호와의 전에 영원히 거하는 문학적 결론을 맺고 있음이다.

각 편의 내용이 서로 상이하더라도 그것이 통일성을 이루고 있음에서 편집자 의도의 통일성을 가진다. 다른 말로 한다면 각 편은 저자의 처해진 상황이 별개다. 그러나 다루는 주제는 각각 차이가 나지만 시가서의 이와 같은 통일성에서 성서의 통일성을 확대하여 밝힐 수 있다. 각각의 저자들의 개성을 살리더라도 서로 유기적인 관계를 가진 작품들이라는 성격임을 알 수 있다. 여기서 성서의 유기적 영감설이 이론적인 토대를 가진다고 할 수 있다.

만일 이런 통일성을 인정한다면 수많은 저자가 성서를 기록하였다고 하더라도 각각 단편이 가지는 맥락에서 전체적인 편집상의 통일성을 가졌다고 인정할 수 있다. 이런 면에서 성서는 기획과 편집이 통일된 의도에서 저작된 책이라고 할 수 있다. 더 나아가 구원을 위한 종교적 의도인 성서는 하나님의 의도에 의해서 신학에서 말하는 유기적 영감설이 타당성을 가지는 모습을 문학적으로도 변증될 수 있다. 더 나아가 이 통일성은 성서의 전체의 주된 흐름인 어린양에 대한 사상이 중심사상임을 알게 된다.

바로 이 통일성은 성서신학의 기초가 되는 것이다. 성서신학에서 말하는 '특별계시의존사상'은 결국 성서의 해석은 다른 성서에 의해서 가능하다는 것이다. 성서는 성서가 말하고 있다는 이론이 타당성을 가진다.

더욱 문학적 표현기법은 현대 문학이론을 바탕으로 설명해도 전혀 새롭거나 다른 것이 아닌 것이다. 즉 수천 년의 고대작품인 성서에서 '객관적상관물의 사용', '천상적 이미지를 지상적 이미지로 전환', 이를 '폭력적 결합' 등을 이루어내는 등은 현대시의 창작의 주류인 모더니즘 시법을 구사하고 있음을 쉽게 찾아 확인할 수 있다. 즉 성서는 현대의 문학 기법을 사용하고 있으며, 저자의 내용상의 구조가 시각적인 차이가 있음에도 불구하고 표현하고자 하는 내용은 동일한 한 주제로 만든 순수문학이라 해도 틀림이 없다. 즉 시공을 뛰어넘어 창작론의 본류적 요구를 충족시키고 있는 작품인 것을 변증하게 된다.

결론을 줄여 말한다면, 시가서의 각 편을 분석해 볼 때 각각 숨겨진 신의 존재 양상이 표면상 다르게 보일지라도 모두 통일성을 가지고 구성되었으며, 특히 모든 시가서는 현대시 창작이론에 의해서도 규범적 조건을 갖추고 있음을 알게 된다. 비록 지혜를 추구하는 문학기법을 사용한 시가서라 할지라도 그 내용의 주제는 메시아사상에 근거한 것이다.

성서의 절기에 나타난 상징과 원형심상

— 출애굽기의 3대 명절을 중심으로

1. 들어가는 말

모든 민족은 기원, 전설, 민속, 제의, 관념의 형태 등 각각 독특한 원형심상을 가지고 있다. 각 민족마다 독특한 특징이 있고 내용에도 차별이 있는데도 불구하고 신화비평에서는 인류 역사상에 나타나는 이미지는 크게 차이가 없고 대부분 거의 유사성을 가지고 있다고 한다.

원형심상이란 프레이저나 융의 영향에 의하여 현대 문학에서 아주 중요한 자리를 차지하고 있다. 프레이저이나 집단무의식을 연구한 융은 인간의 조상들이 오랜 기간 동안 반복하여 얻은 일들의 경험이 축적이 된 인간의 심리 안에서 구조적으로 고착된 요소를 이루고 있다고 한다. 그것은 집단적이고 민족적인 무의식 속에 유전되고 있음을 밝혔다. 각 민족의 특성과 달리 모든 인간이 가지고 있는 유사한 심리는 유사한 문화를 이루어 낸다 한다. 이 유사한 문화적 기능을 원형심상이라고 말한다.

여기서는 이 원형, 다른 말로 보편적 상징이라고 불리어지는 요소들을 개론적으로 정리하고 인류가 공동적으로 거대한 축제를 이루는 명절의 의식을 통해서 고대 이스라엘의 무의식 속에 나타난 공동체 의식이 현재까지 어떤 경로를 통해서 민족 명절이나 기독교 절기로 자리매김을 이루어 나갔는지를 살펴보고자 한다. 절기란 우리나라 말로는 명절이라고 말하는데, 이것은 공동체 소속원 모두가 같은 뜻을 가지고 맞이하는 축제이자 제의라고 할 수 있어 그 공동체가 가지는 무의식, 즉 원형을 가장 쉽게 파악할 수 있는 요소가 되기 때문이다.

먼저 양해를 구할 일이 있음은 성서가 단순한 문학적 문서가 아님을 전제한다. 이번에 다루고자 하는 출애굽기에 나타난 명절의 유래는 이스라엘의 역사임을 부정하지 않는다. 더군다나 이 성서를 단순한 상징성으로 해석함을 거부함도 안다. 그래서 여기서 사용하는 상징이라는 단어의 뜻을 예표라는 의미를 포괄하는 단어라고 이해하기를 바란다. 다만 고대문서에 나타난 각종 신화와 문학의 비평의 태도로 가장 구체적인 명절에 나타난 무의식의 공통점을 밝힘으로 성서가 인류가 가지는 무의식 속에 잠재하고 있는 점을 드러내어 기독교 신학에서 발전되어가는 명절 개념을 더 확인하고자 하는 보조적인 의도를 가지고 있음의 한정된 견해일 뿐이다. 소위 점진적 계시라는 신학적인 태도를 가진다 하겠다.

2. 성서의 해석방법론과 문학비평의 방법론

해석(Interpretation)은 작품에 담긴 의미를 밝혀 정확하게 알리는 것을 말하고, 비평(Criticism)이란 그 작품을 자기의 입장에서 체험한 미적 현상을 이해하는 행위를 말한다. 허쉬는 언어적 의미는 해석의 영역이고, 언어의 의의에 대한 논의는 비평의 영역이라고 지적한다.

문학비평은 미적 가치 기준에 의해 판단하기에 일종의 가치(Axiology)의 발견인 것이다. 비평을 예술작품의 의식적인 평가라 말할 수 있기에 감상(Appreciation)도 넓은 의미로 비평의 범주에 넣는다. 감상이란 논리적 분석이나 가치를 평가하는 것이 아니라 저자의 미적 형상을 함께 이해하고 감동하는 목적론에 충실하는 것이다. 따라서 소위 인상비평이나 감상비평은 그런 범주에 국한하는 것이다. 왜냐면 이런 비평은 지나친 주관에 치우쳐 작품 속에 있는 의미를 올바르게 이해하지 못하고 개인적 단견이나 편견에 빠질 수 있기 때문이다.

개인의 세계관이나 취미에 의해 판단하는 인상비평과 달리 객관적인 기준에 따라 평가하는 것을 재단비평이라 한다. 이런 비평에는 작품이 본질의 모방이라는 것을 전제하고 재현에 대한 진실성을 찾는 고전주의적 비평양식을 모방비평(Mimetic Criticism)이라 한다. 또한 작품 속에서 독자에게 미치는 효과에 대한 실용비평(Pragmatic Criticism)과 작품과 작가의 관계를 정서의 표현이나 유추에 비중을 두며 낭만주의 작품을 다루는데 주로 사용하는 표현비평(Expressive Criticism)과 작품 고유의 판단기준에 의해 행하지는 신비평이나 형식주의 비평 등을 포괄해 객관적 비평

(Objective Criticism)으로 분류한다. 가장 대표적인 것이 17세기 러시아에서 주장된 형식주의 비평이다. 여기에 작품의 원전을 확정하는 평가와 오류를 교정하는 원전비평(Textual Criticism)도 추가할 수 있다.

본고에서는 앞의 전제를 조심스럽게 다루기 위하여 먼저 성서를 전통적으로 해석하는 방법론과 문학에서 작품으로 보는 자세에서 평가하는 비평의 차이를 간단히 다루고자 한다. 왜냐면 신학적 해석과 문학 비평학의 간격을 이해하고 그 간격을 좁혀 나갈 필요가 있기 때문이다.

우선 전통적인 성서 해석에 대한 개관은 루이 벌코프(Louis berkhof)의 성경 해석의 원리(Principles of Biblical Inerpretation)에 간략하게 의존한다.

성서는 일반 문학과 달리 신적 영감설을 말한다. 문학은 인간의 작품이지만 성서는 인간을 통해서 유기적인 방법을 통하여 신이 저술했다고 보는 견해다. 신이 직접 기계적으로 저작한 것이 아닌, 인간을 선택하여 그 선택된 사람의 성품, 신분의 배경, 지식의 수준, 당시의 역사적 상황 등을 개인적으로 적용하여 영적인 영감에 의하여 유기적으로 성서를 구성, 저술했다고 한다. 이것을 소위 유기적 영감설이라 하는데 벌코프는 예를 들기를 시계를 각 부분적으로 설계하여 조립하듯이 하는 것이 아니라 나무가 세월을 거쳐 성장한 유기적인 사물이 되는 것과 같다고 비유하고 있다. 예언들이 몇가지 계속적인 사실들과 사건들로 성취되고 있는데 이런 경우는 일찍 이루어 진 성취는 부분적이며, 앞으로 다가올 예표가 된다고 말한다. 마지막에 가서 이루어지는 예언의 이중 의미를 가리키고 있다. 이 이중적인 의미는 통일성을 가지고 있다. 이 통일성이란 모든 사건이 인간의 구속 중심의 역사를 말한다. 이 역사적 사건은 영적 진리를 상징하는데 사용할 수 있다는 말이다. 상징은 형상이 아니라 다른 것의 표시, 즉 예표라 말할 수 있다는 것이다. 성경의 이적들의 사건들도 흔히 영적 진리의 상징이라고 견해를 밝힌다. 이런 역사적 사건들이 희미한 그림자가 벗겨지듯 차츰 실체가 드러난다는 것을 신약인 히브리서에서 구약의 인물들의 믿음의 행위를 예화로 들어 확증하고 있는 것을 볼 때 성서 자체가 그것을 보증하고 있다.

구약의 유월절 제사를 드리는 일이 단순히 인간 세상의 제도에 국한된 것이 아니라 앞으로 올 실체의 예표라는 것이다. 그래서 구약은 신약을 바르게 설명해 주는 첩경을 제공하여 준다는 것이다. 구약에 있는 사건들이 신약에 나타날 구절들을 설명하는데 도움을 준다는 것이다. 그래서 신약은 구약을 설명하는 주석이 된다. 이런 성서해석학의 간단한 전제하에 신화와 원형에 대하여 역시 간략한 개론을 정리해 본다. 문학을 신화적 비평으로 보는 견해를 취할 때 성서도 그런 부분이 많이 내포하고 있음에 동의하게 되기 때문이다.

현대작품에서 신화야말로 작품이 드러내고자 하는 상상적 이미지나 상징의 원형이라는 관점을 중요하게 다루게 된다. 모든 신화는 집단이나 민족의 기원, 그 소속원의 우주관, 삶의 가치관, 삶과 죽음의 존재론적 사고, 인류의 미래관 등 인류가 역사 기간 동안 고민해오던 질문들이 그 신화에 상징적으로 내포되어 있다는 이론은 앞의 벌코프의 주장과 그리 다르지 않다. 비록 고대 사람들의 편견적인 관습이라 할지라고 그것은 그 당시의 종교적 신학이며, 철학이고, 역사이기 때문이다.

여기서 신화를 단순히 옛날이야기나 황당한 비과학적인 이야기라는 편견을 버려야 할 필요가 생긴다. 오히려 인간의 최초의 지식을 근본적이고 극적으로 제시한 것이라고 쇼러는 말한다. 윌리는 신화란 과학을 초월한 형이상학적인 진술이라고 말한다. 인간 존재에 대한 응축된 설명이라는 것이다. 카시러는 고대인의 사고를 통해 인류가 여전히 세계를 전망하는 방법을 제시해 주고 있다고 한다. 인간이 가지는 상징적 원리를 이용하여 미래를 예측하게 하는 인식의 틀이라는 말이다. 그래서 체이스에 의하면 신화란 그런 상징성에서 볼 때 문학이라는 것이다. 신화도 상상력의 미적 창조로 여겨야 한다는 것이다. 각종 이야기들이 인간이 존재하기 위한 당시의 사회적 감정과 논리를 내포하고 있다는 것이다. 다른 말로 표현한다면 신화는 전 논리 단계에 머무는 초기 문명의 대표적 표현 양식이라는 말이다. 이승훈은 신화란 은유라고 말한다. 자연과 우주와 인간관계의 원리를 문학적으로 표현한 사고의 체계라고 한다. 단지 신화는 개인적이지 않고 공공적이며 공동성의 시원한 의미를 전달해준다고 한다. 인간과 세계가 동일화를 위한 단순하고 원초적인 노력이며 이것은 상상력을 통해서 전달되어진다고 한다.

이와 같이 신화의 은유적인 모습을 이해하기 위해서는 보편적인 상징성과 원형적인 유형을 살필 필요가 있게 된다. 이 원형적인 유형을 다른 말로는 보편적인 상징(Uniersal Symbols)이라고 말한다. 이 말은 프레이저의 비교인류학의 저서와 집단무의식을 연구한 프로이드의 제자인 융의 심층심리학의 연구가 문학비평에 영향을 미치어 생긴 말이다. 프레이저는 세계 각 민족들의 신화와 종교의식을 비교해보니 그 내용과 형식에서 근본적인 공통성이 있음을 알게 되었다. 소위 통과의례란 것이 종교적 의례만이 아니고 제도화된 생활 습속이나 일반의 의식 속에 존재한다는 것이다.

융은 인간의 심리 속에 오랜 세월동안 조상들이 겪은 반복적인 경험들이 인간의 정신세계에 고착이 되어 마침내 집단적이고 민족적으로 유전 계승되고 있는 사실을 밝히고 있다. 그것이 종교, 꿈, 환상, 신화, 문학의 상징적 형태로 나타난다고 말한다. 즉 신화는 신의 이야기가 아닌 인간의 심리 안에서 찾아내는 방법론을 제시해 준다. 종교나 신화 등 모든 집단이 가지는 사고는 상징의 체계를 조직적으로 가지고 있다고 한다. 상징이란 무의식 즉 심층의 의식 세계에 일어난 일들을 비유적으로 표현된 구체적인 감각성이라고 말한다. 프로이드가 스트레스를 해결하는 메커니즘에서 낮은 단계로 무지, 도피들에서 높은 단계인 즉 승화된 기전을 예술이나 종교성으로 말한 것과 맥을 같이 한다. 이런 것들은 그 원형이 유전된 형식을 취한다는 것이다. 이것은 다윈의 진화론에 영향을 받은 이론이기도 하다.

사회인류학자들은 아직까지 신화와 제의의 생성의 순서에 대한 의견일치를 보지 못했다. 어쩌면 신화와 제의(Ritual)는 공적 경험의 산물로 사회적 풍속과 제도를 만들어 낸다는 신화비평가들의 상호 의존 개념의 견해에 근거하여 신화가 곧 그 시대의 사회의 현상이라고 말 하는 것이 가장 정확한 지적이 된다.

신화(Myth)는 인간보다 초자연적이며 신비한 신의 이야기일 때 부르며, 만일 그 대상이 인간이면 전설(Legend)라고 말한다. 그러나 초자연적인 이야기라 할지라도 조직적이고 신화체계가 아니면 민담(Folktale)이라고 구분한다.

성서를 오래된 계승되어 온 허구의 이야기라는 뜻의 신화를 말하는 것이 아니다. 벌코프의 해석 방법론의 신뢰성을 먼저 인정하고 문학의 비평 방법론의 입장에서 이스라엘 민족의 공동체 속에 가장 보편적인 원형심상으로 절기 속에 녹아 있는 의미를 살펴보고자 하는 것이다. 위의 성서해석학과 문학비평의 차이와 공통점을 간략하게나마 찾아봤듯이, 성서가 신의 의도에 의해서 저작된 문서라는 전제를 인정하더라도 그 안에 담긴 내용이 인간에게 주어진 의미라면 성서를 문학적으로 비평해 보는 방법에서 상징과 원형을 살펴나감으로 문학적 의미를 찾아보는 가치를 더할 수 있다는 견해를 다시 강조하고자 하는 것이다.

여기에서 절기를 통해서 성서 속에 나타난 상징성과 원형심상을 찾은 일이란 이스라엘이라는 민족의 공동체가 가지는 집단무의식을 가장 빠르고 쉽게 이해할 수 있으리라는 확신에서다. 특히 한국가가 종교를 국교로 정해지는 과정에는 종교의식의 가장 보편적인 행사인 절기는 종교행사이며, 민속이며, 전통이 되는 것이다. 따라서 한 민족의 오랜 절기 속에는 그 민족이 경험한 원시적 사고가 이어져 내려와 발전되거나 변형되어 현재에 이르러 나타나는 현상 뒤에는 변치 않는 원형심상이 자리 잡고 있을 것이고, 그래서 그 발전과 변형의 과정에 과거는 현재를 표시하는 상징성이 내포된 보석과 같은 의미망을 가지고 있다 하겠다.

3. 성서의 3대 절기

구약에 나타난 3대 절기(명절)는 출애굽기, 23장 14~19절에 나온다. 그것은 무교절(15절), 맥추절(16절), 수장절(16절)을 신이 해방시킨 이스라엘 모든 사람이 지키도록 명령하는 대목에서 나온다.

> 너는 매년 세 번 내게 절기를 지킬지니라.
> 너는 무교병의 절기를 지키라. 내가 네게 명령한 대로 아빕월의 정한 때에 이레 동안 무교병을 먹을지니 이는 그 달에 네가 애굽에서 나왔음이라. 빈손으로 내 앞에 나오지 말지니라.
> 맥추절을 지키라. 이는 네가 수고하여 밭에 뿌린 것의 첫 열매를 거둠이니라.
> 수장절을 지키라. 이는 네가 수고하여 이룬 것을 연말에 밭에서부터 거두어 저장함이니라.
>
> \- 출애굽기, 23장 14~16절 전문

이 글에 나오는 출애굽기라는 작품은 이스라엘 백성이 이집트에서 모세의 인도로 동편 가나안으로 탈출을 하는 과정을 그린 내용의 역사적 이야기다. 신분적으로 노예생활을 해오던 유대민족의 신분적 해방의 기록이다. 단순한 탈출 과정만 기록된 것이 아니다. 처음으로 각종 사회적 규범과 법령들이 제정된다.

그러나 그 역사 속에 신의 섭리와 인도가 나타난다. 이것은 앞서 말한 벌코프의 해석학의 범주 내에서 일종의 신화적 자세를 취한다는 양해를 구하면서 여러 제정되는 것들 중에서 가장 광범위한 사람들에게 영향을 미치는 절기들이 어떤 상징(예표)을 내포하고 있는가를 살펴보고자 하는 것이다. 민족이 처음으로 공동으로 만드는 명절은 단순히 제도에 의한 것이 아닌 공동적 의식 속에서 용납되었기에 가능하게 되었다는 매우 상식적인 이야기를 하는 것이다.

출애굽의 시기는 B.C. 1445년이라 한다. 왜냐면 야곱과 그의 가족의 애굽 도착이 B.C. 1875년이다. 이 연대에서 애굽에 기거하는 기간(출애굽기, 12장 40절, 갈라디아서, 3장 17절)인 430년이 지나면 1445년 B.C. 1445년이 된다. 또 다른 출처는 솔로몬의 성전 건축 시작이 B.C. 965년인데 출애굽 이후의 기간 480년(열왕기상 6장 1절)을 보태게 되면 같은 B.C. 1445년이 된다. 이 두 가지의 사실에 근거하여 연대를 산출하는데 이것은 이 사건이 역사성을 가진 것을 증명하는 셈이 된다. 그 동안 이 연대에 대하여 서로 다른 각종 견해들이 있었다. 이집트의 유적을 검토하면 노예들을 동원하여 건축된 흔적을 조사, 람세스 2세에 출애굽을 한 것으로 계산하여 기원전 13세기로 짐작하기도 한다. 그러나 20세기에 와서 출애굽기에서 처음 전쟁으로 대승을 거두는 여리고성의 고고학적인 발굴 이후 출애굽 연대를 기원전 15세기로 규명하는 일에 확실성을 보강하여 주고 있다.

먼저 무교절을 살펴보기로 한다. 무교절이라는 어원의 뜻은 먹는 빵을 누룩을 넣지 않고 밀가루 자체만으로 구운 무교병을 먹는 것을 뜻한다. 반대로 효모를 넣어 부풀린 빵은 유교병이다. 무교병이란 맛이 재료 자체의 맛만 나오고 양도 부풀리지 않아 그대로이고, 밀가루의 경화로 딱딱하기 마련이다. 음식의 맛을 오히려 감소시키는 것이라 할 수 있다.

모든 이스라엘 백성은 이 무교병을 유월절 다음날부터 1주일을 먹어야 한다. 이스라엘 백성이 애굽을 서둘러 떠나올 때를 기념하기 위하여 쓴 빵을 먹는 기간을 말한다. 이 무교절은 유월절과 연계된 절기다. 즉 유월절 사건 이후 애굽을 탈출하는 1주일의 기간을 기념하는 축제일이라 할 수 있다. 무교병을 먹는 기간의 의미는 곧 유월절 사건의 연속이기에 불가불 유월절의 의미를 파악하여야 무교절의 상징성을 이해하게 된다.

애굽에서 이스라엘 백성을 해방시키기 위하여 모세는 10가지 재앙을 신의 능력으로 행한다. 그 열 가지 중 마지막이며 열 번째가 되는 재앙이 바로 장자를 죽이는 재앙을 피하는 방법이 양의 피를 집 좌우 문설주나 인방에 바르게 함으로 그 재난을 면하는 방책을 정한다. 그런 표시(기호)가 있는 집을 '뛰어 넘어간다'는 의미이다.

히브리어로는 페사흐, 영어로는 패스오버(Passover)이며 한문으로는 건너간다는 뜻인 유월(逾越)이라고 적는데서 유래한다.

이런 양을 죽이는 희생의 의식은 이미 아브라함의 이삭에 대한 제사에서 보듯이 오래 유전 되고 있음을 알 수 있다. 즉 유월절이 생기는 시기부터 유래된 것은 아닌 것이 확실하다. 한 걸음 앞서 가면 카인과 아벨의 사건에서 짐승과 곡물의 제사의 흔적을 알 수 있다. 이 사건이 역사적 사건이냐, 아니면 신화적 전설이냐 하는 논쟁은 접어두고서라도 성서에서는 인류의 기원에서부터 동물 희생의식이 존재하고 있음을 알 수 있다.

그러나 중요한 것은 원형 심상을 살피는 방법론에서 당시 이스라엘과 관계되는 지역의 원시종교 속에도 그런 제사 행위가 있었는가, 아니면 히브리인에서만 국한하여 존재했던 의식이었던가를 알아 볼 필요가 있다. 왜냐면 당시 히브리인과 연관된 메소포타미아의 보편적 사고에 의한 종교 행사라면 그 원형을 고대 메소포타미아 지역 사람들의 사고에서 유형을 찾아야 하기 때문이다. 즉 유월절이라는 사건의 원시원형을 찾아 원형심상을 규명하기 위해서는 출애굽기에 나타나는 고대 중동의 원시 종교의 형태를 먼저 살핌으로 혹시라도 고대 중동에서 같은 주위 지역의 종교적 심상이 흡수되었는가를 알아 볼 필요가 있다.

결론 부분부터 말한다면 대부분의 학자들은 최근 연구에서 당시 메소포타미아에서는 그런 흔적을 찾아 볼 수 없다는 것이다. 히브리인들의 가장 최초의 단계를 정령신앙(精靈信仰,Animism)이나 다마신 신앙(多魔神 信仰, polydaemonism) 등으로 해석하는 헤겔주의적-벨하우젠적 견해에 대해서 동의하지 않는다. 그의 견해에 따르면 정령신앙은 살아 있는 사물과 생명이 없는 대상에 혼이나 영을 부여하는 것이다. 애니미즘에서 보면 생명이 없는 대상은 아무 것도 없으며, 모든 것은 움직이든 움직이지 않든 영과 더불어 산다고 본다. 양에게 인간의 영혼을 대신 불어 넣은 것으로 여겨 그 양을 대신 죽이는 투사하거나 대행하는 행위에서 종교적 목적을 거두는 일을 부여한다고 본다. 그러나 그런 종교 행위가 메소포타미아에서는 출애굽을 하던 시대에 이미 사라진 문화라는 것이 밝혀졌다. 지역적 영향을 받지 않은 일이라는 뜻이다. 다시 말하면 히브리인들이 나타나기 전에 이미 이 지역에서 소실된 것으로 보기 때문이다. 오히려 현대의 고고학은 성서 안의 수준 높은 신앙들이 아주 오래 전부터 존재하고 있음을 말해주고 있기 때문이다. 정령신앙에 대하여 프레이저가 『황금가지』(The Golden Bough)에서 말하기를 현대 인류학에서 사용되고 있는 정령신앙이라는 용어는 유일한 신조나 교리를 나타내는 것이 아니라, 폭넓은 신앙 및 제의와 관련된 세계관을 가리키며, 그 가운데 상당수는 보다 복잡하고 위계적인 종교들에 남아 있다고 말한다. 그런 이론에 의해서 성서 안에도 동일함을 추론해 보려 했으나, 고고학자들에 의하면 성서 안의 흐름은 메소포타미아의 지역 종교사상으로부터 영향을 받은 것이 아니라는 것이다. 학자들은 이스라엘의 제사의 제도에 대한 영향을 미친 주변 민족들로부터 많은 비슷한 점들을 끌어와 설명하는 시도를 하였다. 프레이저 등의 영향으로 당시 메소포타미아에서 영향을 받은 것으로 원인을 찾으려했던 사람들은 이스라엘의 희생 제사 안에 있는 속죄의 도덕성과 종교성의 뛰어남과 차별성을 사전에 간과함을 잊었던 것이다. 당시 세계에서 막강한 힘을 가지고 군사와 문화의 중심국이었던 이집트의 제사 내용과 형태가 이스라엘(애굽사람 말로는 히브리인)과는 다름을 알 수 있다. 출애굽기 8장 26절에 보면 이스라엘 사람들은 동물을 바침으로 제사를 드렸으나, 애굽 사람들은 이와 달라서 이스라엘 사람들의 제사의 방법을 싫어했다는 것이다. 그래서 애굽에서 도망가는 수단으로 변명하기를 애굽에서 좀 떨어진 곳으로 가서 제사를 드리려 한다(출애굽기, 5장 3절)고 변명하고 있음을 알 수 있다. 왜냐면 당시 애굽은 양의 희생제의가 없었기 때문이다. 물론 동물 제사만 있는 것은 아니었다. 밀가루 같은 곡물이나, 떡, 구운 과자, 포도주 등으로도 제사를 드리기도 했다. 그러나 대표적인 것은 양으로 드리는 것이었다. 이런 것을 보아서는 당시 문화적 패턴이 아님을 추론케 한다. 양을 드리는 제사는 매우 독특한 이스라엘만의 대표적인 것이었다. 더욱이 피는 레위기 17장을 보면 먹어서는 안 되는 것이다. 피란 생명을 상징하는 것으로 단지 사죄와 구원을 예표할 뿐 다른 제사 물건처럼 먹어서는 절대 안 되는 것을 말하고 있는데 이는 신성한 생명의 상징을 알 수 있게 한다.

양의 피에서 속죄의 기쁨과 신과의 화목을 회복하는 등 이스라엘만이 가지는 종교적 통과의례의 과정이었으나 유월절 양의 의식은 몇 가지의 특성이 있다. 첫째는 이스라엘의 구분이다. 양의 피를 보고 타 민족과 구분하는 재앙의 과정을 보면 양은 단순히 희생제물의 목적만이 아닌 이스라엘 민족 자체의 투사라 할 수 있다. 양의 피의 유무로 이스라엘 신분의 유무임을 인정받은 것이다. 마치 이스라엘 사람만이 받았던 할례의 유무와 같다고 할 수 있으며 이것은 신약 시대의 물로 세례를 받는 것과 일맥상통하며 영적으로는 성령세례와 같은 원형을 가진 것이다.

물이 깨끗하게 씻는 정결함을 의미한다면 피가 상징하는 의미도 이와 동일하다. 성령도 예수의 십자가 고난인 피 흘림의 사건 후에 나타나는 일이기에 종말론적인 시대에 만민에게 보이는 구속(救贖, 노예를 돈을 지불하고 사서 신분을 바꾸어 주는 구원과 같은 의미의 말)의 징표라고 할 수 있다. 그런 뜻에서 무교절의 시작인 유월절은 성서가 지향하는 구속사적인 면에서 볼 때, 전적으로 신적 행위의 시초임을 의미한다.

유월절을 당시 지역적 종교 형태에서는 찾을 수 없으나 창세기의 오랜 기간 역사적으로 축적된 이스라엘의 원형심상이라고 할 수 있음은 성서 안의 인간의 최초 활동기록인 선악과 사건에서 이미 내포되어 있다는 것이다. 인간이 선악과를 먹음으로 타락한 상태에서 짐승의 가죽으로 옷을 만들어 주는 신의 행위는 곧 동물의 희생을 상징할 수 있는데 여기서 상징(예표)을 말하면 양은 신약의 십자가에서 죽는 예수를 가리키는 것이요, 피는 그의 고난의 과정을 상징하는 것임은 누구나 알 것이다. 성서는 처음부터 예수의 희생을 상징적으로 내포하고 있으며 그것이 변형된 동물 희생 제사가 본질적으로 완성을 이루고 있음을 상징한다고 할 수 있다.

무교절은 양의 피의 희생의 제사로 시작 되는 것이다. 이것은 인간의 구원이 예수의 십자가의 구속 사건에서 시작하는 것이라는 수천년 전부터 이스라엘 민족의 원형 심상에 내려 온 의미망임을 제시하여 주고 있음을 알 수 있다. 양의 피 사건 후에 이어지는 무교병을 먹는 기간은 그 중심이 인간에게 이동된다. 무교절은 이 유월(逾越)하는 즉 양의 희생 다음 날부터 1주일 동안 행하는 행사인데, 탈출 시에 사용할 비상식량이나 마찬가지인 무교병(누룩 없는 빵)을 먹는 일이다.

무교절은 노예로부터 해방되어 구속사의 주체로 신탁을 받은 민족으로 첫걸음을 하는 것이다.

애굽은 죄악 세상을 상징한 것이다. 따라서 그곳에서 해방되는, 즉 죄에서 해방되는 것을 유월절이라 할 수 있다. 따라서 무교병을 먹는 일주일 동안의 행사는 죄에서 탈출하여 새로운 신분으로 된 인간이 가져야 할 구도자적인 자세라 말할 수 있다.

다음은 맥추절을 알아본다. 이 절기는 유월절로부터 일곱 번째의 주간이 지나간 후의 날이다. 즉 49일 후 인데 그런 의미에서 칠칠절이라고도 부른다.

맥추절은 처음 익은 열매를 신에게 드리는 절기다. 다음 나오는 수장절과 달리 맥추절은 추수한 물건 중 대표성을 가진 처음 열매를 선택하여 구별하는 의식이라 할 수 있다. 밀의 수확과 관계된다.

노예 해방으로 생기는 진정한 자기 소유의 의미를 감사하는 날이다. 노예는 모든 소유가 자기 것이 될 수 없다. 그 소유는 노예의 주인 몫인 것이다. 그러나 자유인이 된다는 것은 독립된 인격체로의 사회활동의 확인이다. 여기서 추론 해보는 것은 첫 열매를 통해 인간의 진정한 자유를 확인할 뿐 아니라 또 다른 새로운 실존의식의 회복 관계 설정을 추론 할 수 있다. 모든 수확을 대표적으로 바치는 신이 주인인 것이다. 여기서 구속(救贖)이라는 단어의 진정한 의미를 첫 열매의 상징에서 알아 낼 수 있다. 자유란 방종이 아닌 새로운 진리 안에서 새롭게 맺어지는 관계설정임을 말해주고 있다. 첫 열매를 드림은 유월절의 피로 구원을 가지게 된 장자 사건과 의미가 연결 된다. 양의 표시가 없는 집은 모든 생명 즉 사람이나 짐승 모두가 죽임을 당했다. 그러나 양의 피에 의해서 구원을 받은 재앙에서 피하게 된 기쁨, 즉 온전한 구원의 축복을 첫 열매를 드림으로 재확인하고 감사하는 제사를 드리는 행위인 것이다.

첫 열매는 장자를 상징한다. 유월절에 이루어 진 구원의 속전(贖錢)을 확인하는 축제인 것이다. 맥추절에 상징성이나 이스라엘 민족 정서에 담긴 원형심상은 무교절과 마찬가지로 유월절에 이어진 장자의 구원의식의 제사 행사임을 알게 된다. 이런 논리에서 예수가 부활의 첫 열매라고 말하는 신약에 와서 맥추절의 진정한 첫 열매는 예수의 상징이 되는 것이다. 이 예수는 희생양의 예표로 구원의 감사를 드리는 행사가 된 다고 할 수 있다.

당시 메소포타미아의 추수에 관한 제사의식은 추수에 대한 감사하는 일 뿐이지 인간 구원에 대한 감사가 아닌 것을 볼 때 맥추절 안에 담긴 원형심상은 이스라엘의 구원관과 직접 연결된 것이다. 장차 올 메시아에 대한 점진적으로 노출되는 종교심상이 맥추절 행사에 깊이 담겨져 있다. 이것은 신약의 오순절과 직접 연결되어 새로운 형태의 절기를 가지게 된다. 오순절이란 칠칠절인 49일 바로 다음 날에 가지는 날로 칠칠절과 의미는 같으나, 신약에 와서는 교회의 새로운 시작의 날이 된다. 이날부터 성령의 역사가 마가의 다락방에서 나타나 기독교 초대 교회가 예루살렘에서 생기게 된다. 교회의 첫 열매가 되는 것이다. 맥추절은 신약에 와서는 교회창립 기념일 쯤으로 여겨도 크게 틀림이 없는 것이다. 그들이 외국말을 자기 의지와 관계없이 가능케 되어 주변 이방인들에게 복음을 전하게 되는 교회의 본래 사역을 감당하는 일이 사도행전에 나오는 것을 볼 때 유월절에서 시작하는 맥추절은 앞서 말한 첫 열매의 의미가 중요하듯이 교회의 첫 열매가 같은 절기에 나타나는 것은 성서의 원형심상이 계속 이어지는 것에서 밝힐 수 있는 것이다. 무교절이 양의 희생으로 시작된다면 맥추절도 첫 열매가 중요한 자리를 차지하고 그것은 신약에 와서 첫 부활 사건으로 구속사적 원형심상이 연결됨을 알게 된다. 그런 면에서 다음에 말하는 수장절의 의미도 연결됨을 예견할 수 있다. 첫 열매의 의미 안에는 남은 모든 수확에 대한 성별의 의미도 물론 내포하고 있다. 특히 오순절에는 누룩을 넣도록 하는데 이것은 신약에 와서 성령의 능력과 전도의 확장을 의미한다고 할 수 있다.

그럼 마지막으로 수장절에 담긴 상징성과 원형심상을 알아본다. 수장절은 지금은 추수감사절 정도가 된다. 다른 이름으로는 초막절(草幕節) 또는 장막절(帳幕節)이라고도 한다. 이는 모세가 시내산에서 받아 가지고 온 십계명을 보관하기 위해 성소를 짓던 행적에서 비롯된 절기이다. 모세가 두 번째 십계명을 받아 내려와서 시내산에서 본 하늘 성소에 대해 백성들에게 설명을 하자 백성들은 자원하여 성소(성막) 지을 재료들을 가져왔고, 얼마 후에는 성소 재료가 충분하여 이제 그만 가져오라는 명령이 내려지기도 하였다. (출애굽기, 35장 4절~36절) 그래서 매년 초막절이 되면 성전 안뜰과 바깥뜰에 풀이나 나뭇가지 등으로 초막(草幕)을 짓고 7일 동안 즐거워하며 모세 때에 성막 짓던 일을 기념하며 하나님께 절기를 지켰다.(레위기, 23장 33절) 이스라엘 백성이 초막을 지어 놓고 광야 생활 중에 누리던 신의 인도함을 감사하는 데서 유래 되었다고 할 수 있다.

수장절은 맥추절의 수확에 담긴 뜻과 달리 특이한 점이 있다. 이스라엘 백성들이 수확하도록 은혜를 베풀어 주신 신에게 제사를 드리고 다음 해에 수확을 맡기는 행위의 의미에서 찾아낼 수 있다. 여기서 특이한 것은 맥추절처럼 이미 이룬 수확의 첫 열매가 아닌 다가올 미래의 수확에 대한 관심과 의탁과 신뢰의 행위이다. 앞의 맥추절은 이루어진 사건에 대한 상징이라면 수장절은 다분히 미래에 온전히 이루어질 구원 지향적 종교 행사라 할 수 있다. 그들이 이삭을 일부러 남기거나 거두지 않은 것도 어려운 백성들을 고려

하는 구제의 자세다. 특히 연말에 수확하는 것을 제사하는 행위는 종말론적안 구원 역사를 의미하는 원형심상으로 존재한다. 교회의 사역의 중심을 살필 수 있다.

당시 광야에서의 미래(다음 해)는 약속된 젖과 꿀이 흐르는 가나안 땅이 최종 구원점이 되었다. 그 미래를 향한 준비와 함께 지난 광야의 축복을 감사하는 마음에서 기독교는 추수감사절이 단순히 수확에 대한 감사에 그치지 않고 메시아의 재림 사상의 축제로 발전하고 있음을 내포함이다. 구원자를 부르고 거두는 영적 추수의 신의식(神意識)도 아울러 강조하고 있는 것이다. 구속의 완성을 기다리는 재림사상에서 인간에게 자비심을 가지도록 하는 추수의 풍습에서 신과의 화목을 통한 궁극적 구원은 인간과의 화목을 도외시해서는 안 된다는 것을 상징하고 있다.

4. 나가는 말

출애굽 당시 시작된 3대 명절은 신약에 와서 새로운 의미의 명절을 예표 내지 상징하는 것과 동시에 그것들은 유월절 사건과 모두 관계를 맺고 있음을 알게 된다. 이것은 모두 구속사와 연결되어 발전되고 확장되는 의미망을 가진다. 이스라엘의 초기 역사서인 창세기와 출애굽기는 저자가 모세로 단일 저자의 기록물이기에 개인적인 원형 심상이라고 말할 수 있겠으나, 그 기록의 현장이 단순한 전설이 아닌 민족적 우주관이며 세계관이고 종교관이기에 집단적 무의식을 추론해 볼 수 있게 한다. 그런 면에서 출애굽 당시의 역사성에 근거를 둔다면 이스라엘 명절은 모두 구속사적 의미로 해석해야할 당위성을 가진다. 이것은 현재 기독교에 와서도 미래세계관까지 아우르는 종교 명절로 자리 잡고 있다. 강조하는 것은 모든 명절이 유월절 어린양의 희생에서 출발한다는 것이 특징이고 이 특징이 신약에 와서 십자가의 희생 의미의 신학의 배경이 되었다. 그래서 기독교가 범세계적 종교로 나가는 이론적 바탕을 이루며, 미래 지향적인 종말론적인 근거가 되는 시발점이 된 것이다.

고대 메소포타미아나 이집트에서 발견되지 않는 고유한 원형심상이 이스라엘 명절 속에도 독특하게 자리 잡고 있음은 이 명절이 창조된 문화이지 문화사적으로 계승된 전승이 아님을 단견이나마 말할 수 있다. 한 가지 마무리에 첨가한다면 앞의 견해들은 전통적인 신학과 차이가 나는 논리가 있었을 수 있다. 그러나 본고의 의도는 성서의 일부분을 가지고 신화의 비평에서 다루는 상징과 원형심상을 문학적인 안목과 견해로 보고자 하는 점을 이해해주기 바란다. 문학에서 상징이란 말은 그 대상이 암시성을 가지고 끝내 형체를 드러내지 않으나 넓은 의미의 상징에서는 그림자(shadow)나 예표라는 의미로 확대해서 생각해 봤다.

그렇더라도 상징과 원형심상이라는 제목에서 인류가 가지는 구속사적인 해석은 전통신학과 큰 차이가 없음을 확인할 수 있다. 이 구속사란 인간의 존재에 대한 근본적인 담론이며 기초적인 철학의 질문이며, 종교의 궁극적인 해답이라고 할 수 있다. 세 절기가 모두 어린양으로 상징되는 구원자의 예표를 통해서 범우주적으로 나타나는 인류의 영원한 숙제인 존재에 대한 해답을 보여주는 원형심상을 제시하여 주고 있다.

출애굽기의 3대 명절은 창조시대부터 가진 성서 내용 중 저자의 가장 중요한 관심에 대한 성서의 계시적 내용이다. 이것은 이스라엘 민족으로부터 시작되어 전 인류세계로 퍼진 기독교의 점진적으로 발전한 역사의식의 원형이라고 말할 수 있다. 결론적으로 3대 절기는 과거에 이루어진 구원과 현재 누리고 있는 축복과 장차 다가올 종말론적인 구원의 완성을 감사하는 제의에 대한 상징이며, 기독교 구원관의 원형심상이라고 말할 수 있다.

당대 문예사조와 성서와의 비교

1. 들어가는 말

문학사조란 문학의 흐름이나 큰 맥의 경향을 일러 지칭하는 말이다. 사조란 문학뿐이 아니라 예술을 비롯한 철학이나 사상이나 문화나 여러 가지 풍속을 포함한 인류의 모든 생활의 영역에 해당하여 주된 흐름의 특성에 맞는 말을 붙이는 것이다. 사고나 생각의 물결이라는 한자의 뜻인 사조(思潮)라고 써서 표현하는 이 말은 모든 분야 앞에 붙일 수 있는 것으로 다른 말로 쉽게 말한다면 생각의 유행의 모습이라고 불러도 무방할 것이다.

사조란 파도나 조류의 흐름과 같기에 그 속에 사는 해양생물의 생태계에 미치는 영향이 매우 지대하듯이 인간도 사조라는 생각의 흐름 앞에서 받고 있는 그 영향도 매우 막강하다. 사조를 파악한다는 것도 정신의 상태계라고 하는 부분을 이해한다는 의미다. 사조가 변하면 새로운 사조에 적응하기 위하여 그동안의 환경에 변화를 꾀할 수밖에 없기에 그 시대의 사조를 안다는 것은 누구에게나 해당되는 아주 중요한 역사 파악이 된다.

이번에는 오래된 문서인 성서 속에 이미 나타난 당대 예술사조의 양태를 찾아 현재 기독교의 문화 속에 녹아 있는 문화적 특징을 밝혀서 장차 추구해야할 지향점을 담론코자 하는 것과 혹시 현재 기독교 문화의 영향의 오류의 여부존재를 확인하는 추구적인 목적도 있다.

그러기 위해서는 소위 포스트모더니즘이라고 부르는 지금 시대의 사조 성격과 그 유래의 배경을 사전에 설명할 필요가 있다. 포스트모더니즘까지 이르게 된 배경에는 그만한 원인이 존재하기에 그 원인과 배경을 간략하게 살피고, 포스트모더니즘 이후의 사조에 대한 예측적인 견해를 단견이나마 제시하고자 한다.

우선 모든 사조를 이해하기 위해서는 큰 줄거리인 고전주의부터 시작하여 낭만주의 사실주의 등 모든 사조의 특성을 말하여야 하지만 그것은 형편상 본문 중에서 필요에 따라 간략하게 제시하기로 하고 여기서는 모더니즘의 성격을 집중적으로 들어 포스트모더니즘의 배경을 설명코자 한다.

포스트모더니즘의 특징을 살펴 성서 안에 나타난 몇 가지의 사건을 통해 현대 기독교 문화의 단면에 대한 담론도 확인하려 한다. 그것은 21세기 기독교가 바르게 존재하여야 할 논제(Agenda)를 세워 문화사적으로 미친 영향을 판단하여 보는 시도를 해 봄도 바람직하다고 여겨서다.

여기에 전제와 단서를 붙이고자 하는 것은 성서 안에서 보는 일부 사건을 통하여 오늘 기독교 안의 문화적 특성을 말하는 데 한계를 가지고자 한다. 즉 포스트모더니즘이라고 불리는 오늘 날의 기독교 문화를 문학적 견지에서 보는 견해일 뿐 신학적인 해석이 아니라는 것을 미리 밝혀둔다.

2. 포스트모더니즘의 배경

포스트모더니즘을 말하려면 모더니즘의 특성을 간략하게나마 정리하여야 한다.

모더니즘이란 20세기에 유행하던 상징주의, 인상주의, 주지주의, 야수파, 입체파, 미래파, 초현실주의, 실존주의 등의 넓은 영역의 유파를 말한다.

이 말은 우리말로는 현대주의 또는 근대주의라고도 불리는 말로, 그 동안의 전통을 거부하고 현대적(근대적) 생활의 양식인 도시화와 산업화의 사회에 살고 있는 시대의 특성적인 정신의 흐름을 대변하는 양식이다. 즉 도시문화와 산업문화 속에 사는 인간의 삶을 표현하는 사고의 양식인 모더니즘은 자유와 평등을 추구하는 전체주의 사고에서 개인적인 가치를 우선시하고 시민적인 예술과 사상을 구가하는 특징을 가진다. 도시문명이라 함은 물물교환에서 화폐의 생활로, 농촌생활에서 도시의 생활로 삶의 양식이 변환하여 생긴 영향이겠으나 그 깊은 배경에는 중세의 종교 몰락으로 인한 전통에 대한 불신과 교역과 문물의 발달로 인한 새로운 중산계급의 출현과 함께 중세의 봉건제도가 쇠퇴한 이유에서 그 원인(遠因)을 찾을 수 있다.

문물의 발달은 산업혁명을 이루어 수내공업이 공장 기업으로 변환하여 장인이 필요 없는 기능인으로 인간은 소모품이나 하나의 기계부품의 존재로 취급받게 되는 인간 상실의 특성 시대를 거치게 됨으로 인간 존재에 대한 새로운 각성의 사고와 체계의 변환을 가지고온 사회현상에서 기인한다고 말할 수 있다.

그 동안의 예술은 '본질에 대한 탐구'라는 철학적인 자세인 대상에 대한 모방의 기능에 초점을 두었다. 그러나 종교개혁이나 인문주의의 발달이나 신세계의 발견으로 인한 새로운 세계관의 대두와 함께 자연과학에 대한 관심을 더 깊게 가지게 되었다. 따라서 대상에 대한 관념적인 사고에서 과학적인 분석에 의한 합리주의적인 가치가 발달되게 된다. 여기에 더 결정적인 영향을 미친 것은 그 동안 인간의 이성중심인 그리스의 오랜 정신이 세계 1, 2차 대전을 통해 지식인 사회에서 이성의 가능성을 바탕으로 하는 인간 자율성(human autonomy)을 불신하게 되었다. 역사적으로 오랜 기간 많은 전쟁을 경험해 왔으나 지금까지 경험하지 못한 일, 1, 2차 세계대전처럼 수많은 인간의 희생을 가져온 전쟁이라는 잔혹한 행위를 통해서 얼마나 인간이 나약한 존재이며 이성적이지 못한 가를 체험하게 되었다.

이런 영향에 실존적인 인간의 존재에 대한 수많은 고민들을 하게 된다. 이성이나 도덕이나 윤리 등이 얼마나 허울 좋은 이름에 지나지 않은 것인가를 의심 당하게 된다. 지금까지 가지고 온 가치관이 송두리째 흔들리는 계기가 된다. 결과적으로 실존주의가 대두하게 된다. 이들은 현실에 대한 비판의식이 강해진다. 즉 전통에 대한 거부의식이 강렬하게 된다.

현대 과학의 발달은 사람들로 하여금 만져지고, 보여지는 감각으로 이해할 수 있어야 신뢰하게 되는 실증주의와 과학적인 합리주의의 사고를 만들었다. 여기서 지성을 중시하고, 중요한 가치관인 이상을 꿈꾸던 것에 대한 불신으로 반낭만주의 태도를 가지게 되며, 과학적인 객관주의에 의한 시각적 이미지를 중요시하게 된다. 절대적 가치와 종교도 과학적인 해석에 의탁하여 지성을 통해서만 이해되어질 것을 요구 받게 된다. 여기서 문학을 비롯한 예술사조는 주지주의라고 부르게 되는 모더니즘의 특성을 가진다.

더군다나 중요한 것은 소위 표현주의의 등장이다. 이것은 인상주의에서 볼 수 있는 것으로 대상에 대한 해석이 아닌 대상의 인식의 문제로 주체가 대상에서 자기 중심으로 전환되었음을 말한다. 예를 든다면 하늘이 파란 것이 아닐 수 있다. 그 하늘이라는 대상을 감각하는 주체에 의해 해석되기 때문에 노랗거나 빨갛거나 해도 그것은 객관적이 아닌 주관적인 인식의 전환이기 때문에 그것을 표현주의라고 하는 것과 의미가 일치한다. 대상도 우주에 대한 존재 탐구가 아니라 자기인식의 탐구, 다른 말로 하면 인간 내면세계의 의식인 심리가 중요한 관점으로 대두된다.

지성주의라 함도 지성자체는 막연한 추론적 대상이 아닌 지각된 것의 양을 중요시 하는 태도이다. 예를 든다면 엘리엇이 지성을 감정을 통제하여 정서로부터 도피하는 것이라고 하여, 작품 내에서 관념이나 정서가 유로적 노출을 통해 해방되는 것을 억제하도록 했다.

모더니즘의 가장 특색은 주지주의(主知主義, Intellectualism) 태도다. 이것은 단어 뜻대로 지성을 중시하는 태도로 그동안의 감각론, 경험론, 신비주의 등의 인식의 세계를 이성에 의한 지성적 태도로만 파악할 수 있다는 사조이다. 종교에서 보면 아리스토텔레스의 영향을 받아 만들어진 스콜라학파의 신학적 태도와 맥을 같이 한다 하겠다. 문학에서는 주정주의(主情主義)의 반대 개념이다. 앞서 말한 1차세계대전의 정신적 충격으로 지성인들은 정서로부터 도피하여 인생의 실상을 지적관조와 냉철한 과학적 사고에 근저를 두고자 하는 엘리엇이나 리처즈 등을 대표로 하는 문학인들이 나타난다. 이들은 과거에 보이던 과거지향적인 태도에서 탈피하여 살고 있는 당시의 상황에 투철한 의식을 가지고 지적 고민과 지적인 안목으로 역사의식을 가져야 한다는 강렬한 주관을 가진 철학적 배경을 가진다. 그래서 주지주의는 도시문명적 인간의 자유와 평등의 가치관을 중요시 하고, 정치적인 사회문제와 과학적인 우주관에 바탕을 두고 활동을 한다. 과학적인 태도는 시를 쓸 때도 신비주의, 초현실주의, 상징주의를 거부하게 한다. 대상에 대한 인식을 중요시 한 표현주의와 아울러 미래파나 다다이즘 같은 실험적 아방가르드의 자세에 대해서도 지지하거나 거부하지를 않지만, 인간의 냉정한 지적 통제력을 가지고 대상을 관찰하고 인생이나 문명이나 사회 전반의 문제를 파악하여야 한다고 주장하는 것이다. 즉 주지주의는 모더니즘의 좁은 의미인데도 불구하고 거의 동일한 의미로 사용되고 있다. 이런 주지주의 시론에 영향을 미친 흄, 파운드, 엘리엇, 랜섬, 테이트, 리처즈 등의 견해를 간략하게 정리해두고자 한다.

먼저 흄의 시론을 정리해 본다.

흄은 영국의 비평가이자 철학자다. 그는 낭만주의 시의 모호성을 비판한다. 청각에 호소하는 시적태도에서 시각화로 변환시키는 기법을 강조한다. 이미지화를 보이게 하는 소위 조각화의 정신에 바탕을 둔다. 이미지의 입체화라고 하는 말뜻을 건조하고 견고한(dry & hard) 이미지라는 단어를 사용, 표출하고 있다. 즉 음악성에서 시각성을 우선시 하고, 추상성에서 조형성을 강조한다. 이런 이론은 후설의 현상학이나 베르그송의 생철학에 영향을 받은 것으로 이해되어진다. 즉 이미지의 촉각과 감각적인 심상과 무한이라는 사고에서 유한의 지적 확실성을 형성하게 된다. 지각적인 이미지, 언어의 긴축, 새로운 운율을 강조한다. 이런 태도는 고전주의와 흡사한 면도 있어 신고전주의라고 할 수 있겠으나 낭만주의에는 절대적으로 반대의 태도를 취하고 있다.

흄은 소위 이미지스트의 6대 강령을 주창한다. 간략하게 정리하면 1). 일상어의 사용 2). 새로운 리듬 3).자유로운 제재, 4). 단일 이미지 5). 견고한 이미지 6). 집중된 시어 등으로 말할 수 있다. 이런 시론은 흄에게서 파운드의 이미지즘 시론으로 계승된다.

다음은 파운드를 살펴본다.

파운드는 흄의 철학적 배경을 둔 시론보다는 시의 개인적인 감식력의 견해에서 막연하고 부정확한 낭만적인 요소를 거부한다. 시는 간결하여야 하고, 견실한 언어를 가지고 의미의 내포가 일치하여야 하며, 관용적인 표현에서 벗어나고자하는 것을 목표로 한다. 이 이론은 엘리엇으로 전승되었다 하겠다.

엘리엇의 대표적인 시론의 언어는 객관적상관물(objective correlative)이다. 이것은 시창작 기법으로 어떤 정서나 사상을 그것에 상응하는 사물이나 사건의 이미지나 장면들을 찾아 객관적인 이미지로 표현해야 한다는 이론이다. 객관적상관물의 효용성은 사물과 사건을 통해 정서나 사상이 즉각적으로 환기되어야 흄이나 파운드가 말한 견고한 이미지를 구성할 수 있다는 것이다. 다른 말로는 사고를 감각적으로 파악하는 감각화 작업이라 할 수 있다. 이 사고를 감각화시키는 행위를 통합적 감수성(unified sensibility)의 창조라고 말한다.

다음은 랜섬의 형이상시(metaphysical poetry)에 대해 정리한다.

그는 시에는 세 종류가 있다고 한다. 형이학적인 물질시(platonic poetry)와 관념적인 시(physical poetry)와 그리고 형이상학적인 시(metaphysical poetry)로 구분하고 있다. 형이하학적인 시는 사물을 표현하는 시로서 단순하고 견고한 이미지를 가진 것이 특징이고, 관념시는 사상만을 가진 시이며, 형이상시는 메타포와 내포적인 언어를 쓰는 시라고 정의했다. 물질시는 이미지는 견고하나 독자에게 깊은 의미를 전할 수 없다는 장단점이 있고, 반대로 관념시는 이미지가 견고하지 못해 단순히 설명에 그치는 문서에 지나지 않는다고 지적한다. 다만 형이상시는 인간 경험의 완전한 지식을 전달할 할 수 있는 시라고 생각했다. 형이상시란 우주에 대한 관심과 철학적 개념을 말하는 데는 관념시와 다를 바 없으나 사상과 감각이 통합된 감수성을 가지고 드러내야 한다는 소위 형이상학의 상상적 기상(conceit)에 의해서 달성된다는 이론이다. 다른 말로 쉽게 말하면 물질시와 관념시의 통합이라고 해도 크게 다르지 않다.

다음은 리처즈의 포괄시(poetry of inclusion)에 대한 견해를 간략하게 정리한다.

그의 언어관은 과학적인 지시어와 정서에 감각작용을 일으키는 환정적 언어가 있다는 것으로 구분한다. 과학지시어는 말 그대로 진실이지만 환정적 언어도 그 개념의 상상에서 진실이 된다는 것이다. 그는 두 개념이 이질적인 것일수록 원인적 비유를 성립시키는 좋은 시라는 것이다. 여기서 리처즈의 포괄시 영향으로 테이트의 텐션, 브룩스의 패러독스나 이이러니 등의 이론적 발전을 가져온다.

또 테이트의 중요한 이론의 특성인 긴장에 대한 이론을 제시한다.

좋은 시란 외연(extension)과 내포(intension)의 거리가 적절한 조화를 이루어야 긴장이 있어 좋은 시로 성공할 수 있다는 것이다. 외연이라 함은 시에 나타나는 언어로 보조관념이고, 내포라 함은 시인이 말하고자하는 원관념이다. 이런 두 개념을 연결하는 능력을 기상(conceit)라고 정의하고, 이 두 개념의 거리가 먼 것일수록 강한 힘을 가지는 긴장을 초래한다는 것이다. 이때 긴장은 일반적인 긴장의 의미와 구별된 두 단어의 공통철자인 텐션(tension)을 의미한다. 여기서 내재율의 이론적 바탕을 이룬다. 즉 긴장에서의 음률이 곧 내재율이라는 뜻이다. 따라서 자유시에서는 외연과 내포의 간격에서 오는 심리적이며 심미적인 율동이 내재율이라는 말이다. 이 이론에서 역설(paradox)나 아이러니(irony) 등의 기법을 말하는 브룩스 등의 시론의 발전을 가져온다.

위에 간략하게 기술한 바와 같이 현대시론을 새로이 제기한 몇 사람의 이론의 정의를 기술함으로 포스트모더니즘 이전의 문학적 배경과 실태를 간략하게나마 파악한 것으로 일단 전제한다.

3. 포스트모더니즘의 개관

포스트모더니즘에 직접적으로 영향을 미친 것은 다다이즘, 초현실주의. 미래파 등이다. 이것은 기법으로 볼 때 일정한 객관적 기준이 있는 것이 아닌 주관적 현상에 대한 경향이 강하다. 다다이즘의 일체의 부정을 통한 새로운 의식을 추구하는 것이나 의식적인 감각보다는 무의식의 세계의 범주가 더 크다는 심리학의 영향으로 무의식의 세계가 의식의 세계보다 더 진실하다는 이론의 초현실주의는 자동기술법으로 진행된다. 소위 '쉬르레알리즘'이라는 말은 아폴리네르가 처음 사용한 언어이나 브르통이 새로운 예술경향으로 본격적으로 사용했다.

미래파는 말 그대로 과거에 대한 부정이다. 미래는 모두 진리이기 때문에 과거를 혁명적으로 투쟁하여 전통에 대한 부정과 파괴를 향한 반란운동이다.

포스트모더니즘은 말 그대로 모더니즘의 뒤에 나타나는 경향을 말한다. 보통 문예사조가 바꾸어지는 것은 앞의 사조에 대한 반동이나 변화의 태도로 이루어진다. 모더니즘으로는 구현할 수 없는 한계를 극복하고자 하는 자세를 가지고 있을 것이다. 그러나 포스트모더니즘의 성격은 한 마디로 정의를 내리기 곤란하도록 다양한 성격을 가지고 있다. 이 사조가 태동되는 원인을 대부분 다음 세 가지로 구분하여 설명하고 있다.

첫째는 모더니즘에 대한 반동이고, 둘째는 모더니즘의 새로운 계승이며, 세 번째는 앞의 두 가지의 혼합적인 태도로 정리한다. 이런 여러 가지 방면으로 설명한다는 것 자체가 그 성격을 한 마디로 설명하기 곤란하다는 의미가 들어가 있음을 의미하게 된다.

이 예술사조가 문학의 경우는 1970년대에 등장하는데 중심적인 이유는 종래의 문화양식으로는 설명이 곤란한 20세기 후반의 여러 가지 사건들에서 기인한다. 모더니즘이 가지는 현재에 대한 질서와 관심을 총체적이고 전체적인 면에서 부정하는 인정하지 않는 사고이다. 더군다나 이 사조의 특징의 하나라면 작가의 특권의식이나 권위주의를 무시한다. 독자의 입장에서 평가하지 작가의 입장에서는 의미를 두지 않는다. 소위 엘리트주의를 인정하지 않는다. 그래서 다원주의적이고 상대주의적이며 미래지향적인 사조라고 할 수 있다. 구심점도 없고 절대성도 부정하고 따라서 확실성도 상실한다.

이런 연유로 포스트모더니즘은 모든 질서를 해체하는 자세를 가진다. 해체주의란 파괴주의와 의미가 다른 것이다. 해체란 형이상학이나 이념의 도구로 사용되는 언어에 대한 거부와 불신으로 시작된 것이다.

포스트모더니즘의 특징을 종합해보면 미학적 대중성과 역사의식의 빈곤과 의미의 해체와 반영으로 이데올로기의 약화를 들 수 있다. 이것은 순수문학과 대중문학 사이의 간격을 메우는 융합적인 자세이기도 하다. 예를 든다면 모 텔레비전 방송국에서 하는 성악가와 대중가수가 혼합하여 가지는 열린음악회와 같은 혼합주의 성격을 가진 것으로 엘리트주의의 대중화로의 변환인 모습인데, 미국에서 보인 팝아트와 같은 것이다.

그 동안의 전통예술은 엘리트주의로, 숙련되는 과정이 필요하였다. 그러나 패러디 등의 포스트모더니즘의 사조에서는 개인적인 창의성과 심미안을 중요시하기에 꼭 전통적인 기법의 숙련을 피해도 무방하다. 성악가는 일정의 과정에서 발성법을 배우고 꾸준한 연습을 해야 하나 가수는 천부적 자기 독창적 가창력으로 노래를 부름으로 미적 가치를 창출하는 것과 마찬가지다.

더군다나 독자에게는 작가의 의도가 제일 중요하지 않다. 다만 독자의 편에서 그 가치를 판단하기만 하면 된다. 예술성의 수준을 엘리트들이 평가하는 것이 아닌 대중이 평가해서 그 숫자가 많으면 가장 큰 의미를 가지게 된다는 생각은 화폐의 가치로 평가하는 상업주의 모습이고 대중주의적인 가치관을 가진다. 흡사 좋은 영화란 전문가인 영화비평가에 의존하지 않고 대중들이 직접 평가하는 상업성에 목적을 두는 것과 같다. 그래서 입장객이 많은 영화가 가장 의미 있는 작품이 되는 것이다. 그것은 자본주의 세계의 질서에 순응하기 때문이다.

이 시대의 사조를 한 마디로 정의하기 곤란한 것은 한 가지로 설명할 수 없는 것은 다양한 양태로 존재하기 때문이다. 그러나 작가와 독자가 구별되지 않고 독자까지 그 현장에 참여하는 문학의 모습을 가진다.

숙련과정이 필요 없는 것과, 대중성과 숫자로 표현되는 가치인 자본주의 가치관등은 다분히 구라파보다 미국의 거대시장자본주의의 영향일 것이라고 짐작한다. 부정적으로 말할 때 사용하는 단어인 양키이즘으로 불리는 입장에서 일반 대중 서민인 집단, 예를 든다면 흑인의 아프리카 문화나 히스패닉의 남미 원주민의 원초적인 문화에서 미국적인 것을 건립하고 찾고자하는 미국적 관심과 서구 자본주의 시장성에서 성장 배경을 찾아 볼 수 있다. 구라파와의 전통에서 보면 신흥국가인 미국의 문화의 독특성을 이루기 위한 과정에서 미국적인 것의 정체성을 만들었다고 해도 지나치지 않다. 일종의 미국의 특성이며 한계이기도 하다. 유럽과의 경쟁에서 도저히 문화적 기저가 부족한 미국은 자기의 문화를 만들어야 할 노력을 기울일 수밖에 없었을 것이다. 미국의 구성이 귀족중심보다는 평민계층이기에 문화라고 해도 그 예술의 관심이 시장성에 중점을 두는 것은 시대적 요청에 당연하다고 인정할 수밖에 없다. 중세까지 봉건 영주가 구매력을 감당하던 시장이 미국이라는 세계질서의 중심 국가에서는 신흥 자본가나 일반인이 그것을 감당하게 되는 것은 지극히 당연한 현상이다. 19세기까지 신흥변방국가 의식에서 세계자본의 중심으로 바꾸는 데는 문화도 거기에 걸맞은 양식이 존재하여야 할 필연성에서 찾을 수도 있다.

이런 운동은 세계대전 시에 독일과 폴란드 등에서 망명한 예술가와 철학가들이 뉴욕을 중심으로 새로운 사조에 대한 실험과 확장을 시도한 탓에서 영향을 주고받았다고 할 수 있다.

4. 성서 안에 보는 각종 사조에 대한 양태

앞서 말한 여러 가지 양태 중에서 긍정적인 면보다는 대중주의와 전통에 대한 해체와 자본주의의 오용에 대한 부정적인 특성에서 성서 내용 중에 나타난 문화적인 오류를 지적함으로 포스트모더니즘에 나타날 새로운 사조의 기대와 방향을 찾아보고자 하는 점이 이번 목적이다.

우선 대중주의의 오류로 인한 사건들을 작위적으로 선택하여 찾아보자

먼저 모세와 금송아지 사건을 들 수 있다.

> 백성이 모세가 산에서 내려옴이 더딤을 보고 모여 백성이 아론에게 이르러 말하되 일어나라. 우리를 위하여 우리를 인도할 신을 만들라. 이 모세 곧 우리를 애굽 땅에서 인도하여 낸 삶은 어찌 되었는지 알지 못함이니라. 아론이 그들에게 이르되 너희의 아내와 자녀의 귀에서 금 고리를 빼어 내게로 오라. 모든 백성이 그 위에서 금 고리를 빼어 아론에게로 가져가매 아론이 그들의 손에서 금 고리를 받아 부어서 조각칼로 새겨 송아지 형상을 만드니, 그들이 말하되 이스라엘아 이는 너희를 애굽 땅에서 인도하여 낸 너희의 신이로다 하는지라.
>
> — 출애굽기, 32장 1~4절

이 사건의 글은 출애굽기 32장에 나온다. 모세가 십계명 등 여러 가지 율례를 신으로부터 계시를 받기 위해 시내산에 오래 머물게 된다. 모세의 오랜 출타를 기다리지 못하자 불안해하는 이스라엘 백성들이 모세의 대변인인 그의 형 아론에게 신을 만들기를 요구한다. 그들은 자기의 금붙이 등을 헌물하여 금송아지의 형상인 이스라엘에게 금지된 우상을 만든다. 이것은 신에 대한 도전이요, 모세에 대한 거부다.

지도자의 공백은 엘리트의 부재로 공동체의 정신적 혼란을 초래하게 된다. 보이지 않는 영적인 신의 인도를 받아온 그들은 심각한 정신적 공황상태에 빠지게 됐다. 그동안 그들이 신의 존재를 감각하는 것은 간접적으로 구름기둥과 불기둥이며, 모세를 통한 계시언어(말씀)만을 통해 그 공동체의 목적과 가치와 행동 규범을 구현해 왔다. 절대 지도자인 모세가 공동체 속에 없는 행위는 곧 구심점을 잃고 불안심리에 빠진다. 즉 혼란이 초래되었던 것이다.

이때 눈여겨 살필 집단심리의 표출은 신의 형상화 작업이다. 이것은 다분히 모더니즘의 시각화와 상통하는 자세다. 금송아지라는 예술조각상은 감각적인 작품이다. 이들은 신의 본질에 대한 모방으로, 보이지 않는 신을 송아지 형태로 이미지화 시켰다. 고대 그리스에서 본질은 보이지 않는 것이고 형상은 그것이 사물화 된 허상이라는 철학 이론과 같이 형상화된 것은 본질의 영구성에 비해 한계성을 가지며, 그것들은 절대성인 존재가 상대성의 존재가 되어 형이하학적 행위로 여겼다. 감각화란 대상의 존재 중심과 주체가 독자에게 목적을 둔다는 사실로 예술의 목적론과 끈이 연결되어 있다.

또 이런 결정은 엘리트주의에서 대중주의(popularism)에 의한 사고다. 이것은 오늘날과 마찬가지로 모든 가치의 결정을 민중의 수인 다수결에 의해 결정하는 방식이다. 마치 대중문학이 순수문학을 따라가면서 발전하는 것이 아니라, 오히려 대중문학이 순수문학의 윗자리에 군림하고 있는 현실과 같다. 대중화란 인문주의 이전에 까지 최고의 가치로 있던 절대적 존재나 본질로써의 존재인 신의 중심축이 인간의 중심으로 이동한 것과 같은 현상인데, 이미 출애굽 시대에도 존재하고 있었다는 것을 알 수 있다. 무릇 지도자란 백성의 뜻을 살핀다는 것과 지도자는 외롭게 절대적 진리를 추구하고 보존하는 자리라는 것을 보여주는 이 본문의 내용에서 과연 진리라는 면이 강조될 교회의 신학에서도 대중화와는 어떤 관계인

지를 깊이 생각하게 하는 대목이다.

당시 조각칼이 별도로 있음은 조각이라는 예술행위가 있음을 알 수 있다. 조각이라는 예술에 대한 행위가 절대 진리까지 훼손시킬 수 있는 인간의 과오는 고금을 막론하고 항상 존재하고 있는 것을 깨닫게 한다. 예술행위가 곧 신의 형상까지 만드는 것을 보면서, 예술이라는 영역의 인간 행위가 종교심리에 얼마나 지대한 영향을 미치고 있는가를 확인해 주는 대목이다. 그래서 예술가는 단순히 자기의 감성의 표현에 그치지 않고 그 예술행위를 감상하는 대상의 사회에 결정적인 예술행위의 책임을 가지어야 한다. 그 단서인 조각칼의 행위는 현재에도 예술이라는 영역의 부단한 행위에서 볼 때 예술행위라는 단순한 그 모습에서 진리의 변형이나 해체나 심지어 파괴까지 도달할 수 있는 것을 지적하면서, 그런 모습은 현대의 삶 속에서도 무한히 발견되고 있다는 것을 지적코자 한다.

여기서 기독시인을 위시한 범 종교인의 예술에 대한 안목과 가치와 목적에 대한 사명감이 투철해야 할 필요성을 가진다. 예술을 통한 새로운 신의 창조가 현재 대중문화 속에서 인정을 받게 되는 부정할 수 없는 심각한 현실은 예나 지금이나 마찬가지다.

더욱이 모든 관심이 인간 심성의 표현, 다시 말하면 작가의 인식의 태도에서 신의 자리에 인간이 대신 자리를 잡기 때문에 절대성이라는 가치에서 대중성이라는 상대적인 가치관으로 변질된 오랜 역사는 성서 안의 오류처럼 점점 심각해짐을 보여준다.

다음은 갈멜산의 엘리야의 사건을 들고자 한다.

이 사건은 열왕기상 18장에서 찾아 볼 수 있는 사건으로 긴 본문을 피하고 필요한 몇 대목만 기록하기로 한다.

> 저희가 그 받은 송아지를 취하여 잡고 아침부터 낮까지 바알의 이름을 불러 가로되 바알이여 우리에게 응답하소서. 하나 아무 소리도 없고 아무 응답하는 자도 없으므로, 저희가 그 쌓은 단 주위에서 뛰놀더라. (26절)
>
> 오정에 이르러는 엘리야가 저희를 조롱하여 가로되, 큰 소리로 부르라 저는 신인즉 묵상하고 있는지 혹은 잠깐 나갔는지 혹은 길을 행하는지 혹 잠이 들어서 깨워야 할 것이지 하매, (27절)
>
> 이에 저희가 큰 소리로 부르고, 그 규례를 따라 피가 흐르기 까지 칼과 창으로 그 몸을 상하게 하더라. (28절)
>
> (29~35절 생략)
>
> 저녁 소제 드릴 때에 이르러, 선지자 엘리야가 나아가서 말하되, 아브라함과 이삭과 이스라엘의 하나님 여호와여! 주께서 이스라엘 중에서 하나님이 되심과 내가 주의 종이 됨과 내가 주님의 말씀대로 이 모든 일을 행하는 것을 오늘날 알게 하옵소서.(36절)
>
> 여호아여! 내게 응답하옵소서. 응답하옵소서. 이 백성으로 주 여호와는 하나님이신 것과 주는 저희의 마음으로 돌이키게 하시는 것을 알게 하옵소서. 하매, (37절)
>
> 이에 여호와의 불이 내려서, 번제물과 나무와 돌과 흙을 태우고, 또 도랑의 물을 핥은지라. (38절)

위 사건은 모두 잘 아는 3년 6개월의 가뭄을 위한 기우제라는 제의(祭儀) 행사의 모습이다. 당시 이스라엘을 다스리던 아합왕과

왕비 이세벨이 이방신인 바알 신 숭배를 해서 그에 대한 배교의 징계로 발생한 가뭄을 해결하는 행사의 부문이다. 기우제라는 제의 의식 속에 나타난 두 종교의 특성의 차이를 잘 볼 수 있는 구절이다.

제의에 나타난 일종의 공연적 성격에서 비교 관찰할 필요가 있다. 소위 엔터테인멘트(entertainment) 면에서 바알신교와 유대교의 차이를 봄으로 그 행위의 목적이 인간 중심이냐, 본질적인 신 중심이냐가 확연히 구분된다. 이런 양식이 현대 예술계에서 그런 유사성의 존재유무를 검토해 보고자 한다.

이것은 예술 양식은 그것을 담는 내용이 차이가 난다는 것을 방증한다.

바알신교는 엘리야의 신과 달리 거대한 규모의 종교행사를 벌인다. 바알신을 비방하는 엘리야의 태도에서 사이비 종교의 신이라는 성격이 잘 드러난다. 엘리야는 역설적이고 아이러니한 비방을 통해 바알의 신학을 파헤침으로 그 신이 허구라는 것을 증명하고 있는 것이다.

바알신에게서 동물희생제사의 모습도 본다. 그러나 이 희생제의가 28절에서 자학 행위로까지 발전하는 것을 본다. 고급 종교에서는 중보적인 형태로서의 행위가 자기 학대에 있지 않음이 여실히 드러난다. 현대 종교에서 자기가 느끼는 감각에 의해 신의 존재를 파악하려는 미신적인 주술 행위가 여러 면에서 드러내고 있다. 신 중심에서 인간 중심으로 변환된 시대상은 모방의식에서 인식의식으로 전환된 예술행위에서와 같이 신의 임재가 인간의 초혼의 행위로 발생된다는 의식에서 철저히 인본주의 중심의 행위라 할 수 있다. 기독교 이외의 타 종교에서는 자기의 학대를 통한 고행을 지고의 선과 덕행으로 칭송한다. 그러나 기독교는 특별한 자기성찰을 위한 경우가 아닌 주술적인 의미에서는 절대적으로 그것들을 금기시 한다. 목소리 큰 사람이 신의 부름에 효율적이라고 생각하여 방성대곡하듯 기도하는 행위도 그런 공연심리에서 기인한 이방 종교적 심리라고 여겨지는데, 이런 행위는 부정적인 의미의 신비주의에서 시작되고 흥행하는 일이다. 현재 기독교의 일부 기도행위의 자세를 곰곰이 평가해 볼 필요가 생기는 대목이다.

시간적인 개념에서도 아침부터 낮까지 걸리는 억지를 부리는 소아적 기도 행위는 대부분의 종교에서 볼 수 있는 특성인데, 그것은 절대자와 대결 양상을 보여준다. 그것은 엘리야의 간단명료한 소원을 청하는 기도의 인격적 신과의 대화라는 태도와 확실히 구별된다. 말을 많이 하거나 행사가 길게 하여 신을 감동케 함으로 응답을 받게 된다는 사고의 행위는 그 신을 노예처럼 상행위로 부리려는 마음에서 기인한다. 이것은 상업주의가 팽대한 현재 여러 다른 종교에서나 예술방면에서 공동적으로 가지고 있는 영향으로도 해석될 수 있는 부분이다. 종종 종교의 주술이 신을 움직이게 할 수 있다는 인간의 무한한 가능성의 인식과 행위는 주인과 종의 신분이 역행되어지는 것을 뜻할 수도 있다. 인간은 신에게 그 뜻을 알리기만 하면 된다. 신의 응답은 기도의 진실성에 간절성이 첨부됨에 따라 결정되는 문제이기 때문이라고 생각한다. 기도의 응답은 청구하는 사람의 압박에서 신이 항복하여 이루어지는 것이 아니라는 것이다. 그러나 현대에 와서는 많은 종교가 오히려 이것을 조장하고 신비적 체험을 강요받도록 요구하고 있는 모습을 종종 발견한다. 다시 말하면 자기감정에 의해서 판단되는 태도는 우주적 규범에 대한 믿음의 부족에서 기인한다고 말할 수 있겠다.

만일 시가 말을 응축이나 절제나 간결이나 건조나 입체화 등으로 말하는 시 기법의 원리에서 본다면 요즘처럼 많은 시에서 볼 수 있는 산문과 구별하기 곤란한 형태와 형식은 마땅히 지적 받아야 될 것이다. 언어의 절제에서 많은 의미를 담는 시의 기본과 말을 많이 하여야 의사 전달이 된다는 착각은 마치 엘리야의 간단한 기도에서 함축적으로 볼 수 있다. 바알신 종교 사제와 같은 현대시의 부정적인 단면을 여러 분야에서 종종 찾을 수 있다는 것을 말한다. 즉 포스트모더니즘의 진정한 가치보다는 전통의 해체라는 미명하에 행해지는 부정적인 파괴주의적 태도를 지적하고자 한다.

여기서 포스트모더니즘 시대에서 다시 반동으로 새로운 탈출을 노력해야할 필요가 있다고 생각한다. 마치 낭만주의에서 신고전주의로 방향을 선회하듯이 말이다.

인간적인 신과 인격적인 신과의 구별이 부족함도 위 예문에서 잘 나타난다. 바알신은 한정된 위치에 존재함을 역설적으로 말하고 있다. 외출하다든지, 잔다든지 길에서 헤맨다든지 하는 말은 신의 능력의 상대적 한계성을 은연중에 비유로 제시하고 있음이다. 반대로 엘리야는 인간의 능력이나 가능성을 오히려 절제한다. 인간자신의 한계를 깨달아 인간의 능력을 부정하고 절대적 존재에 대한 무한한 신뢰가 신앙이라는 것을 엘리야의 기도 모습에서 확인해 볼 수 있다는 것이다. 그래서 엘리야는 신에게 모든 것을 의탁하는 정신에서 제물의 주위에 연소를 억제하는 물을 붇는 것을 보면서, 이것이야말로 신앙의 행위의 양상을 신에게만 의탁하는 자세와 진실의 마음으로 믿는 표상을 볼 수 있다는 것이다. 기도의 내용 중에 기도자 신분적인 자기 고백이 나온다. 신은 주인이고, 기도자는 종인 것이다. 종교적 자아파악은 확실한 신론과 인간론의 고백에 있다. 그러나 바알신교에서는 바알신의 종교 제사장들이 신을 종처럼 부림으로 인간이 스스로 절대 능력을 얻고자 하는데서 신관과 인간관이 범신적 착각과 오류를 범한다. 이와 같이 현대 기독교 내에서도 소위 능력을 받고자 하는 심리 안에는 그 능력을 통하여 신을 종으로 만들고자 하는 자기중심적인 편의주의가 내포된 것으로 수천년 전의 바알 사건과 현대 종교상에서 동일한 현상임을 발견하게 된다. 그런 면은 시간이 지나도 변하지 않는 인간 안에 깊이 자리 잡고 있는 저급 종교심리인가 보다. 이처럼 자기 성찰이 없거나 대상에 대한 정확한 파악을 못한 예술은 마치 중언부언하는 기도와 흡사하다.

종교에서 가장 중요한 부분인 기도라는 행위의 심리가 현대 문화의 영향으로 바알교적 심리로 나타나는 것을 지적하고자 한다. 특히 그런 영향의 가장 부정적인 면은 개인 감성의 발로를 강조한 나머지 경건성의 상실을 초래하게 한 각종 집회에서 표출되는 현재 교회의 문화예술 현장에서 볼 때 곳곳에서 타락한 혼란성을 찾아 볼 수 있다. 이것은 단순히 문학의 일만이 아니라 모든 분야에 스며들어 있는데, 큰 원인 중 하나는 정신사조에 의한 양상이라고 말할 수 있겠다. 즉 예술, 종교, 사회상에 걸친 모든 현대사조의 깊은 영향의 탓이라고 말할 수 있다. 대상에 대한 깊은 통찰 보다는 자기표현에 급급한 나머지 발작적인 형태로 이루어지는 표현은 비단 문학만이 아니고 기독교를 위시한 모든 문화예술계를 통틀어 존재하고 있는 것을 지적한다.

다음은 마지막으로 예수와 바라바 사건에서 대중주의의 오류를 지적함으로 포스트모더니즘의 종교상의 장단점을 고려해보자 한다.

바라바가 나오는 사건은 예수의 사형 언도 전에 유대명절의 관례에 따라 당시 권력자이며 통치자인 빌라도가 특별 사면권을 행사하는 과정의 이야기다. 예수와 바라바의 사면권에 대한 선택권을 유대 백성들에게 위임하여 대중적인 의사에 의하여 결정을 하는 빌라도의 정치적 선택에서 크나큰 잘못이 생기는 사건이다.

바라바는 마태복음 27장과 마가복음 15장과 누가복음 23장에 나온다. 그 중 마가복음을 장면 한 곳만 예문으로 제시해본다.

> 명절을 당하면 백성의 구하는 대로 죄수 하나를 놓아 주는 전례가 있더니,(6절)
> 민란을 꾸미고 이 민란에 살인하고 포박된 자 중에 바라바라 하는 자가 있는지라.(7절)
> 무리가 나나악서 전례대로 하여 주기를 구한대,(8절)

> 빌라도가 대답하여 가로되 너희는 내가 유대인의 왕을 너희에게 놓아주기를 원하느냐 하니,(9절)
> 이는 저가 대제사장들이 시기로 예수를 넘겨준 줄 앎이러라.(10절)
> 그러나 대제사장들이 무리를 충동하여 도리어 바라바를 놓아 달라 하게 하니,(11절)
> 빌라도가 또 대답하여 가로되 그러면 너희가 유대인의 왕이라 하는 이는 내가 어떻게 하랴?(12절)
> 저희가 가시 소리 지르되 저를 십자가에 못 박게 하소서.(13절)
> 빌라도가 가로되 어찜이뇨 무슨 악한 일을 하였느냐 하니 더욱 소리 지르되 십자가에 못 박게 하소서 하는지라.(14절)
> 빌라도가 무리에게 만족을 주라 하여 바라바는 놓아 주고 예수는 채찍질하고 십자가에 못 박히게 넘겨주니라.(15절)

이곳에서 특징적으로 보이는 것은 의사결정 방법인데 대중주의(포퓰리즘)의 특성이 대표적으로 나온다. 이 대중주의는 빌라도라는 결정권자가 무책임하게도 종교 지도자들인 대제사장들의 선동에 의하여 조작되어 결정적 오류를 범하게 되는 근원이 된다. 대중주의는 대부분 군중심리에 의해서 쉽게 오도될 수 있다. 현대는 여론의 조작에 의해 얼마든지 본말이 전도되는 일이 비일비재 하다. 대중주의 속성에는 상업주의적이어서 천민자본주의적인 요소가 인간의 죄성처럼 깊이 잠재하고 있다. 앞서 말한 양키이즘이라는 단어의 이미지에서 막스 웨버가 말한 긍정적인 진정한 기독교적 건전한 자본주의가 배척을 당하고 있다. 결국 이것은 금권이 다른 권력을 지배 할 수 있는 가장 힘을 가지는 신적 기능을 가지고 있다고 믿기 때문이다. 문학의 조작된 베스트셀러나 각종 문학상도 그런 영향에 의한 일이 있을 수 있다는 종종 의심되는 것도 마찬가지다.

종교가 본질 면에 늘 각성하거나 치열한 개선의 정신이 없으면, 앞의 제사장처럼 정치나 이념이나 금력의 이해에 따라 쉽게 이용당하게 되는데, 그것은 숫자라는 수치의 많고 적음에 가치의 척도를 두게 하기 때문이다. 따라서 엘리야의 시대의 바알신을 신앙하던 사람이나 예수를 죽이도록 여론을 조작하여 부정적인 목적을 달성하는 사람들에게서는 그 원인(遠因)이 포스트모더니즘의 문화 속에서 살아가는 현대인의 특성 중 하나가 아닐까 하는 생각이 든다. 명분을 중요하게 여기는 일이나 사람과의 관계를 우선시 하는 가치관보다 타락한 상업주의에 모든 예술을 포함한 인간의 가치가 평가를 받는 것은 모더니즘의 말기에 생긴 미래파의 연결선상에서 지금의 포스트모더니즘 사고도 많은 영향을 준 것으로 추측할 수 있다.

종교형태에서 민주주의라는 이름 하에 소위 회중정치를 하는 침례교회가 미국에서 주된 자리를 잡은 것은 대중주의의 이론적 배경과 맥을 같이 하는 것이며, 이 맥은 종교의 전통적인 거룩성이나 구별성을 도외시하고 집단적으로 자기표현에 스스로 감격하는 것에서 종교의 희열을 찾는 현대 기독교 문화 시대상의 단면이라고 할 수 있다.

초대교회의 선별된 지도자들이 구심점을 가진 것은 예수가 12명의 수련된 제자들인 엘리트 집단의 영향으로 초대 기독교가 세계

종교로 확장할 수 있는 배경이 된 것을 누구나 부인 못한다. 대중 지향적이고, 금권을 위한 상업주의적인 견해에 의해서 교회는 예수 자체 보다는 바라바를 선택하는 오류에 빠져 들어갔음을 인지하지 않을 수 없다. 이런 태도는 기독문학뿐 아니라 기독교 전체에 관계된 일이다. 오히려 역사적으로 사회를 이끌었던 기독교 예술이 반대로 사회사조 현상에 침잠하여 헤어 나오지 못하고 있는 현실이다.

가치의 선택과 결정을 대중의 의사에 맡김으로 대중의 의견이 진리라는 대중주의가 이미 존재하고 있음을 알게 된다. 이 사조는 그 대중의 의식 수준에 머무르고 마는 예술성이나 가치관에서 위험성을 초래하게 된다. 교회의 물량주의도 대중주의와 상업주의의 혼합 가치관에 의해서 현재와 같이 복음의 상실 내지 퇴락 현상을 보는 현실을 곳곳에서 발견하게 되며, 한국기독교 문화에 부정적인 결과를 초래하게 하였다. 대부분 대형교회에서 볼 수 있는 잘못된 오류를 모든 교회가 점차 닮아가는 현실에 모두 관심을 가져야 될 것이다. 그것은 문학을 비롯한 예술분야에서도 대중에 대한 끈질긴 관심을 독자에 대한 배려로 착각하거나 자기최면으로 설득하는 상업주의 의식으로 포장하는 왜곡된 자세임을 현재사조를 빌어 지적하고자 한다.

5. 나가는 말

그럼 기독교가 지향하여야 할 문학예술 사조는 어떤 것일까 하는 질문을 하지 않을 수 없다. 앞의 항에서 모더니즘의 특성을 비교하여 살핌으로 성서의 몇 예문에서 찾아지는 현 교회의 문화적 오류를 지적함은 예술사조의 관점에서 해결하고자 하는 단순한 충정에서다. 즉 교회는 아론과 바알신 제사장들과 바라바를 지지하던 사람들 대신, 모세와 엘리야와 예수의 정신과 자세에서 방법론을 읽어내야 한다.

기독교는 양보다는 질이 높은 작품을 만들어야 한다. 상업주의적인 값싼 수준의 작품보다는 시공을 초월하게 존재하는 순수예술인 엘리트적 작품이어야 한다. 본질에 충실함으로 진리를 추구하는 구도자적인 태도를 가지는 통합적인 예술관을 가져야 한다. 기법적으로는 이성과 지성을 토대로 한 모더니즘의 엘리트주의적인 자세의 창작정신을 가져야 한다. 문학정신은 좁은 길을 걷는 외로운 선구자의 길을 가는 것과 같다. 수준 낮은 대중의 안목에 맞추는 대중주의적이고 상업주의적인 유혹을 늘 조심할 필요가 있다. 지난 문예사조를 빗대어 말한다면 고전주의 정신을 접목한 낭만주의의 비전을 합친 신고전주의의 태도와 같은 방법론이 어떤 것인가를 고민해야 할 것이다. 지금처럼 한계에 와 있는 당대의 사조에서 탈출구를 찾는 개척자 정신이 요구된다.

포스트모더니즘의 실험적 정신은 높이 살만하다. 그러나 해체주의 사조를 전승한 대중주의적인 하향된 심미성에서는 탈피하여야 할 것이다. 실험이란 파괴를 위해서 존재하는 것이 아니라 발전을 위해 시도하는 것이다. 대중의 흥미를 만족시키는데 목적을 두는 대중예술이야 어쩔 수 없는 일이라 할 수 있겠으나, 순수 예술 또는 본격 예술이라고 칭하는 시문학에서는 눈높이를 상업성에 두어서는 시인의 역사적 사명을 망각하는 일이 될 것이다. 대중적인 다수의 지지를 위해 독자를 현혹하거나 심지어 문학의 토양을 변질시키는 일은 앞서 본 예문처럼 철저히 인류 앞에서 지탄받아 마땅한 상업지상주의 행위라고 해도 틀림이 없다.

미술계에서도 소위 포스트모더니즘이 이제는 신표현주의로 이행하고 있는 현상이라고 말하고 있다. 이미 문학에서도 그 사조의 한계와 퇴락하지 않을 수 없는 상태에 머무르거나 탈출을 시도하고 있다. 이제 기독교문학이라는 장르도 새로운 길을 제시하여야 할 책임을 기대한다. 그것은 고전주의부터 내려온 문예사조의 역사를 살펴 다시 오류의 기점을 분석하고, 전시대의 모더니즘사조를 중심으로 탈출구를 검색하여 다시 새로운 시대를 이끄는 건전하고 새로운 시의 경향을 모색하는 데로 눈을 돌려야 한다.

개인적인 견해는 문학사 면에서 기독교를 포함한 종교적 담론에 대한 시는 앞선 경향에서 형이상시(metaphysical poetry)의 성공적인 면을 관심을 가지고 다시 심사숙고할 필요가 있다고 생각한다. 현대라는 당대의 사조에 맞게 다시 새로운 이론의 가능성을 이 형이상시의 새로운 조명에서 찾을 수 있지 않을까 하는 견해를 가진다. 즉 21세기에 맞는 신형이상시의 이론적 토대를 다시 만들고 그런 작품을 만들면 포스트모더니즘의 부정적인 면에서 탈피할 수 있지 않겠느냐는 의미다. 앞으로 추진할 가능성 있는 새로운 사조를 개인적으로 신형이상주의라고 명명하자는 의견을 조심스럽게 제시해본다.

기독시문학과 형이상시의 접목

1. 들어가는 말

시를 예술이라는 문예로 보는 작품세계를 평가하는 데는 시 안에 내포하고 있는 내용과 그 내용을 표현하는 기법을 구분하여 분석한다. 여기서 기법이란 심미성, 소위 미학성을 가미하는 예술 창작 기법을 말한다. 언어가 가지는 의미면에서만 국한하여 살핀다면 감상이라는 인상비평에 머무르게 되고, 기법까지 살피면 형식주의 비평 등 절대비평이 된다. 인상비평은 감상하는 자의 개인의 주관적인 해석에 지나지 않을 수 있기 때문이다. 그러나 절대비평은 여러 학문적 이론의 객관적 바탕에서 이루어지기 때문에 객관성을 가진다. 객관성이란 자기 혼자가 아닌 상대적인 존재로 있음을 말해주는 것이다.

이와 같이 기독교의 문학은 인본주의 후에 나타나는 인상주의처럼 자기 인식의 범위만을 표현하는 것이 아니다. 왜냐면 기독교에서 보는 자기의식이라는 본질적인 자아란 사르트르가 말하는 대자적 존재다. 기독인이 가지는 존재는 신 앞에서만 자기인식이 가능하기 때문이다. 다른 말로 하면 기독교의 즉자적 존재는 허무다. 신이 없는 존재란 허무가 주는 절망적 존재로 평가할 수밖에 없기 때문이다. 키에르케고르가 말한 '죽음에 이르는 병이 절망'이라는 의미와 맥을 같이 한다. 왜냐면 신의식이 없는 자기만이 있는 존재란 결국은 허무이며 무의미하기 때문에 결국 이 허무는 절망을 낳고, 절망은 곧 존재의 죽음이라는 것이다.

시를 창작함에 있어 기독시인도 그 시 작품의 영원한 주제는 존재와 사랑이라고 생각한다. 나머지는 이 두 오브제에서 파생된 것으로 받는다. 기독교에서 사랑이란 개인적인 연민의 사랑에 머무르는 한정적인 것을 뜻하지 않는다. 그것은 신적 사랑으로 인간이 존재하는 세계적이고 우주적인 사랑에 대한 의식을 말한다. 존재란 종교의 궁극적이고 포괄적인 관심이고 목적이고 그것이 존재가치가 있는 것도 역시 사랑이 존재하기 때문이다.

그런 면을 살핌으로 존재와 사랑이라는 테제를 가장 효과적으로 다룰 수 있는 형식이 형이상시(metaphysical poetry)라고 일단 전제하고, 형이상시의 특징이 성서 안에 나타난 양태를 밝혀 기독시의 특징을 살피면서, 그 전제의 타당성을 확인하고자 한다. 그러기 위해서는 먼저 형식주의의 입장에서 형이상시의 특징을 살펴볼 필요가 있다.

2. 형식주의에서 보는 형이상시의 해석

순서상 형식주의에 대한 고찰이 필요하다.

여기서 형식주의라 함은 17세기의 쉬클로프스키나 야콥슨의 러시아의 학파들이 문학을 객관적인 인식을 가지고 분석해보자는 의도로 시를 과학적인 설명을 시도하려는 의도에서 생긴 이론이다. 한마디로 문학을 이해하거나 분석하거나 비평함에 있어 작품을 주관적인 해석에 맡기지 말고 객관적으로 바라보는 방법을 찾아보자는 것이다. 문학을 문학으로만 바라보자는 소위 문학성에 대해서만 관심을 가지자는 것이다. 언어를 사용하는 문학을 언어나 음성이나 그 속에 있는 심리나 작가의 전기 등은 문학의 주변 관심일 뿐이지 문학의 근본 속성이 아니라는 것이다. 그것은 언어의 특이한 용법에서 생기는 것을 알게 되었다. 이 특이한 용법을 시나 산문에 사용하는 언어가 문학스러움을 가지게 되어 소위 문학성(literariness)라고 정의하게 된다. 즉 언어의 사용에 있어 어느 글이 시나 산문에서 문학 작품이냐 아니냐 하는 판단은 그 글 안에 문학성이 있느냐 없느냐 하는 것에 따라 판별된다는 것이다. 즉 글 안에 존재하는 문학성에만 관심을 두지 다른 외적인 요소를 가지고 판단하지 않는다. 다른 요소란 예를 든다면 낭만주의나 상징주의에서 즐겨 사용하는 작가의 영감이나 상상력 등이나 독자의 심리에서 그 문학적 예술성의 존재를 파악하지 않는다. 상상력을 통한 이미지 구현까지도 시어의 절대적인 요건이 아니라고 한다.

'예술을 위한 예술'이라는 예술지상주의 입장에서 예술의 목적이나 본질에 관심을 두지 않고 문학의 방법론인 면에 치중하는 것을 말한다. 엄밀하게 말하면 형식주의라는 말보다는 기술적

(descriptive)이라는 말이 더 가까운 정의다. 아이헨바움이 형식주의를 오히려 형태학적(morphological)이라고 말한 것과 같다. 왜냐면 작품을 작품 속에 반영된 심리나 사회학적인 이론의 다른 접근 방법과 구별하여 작품자체만을 구별하여 연구해 보자는 의도인 것이다.

시드니 리는 문학은 그 자체가 문학 연구의 대상이지 다른 외부적 연구를 위한 수단이 아니라는 것을 주창한다. 심리학, 사회학, 문화사 등은 문학 연구를 하는데 오히려 눈에 거슬리는 것이기에 문학을 인접학문으로 부터 분리해야 한다는 것이다.

야콥슨이 문학의 연구 대상은 총체로써의 문학이 아니고 문학성(literariness)이 특정한 작품을 문학작품이 되게 한다는 것으로 말했다.

스페트 등 형식주의자들은 이미지라는 것도 발화의 모습일 뿐(a figure of speech)뿐 시각적 이미지는 미술이 더 효과적이기에 문학이 더 본질적인 것이 아니라는 것이다. 야콥슨은 시 작품은 간혹 암시성을 잃지 않고 통상적인 의미의 이미지 없이 존재할 수 있다는 것이다. 몇 서정시들은 문법적 대립과 구절 선율(phrase melody)의 조작에 의해서 가능하다는 것이다. 대부분의 시에서 시각적 이미지가 환기시켜주는 것은 독자의 감수성의 작용이기에 그것들은 애매하고 모호하다는 것이다. 그래서 회화보다 못하다는 것이다. 그래서 다른 예술로는 표현할 수 없는 언어 속에 존재하는 고유한 것의 형식적이며 논리적인 것이 형식주의자들의 관심의 대상인 것이다.

이들은 시의 다름(변별성)은 단순하게 이미저리의 유무에서 찾아지는 것이 아니라 그것을 사용하는 용법에서 발견하여야 한다는 것을 강조한다. 이것이 형식주의 논거의 결정적이고 가장 값진 면이다. 왜냐면 이것에서 시적 이미지와 산문의 이미지가 서로 뚜렷한 기능적 구분이 있다는 것을 가정할 수 있기 때문이다.

형식주의에서는 '낯설게 만들기'와 '전경화 작업'이라는 두 가지 특별한 기법에 대한 이론이 있다.

산문에서는 은유가, 시에서는 이미지가 효과를 강화하는 수단 일 뿐이라는 전제를 제시한다. 여기서 '낯설게 만들기'(makes strange)라는 이론적 배경이 생긴다. 시의 문학성은 낯설음에 있다는 것이다.

'낯설게 만들기'는 쉬클로프스키가 말한 것으로 문학성으로 보는 시란 시어의 낯설음의 구조에 있다고 한다. 이것은 단어의 낯설음이 아닌 이미지의 낯설음이다. 언어의 친숙이야 말로 가장 비시적이라고 단정한다. 친숙한 것은 대상을 바라볼(look) 뿐 주의 깊에 관찰(watch)하지 않는다는 것이다. 친숙이란 사물에 대한 지각의 반복으로 오는 습관성을 말한다. 이 습관성은 지각이 자동화되어 언어를 생략하여 탈언어화 되는 상태를 만들어 창조적이지 않고 무의미한 정서가 된다는 것이다. 자주 인용하는 어부의 바다는 도시민의 바다의 감각과 이미지와는 차이가 있다는 것이다. 어부는 매일 대하는 바다의 풍경은 친숙한 것이어서 무감적적이며 무감동적이지만 도시민의 바다 경치는 자주 없는 낯선 일이어서 신선한 감각을 불러일으키고 있다는 것과 마찬가지라는 것이다. 어부는 기계적이며 무의미한 인식(recognition)일 뿐이지만 도시민의 감성은 창조적 기전을 야기한다는 것이다. 시란 이 기계적 반응에 일격을 가해야 문학성을 가질 수 있다는 것을 말한다. 친숙이나 타성에 젖는 낯익음에서 낯설게 함으로 지각의 신선을 제공하여 착오적 감성을 유발케 하는 것이 문학성의 기저요, 원리라는 것이다.

이 낯설게 만들기 기법은 문학의 진수로 문학의 모든 곳에 존재하는 원칙을 형식주의자들이 제공했다. 미학적 인식의 핵심은 친숙과 타성에서의 일탈(deviation)이라 함과 마찬가지다. 그렇기 위해서 시인은 인식을 꼬이게(twist)하게 하거나, 뒤틀리게(oblique)해야만 한다는 것이다. 그래야 독자들이 그 비친숙성에 의해서 일단 의사소통을 방해시켜 더 강렬한 반응을 하게 된다는 이론이다.

그러나 이런 이론들은 이미 존재하고 있었다. 아리스토텔레스도 완전한 시적 '화법'은 '비일상적 언어(unusual word) 없이는 존재할 수 없다는 말을 했다. 코올리지나 워즈워드 등 낭만주의 미학자들도 '새로움과 신선함의 감각'(the sense of novelty & freshness)이 시의 지표 중 하나라고 말했다. 허버트 리드는 초현실주의자들도 예술은 근본적으로 '놀라움의 부활'(renascene of wonder)이며 '새롭게 하는 행위'라고 말한 바 있다. 프랑스 평론가이자 초현실주의자인 장 콕토도 시의 임무를 쉬클로프스키의 견해와 동일한 견해를 견지했다. 다만 형식주의자들이 이 점을 표면에 드러내어 강조했던 것에서 차이가 날 뿐이다. 어쨌든 이런 이론을 누가 말했든

간에 시의 근본이라는 것이 확실시 된 것만은 사실이다.

이런 이론을 집대성한 것이 로만 야콥슨이다. 많은 이론을 정리하여 집대성한 것이야 말로 논문과 같이 그의 이론이 되기 때문이다.

또 한 가지 형식주의자들의 이론 중 특이한 것을 제시한다면 전경화(foregrounding)다. 이것은 낯설게 만들기의 일종으로 일상적인 인식의 기능을 표현에서 언어 사용의 일탈을 꾀하는 것이다. 아리스토텔레스의 전이(轉移)라든가 리처즈의 상호 충돌의 언어나 휠라이트의 긴장의 언어와 같은 것이다. 일상적인 언어의 타성에 젖은 사용을 벗어나 새로운 언어로 치환하여 제시하는 표현기법이다. 속마음을 뒤로 감추고(후경화) 전혀 다른 새로운 대상이나 사건(보조관념)으로 원래 목적한 뜻(원관념)을 대신 제시한 것은 이미 사용되어진 것이지만 그것이 문학을 문학답게 하는 중요한 기법임을 이론적으로 밝힌 공로가 있음을 간과해서는 안 된다. 시란 본질적으로 모두 메타포(metaphor)인 것이기에 그렇다.

그 중 형이상시의 방법과 목적을 기독시문학의 입장에서 고찰하기 위해서는 위와 같은 형식주의적 태도를 가지고 살펴보아야 한다. 즉 형이상시의 특징인 낯설게 하기나 전경화라는 기법을 통해 만들어지는 현대시 중 관념이나 이념을 표현하는 내용과 형식에서 기독문학의 방법론에 가장 가까운 형이상시의 특징을 살피려 한다. 아울러 그것들이 성서 안에서 어떤 양태로 존재하는가로 한 걸음 나아가 보기로 한다.

형이상시는 랜섬의 이론에 의하면 시를 세 가지 유형으로 구별해 제시한다. 물질시(platonic poetry), 관념시(physical poetry), 형이상시(metaphysicl poetry)가 그것이다.

물질시란 사물을 표현함에 있어 조각과 같이 메마르고 견고한 이미지(dry hard image)로 표현하고, 관념시란 사상만을 나타내며, 형이상시란 메타포와 내포적 언어를 사용하여 만든 작품이라는 것이다. 즉 형이상시는 앞의 물질시와 관념시를 연계한 종합적 시라고 해석할 수 있다. 이 두 가지에서 시가 구조(structure)와 조직(texture)을 가져야 할 필요를 당연시 한다. 메타(meta)와 피지컬(physical)의 합성어의 어원으로도 그 특성이 노출된다. 박진환은 『현대시학과 시법』에서 형이상시가 모더니즘의 상위개념인 양극화의 시학을 근간으로 한다고 정의한다. 이면에서 이미지의 동떨어짐을 고의적으로 연결하는 소위 '폭력적 결합'이나 '낯설게 하기'나 모두 형이상시의 이론적 근거가 됨을 말한다. 쉽게 말하면 형이상학적인 정신적인 것을 형이하학적인 사물과 결합시켜 드러내는 시법을 형이상시라고 단정할 수 있다. 이 결합은 의도적으로 이루어지는 것으로 한 단계 높은 상상력을 동원해야 이루어지기에 포스트모더니즘에서 시도한 해체보다 더 한 발짝 앞선 상위 개념이라는 것이다. 동떨어짐의 의도된 시도를 현대시의 의도된 기획이라고 부르는데 이것은 노출에서 은폐로, 즉 비의(秘意)를 만드는 것이다. 드러낼 수 없는 것을 드러내는 형이상시는 포스트모더니즘이 시도한 해체를 통한 새로운 드러냄에서도 불가능한 것들을 가능케 하는 것이다.

예를 든다면 김현승의 「절대신앙」이다. 이 작품은 한국기독시를 대표할 수 있는 명작으로 상극적인 눈과 불꽃이라는 양극화된 사물을 통해 인간과 신과의 개념을 종교적으로 승화시켜주는 대담한 기상(conceit)을 보여주고 있다. 이 양극화는 물질주의의 현대에 관념이나 정서를 물질로 이동시켜 과학주의 시대에 맞는 비유적 설명을 가능케 하는 역사가 긴 시법이다. 17세기에 명명된 형식주의나 형이상시가 21세기에도 여전히 유효하게 유지되고 있는 것은 그 사조나 시법이 시의 본류이기에 당연한 것을 보여준다 하겠다. 즉 이것은 17세기적인 어느 시대를 방영하는 국한 된 이론이 아니다. 17세기에 와서 비로소 정리되어 시대가 변화더라도 분별하는 21세기라는 당대에 와서도 변할 수 없는 문학성의 진리를 담고 있음이다.

형이상시의 대표적인 3대 개념은 양극화(兩極化), 컨시트(conceit), 통징(痛懲)으로 세유형화 할 수 있다.

이것을 하나씩 구분하여 간단하게나마 성격을 정리 해본다.

형이상시의 첫째 특징인 '양극화'란 북극과 남극, 양극과 음극처럼 개념이 상반되거나 충돌되는 것을 의미한다. 더 나아가 형이상학과 형이하학, 물질과 관념적 본질 등 반대적인 갈등구조를 가진 것을 말한다. 서로 불일치하거나 부조화한 것을 연결하여 합일과 조화를 시도하는 창작행위다. 이런 과정에서 생기는 마찰력이 수반하는 긴장을 초래하고 이 긴장에서 생긴 탄력에 의해 음률이 생긴다. 현대에 와서는 시대상마저 이런 양상을 띤다. 분열과 조화 강등과 극복 등은 문학적 방법도 같은 유형을 가지는데 넓은 의미로 문학의 사회참여라고도 할 수 있겠다. 모든 현대 사회상처럼 물질적인 것에 정신적인 것을 연결하여 두 개념이 양극화 현상임에도 그것을 극복하여 조화를 가지게 하는 작업을 말하는 것이다.

두 번째 특징인 '컨시트(conceit)'란 기발(奇拔)한 착상(着想)이라는 뜻의 기상(奇想)이라고 번역되어 사용한다. 이것은 단순한 상상력이 아니고 앞서 말한 양극화를 조화나 일치시키는 기전을 말함이다. 소위 두 동떨어짐에서 하나로 일치시키는 결구력을 말하는 것으로 문학성을 이루는 심미적 조화 능력을 일컫는다. 정서를 표현함에 객관적 상관물을 사용하는 엘리엇의 말은 정서를 도피함으로 생기는 새로운 위치로 전이 시키는 착상을 기상이라고 한다 해도 틀림이 없다. 정서를 정서와 연결하는 것이 아니라 보이지 않는 정서를 보이는 사물로 연결함으로 두 상관물 사이에 등가성을 가지게 하는 능력을 기상이라고 한다. 기상은 타성에 젖게 하는 동질성의 상상을 이질성으로 바꾸는 기전이다. 즉 타성적인 친숙성을 배제하고 고의적(폭력적)으로 비친숙성의 것으로 결합하는 시인의 의도된 기획성에서 모더니즘의 기본적인 이론과도 맥락을 같이 한다. 따라서 형이상시도 모더니즘의 한 부류인 것이다. 쉽게 말하면 유사성의 비유를 이용하는 것이 아닌 의사성(擬似性)의 비유를 통한 긴장을 이끄는 심리기전에 의탁하는 것이다.

다음은 형이상시의 마지막 특성인 '통징(痛徵)'을 정리한다. 사전에 나오는 일반적으로 사용하는 다른 말은 엄징(嚴懲)이다. 이 말은 엄히 꾸짖는다는 뜻인데, 이것은 아픔(통증)을 느끼도록 징벌한다는 것이다. 이 징벌은 무엇을 뜻하는 것일까. 정신적이고 정서적인 아픔을 의미한다. 그렇기에 육체적인 아픔이 아니다. 원래 통징 앞에 순수한 단어가 있는 순수한 통징이라는 복합어인데, 그것은 어느 목적이나 의도에 의한 것이 아닌 문학의 순수를 위한 목적론적 통징을 말하는 것이다. 이 통징에서 독자는 고통을 초월하는 카타르시스의 기전을 밟는 것이다. 상대에 대한 비하가 아닌 교정이나 개선까지도 초월하는 아무런 잡것이 섞이지 않은 순수한 자극을 통해 순화를 위한 문학적 감동이나 감화를 말하는 것이다. 항상 역사의 과정에는 부조리나 생명이나 자연 파괴 등의 원죄적 잘못이 있어 왔다. 여기서 인간은 늘 철학적 질문을 던져 그 해결방법을 모색해왔는데, 문학은 비정상을 엄히 지적하여 그 모순에서 탈출하도록 감성에 아픔이라는 감명을 주어왔다. 이런 의미에서 형이상시는 통징이라는 감각과 정서적 자극을 주는 방법을 시도했다는 뜻이다. 이 통징은 단지 형이상시에서만 존재 가치가 있는 것이 아니라 현대라는 시대상을 말하는 모든 영역의 작품에서도 결코 빼뜨릴 수 없는 중요한 요소로 존재한다. 특히 모든 종교는 뉘우침이나 회개라고 하는 자기 반성이나 가기의 존재와 본질에 대한 파악이 선재되어야 함은 매우 당연하다. 그래서 형이상시가 지향하는 통징이라는 예술의 목적은 결국 인간의 본질에 대한 회복을 말함이다. 이 말에서 인간이란 불완전성이나 한계성을 가지고 있는 존재라는 것을 일단 인식함을 내포하고 있다. 여기서부터 절대자나 초월자에게 인간이 가지는 공백을 채워주는 감동으로 카타르시스적인 효과를 가져오게 한다. 이처럼 형이상시는 문학과 종교가 서로 마주잡고 있는 공간에 필히 존재하는 형식이자 내용이 된다.

3. 성서 안에서 나타나는 형이상시의 모습

앞서 말했듯이 형식주의로 본 형이상시가 어느 국한된 시대적인 산물이 아닌 것은 시라는 모든 역사의 모든 흔적 속에는 그런 요소가 다 들어 있어야만 하는 당연성이 있기 때문이다. 다만 17세기부터 그런 용어로 시를 정의 했을 뿐이라는 것을 지적한 바 있다.

그럼 문예사조라는 말이 나오기 아주 오래 전의 작품인 성서 안에도 형이상시의 형태가 존재했을 개연성이 충분하다. 왜냐면 역사를 살펴 볼 때 시공을 초월한 영원성을 가진 성서의 생명력에서 우리는 당연히 그런 면이 존재하고 있을 믿음을 가진다.

그런 면을 성서 안의 작품 중에서 찾아 확인해 보면서, 그 확신을 통해 기독시문학의 이론에 대한 확인을 다지고자 한다.

우선 예를 들어보자.

심령이 가난한 자는 복이 있나니
천국이 그들의 것임이요 (3절)

애통하는 자는 복이 있나니

그들이 위로를 받을 것임이요 (4절)

온유한 자는 복이 있나니
그들이 땅을 기업으로 받을 것임이요 (5절)

의에 주리고 목마른 자들은 복이 있나니
그들이 배부를 것임이요 (6절)

긍휼히 여기는 자는 복이 있나니
그들이 긍휼히 여김을 받을 것임이요 (7절)

마음이 청결한 자는 복이 있나니
그들이 하나님을 볼 것임이요 (8절)

화평케 하는 자는 복이 있나니
그들이 하나님의 아들이라 일컬음을 받을 것임이요 (9절)

의를 위하여 박해를 받는 자는 복이 있나니
천국이 그들의 것임이라 (10절)

나로 말미암아 너희를 욕하고 박해하고 거짓으로 너희를 거슬러 모든 악한 말을 할 때에는 너희에게 복이 있나니 (11절)

기뻐하고 즐거워하라 하늘에서 너희의 상이 큼이라
너희 전에 있던 선지자들도 이같이 박해하였느니라 (12절)
— 마태복음, 5장 3~12절

여기에 제시된 본문은 예수님이 처음으로 설교하실 때 서두 부문이다. 후대 사람들이 이 본문의 제목을 '산에 올라 앉으시니'(마태복음 4장 1절)라는 말에서 산상보훈(山上寶訓)이라고 명명했다. 아주 중요한 기독교의 특징을 말해주는 보석과 같이 귀중한 훈계의 말씀이라는 의미다. 이 말씀은 예수님의 공생애(공식적인 사역의 기간)를 시작하는 말씀이다. 요즘 말로 한다면 등단작이나 데뷔작품쯤으로 이해할 수도 있다.

먼저 형식주의의 입장에서 보는 비평(평론)의 안목을 전제한 카테고리 안에서 분석해본다. 낯설게 만들기, 전경화라는 두 단어만을 우선 생각한다. 이렇게 하는 행위는 새롭게 인식함의 목적인 '새로움과 신선함의 감각'을 위한 것이라는 것을 말한바 있다.

시작부인 3절에서 우선 낯선 이론이 나온다. 보통 복이란 부자가 되는 덕목을 말하는데 가난한 심령이 부한 심령보다 가치 있는 복된 일이라는 것이다. 4절에서도 마찬가지다. 애통하는 것이 복된 것이라는 말도 일반적인 논리가 아니다. 그동안 모든 가치관과 다른(꼬이거나 뒤틀린) 새로운 이론으로 진리를 설파하고 있음을 알게 된다. 가난과 부자 중에 부자가 복이라는 일반적인 사고는 소위 타성에 젖은 친숙한 말이다. 부가 축복이라는 가치 추구의 일반적 사고의 뒤틀기에서 애통이 반대 개념인 열락이나 기쁨이 복인 것으로 역설적으로 말하고 있는 예수의 표현방법론에서 그것이 바로 낯설게 만들기라는 것이다. 이런 표현기법에서 전에는 아무도 말하지 않았던 전혀 새로운 개념인 새로운 복의 개념이 성립되는 것을 알게 된다. 이것을 새롭고 신선한 감각이라 할 수 있다. 그동안의 논리전개에서 일탈하는 역방향성은 바로 친숙함을 거부하는 비친숙성의 이미지의 사용을 말한다. 낯설기의 목적은 이런 비친숙성을 들기 때문에 그 말을 듣는 사람에게(글을 읽는 사람) 단순한 경청이 아닌 우선적으로 일단 마찰이나 갈등을 만든다. 그런 기전 때문에 그들은 단순히 들음(hearing) 이 아닌 경청(listening)의 자세를 가진다. 언어 전달 시에 관심의 폭을 확장시킨다. 당연히 청중의 반응은 효과적일 수밖에 없다. 또한 단순한 상상으로 이해가 가능한 단순성에서 복잡한 과정을 겪는 이해를 위한 서로의 떨어진 상상력의 공간에서 심미적 탄성을 가지게 된다. 이것이 시적 내재율인 것이다. 이 내재율에 의해서 독자는 감명을 강하게 받는다.

비친숙성은 이미 사용한 친숙해진 것을 탈피하고자 하는 것이다. 이때 친숙성에서 탈피하고자 할 때 작가는 창조적 언어의 운용을 해야 한다. 곧 이것이 창작행위가 된다. 친숙한 것은 표절에 가까운 행위에 지나지 않는다. 그래서 표절은 의미가 없다는 것이다. 그 작가에게서만 느낄 수 있는 비친숙성이 곧 창조적 예술이 된다. 형식주의는 이같이 내용보다는 언어 전달의 기술적인 방법에 대한 고찰을 통해 그것이 작품으로 가치가 있는가를 평가해 보는 문학의 경향 내지 학문적 풍조라고 말할 수 있다.

이같이 형식주의자들이 비평할 때는 위 본문을 형태학적으로 분석하고 관찰하려 하는데, 그 목적은 미적 감동의 극대화라는 예술성을 확대시키려 함이다. 이런 적극적 동기나 자세에서 보면 형식주의 비평은 내용을 분석하려는 감상 비평이 아니다. 그 구조를 문학성이 있느냐 하는 예술성의 존재에 대한 관심이다. 다른 말로 하면 창작기법의 탐색이고 정리라고 말할 수 있다.

다음은 형이상시의 특징들을 살펴보고자 한다. 형이상시를 말할 때는 내용에서는 당연히 형이상학적인 것이다. 그러나 내용이 형이상적인 것이어서 형이상시라고 하지를 않는다. 다른 말로 하면 형이상시도 다분히 기법상의 관심이다. 형이상학적인 내용만 중요시 여겨 타성에 빠진 친숙한 말로 표현한다면 그것은 시가 아닌 산문이 된다는 것이다. 형이상시는 형이상학적인 것을 양극화작업을 위해 기상의 기전을 통한 상상력으로 결구력을 만들어 독자로 하여금 정서적인 순수한 통징을 만든다는 말이다. 형이상시의 면을 양극화, 기상, 통징이라는 테두리 안에서 본문을 분석해 보자.

우선 첫 번째로 위 본문에서 양극화적 특징의 요소가 있는가를 살펴보자.

간단하게 말한다면 전문이 다 그런 배경을 이루고 있다. 그러나 3, 4, 6절에 나온 이미지는 그중 더욱 두드러진 구절이다. 가난 속에 은폐된 부(3절), 애통에 감추어 있는 기쁨(4절), 주리고 목마름 속의 배부름과 갈증 해소(6절)는 모두 반대 가치(양극)의 병렬적 배치를 하고 있다. 그 언어 배치를 통해 언어가 지시하는 진리가 더욱 진정한 가치로 승화시켜주고 있음을 알 수 있다. 이런 양극화된 관념이 새로운 진리로 일치시키거나 조화시키는데 크게 작용하고 있음을 알게 된다.

이런 능력이 형이상시의 두 번째 요소인 바로 기상(conceit)이 된다. 이 기상이라 함은 동떨어진 개념을 하나로 묶는 결구력에서 찾아볼 수 있다. 유사성이 아닌 의사성(擬思性)에서 이미지를 동원하는 태도이다. 단순한 기억의 재생이 아닌 창조적인 상상에 의한 이미지를 창조하여 두 관념 사이를 억지로 묶는 것을 결구력이라 하는데, 엘리엇은 이것을 '폭력적 결합'이라고 표현한바 있다. 이런 태도에서 현대시 특히 형이상시는 간혹 독자의 입장에서 난해하다는 말을 듣게 된다.

이 기상에서 관념을 사물로 치환하여 제시한다. '땅을 기업'으로 받는 복, '하나님을 볼 수 있는 눈', '하나님의 아들' 등은 구체적인 이미지로 전경화(前景化)시키는 수사학적인 모습을 발견할 수 있다.

그러기 위해서 역설이나 아이러니 등은 반대의 개념을 가지고 말이 되게 하여 청중이나 독자에게 동의를 받아내는 등가성의 구현의 일종이다. 이것은 곧 그 서로 다른 개념이 결구력을 가짐으로 새로운 감각을 창출하기 때문이다. 이 새로운 감각을 만들게 하는 상상력을 구현하는 작가의 능력을 기상(conceit)라 한다. 이 기상은 곧 새로움의 감각을 만드는 중심 기전에 목적이 있다.

세 번째의 형이상시의 특징을 말한다면 형이상시의 목적인 순수한 통징(痛徵)을 위함이라는 목적론이다. 이 '순수한'의 말은 문학을 통한 곧 감화를 말함이다 '통징'이란 말도 문학을 통한 진정한 인간회복을 일컫는다. 형이상시는 작품을 통한 감화에 의해서 인간을 본질로 회복하게하는 교정을 위한 문학적 목적론을 말함이다.

위 본문에서 볼 때 인간은 가난보다는 부(3절)를 온유보다는 투쟁을(5절), 화평보다는 갈등과 이웃에게 마찰을(9절), 진리를 위해 박해 받는 것보다는 자기 이익을 위해 그것에서 무관심이나 도피를(10절) 하였던 일반적인 인생관에서 새로운 가치관을 돌이켜 자신을 살폈을 것이다. 그 결과 그들의 심령은 새롭고 신선한 감각을 가지는 진리 앞에서 충격을 받았을 것이다. 이처럼 깨달음에서 새롭게 각오하게 만드는 감동을 우리는 순수한 통징이라 말한다. 사람을 바르게 교정 해주려하는 통징의 심리적 현상뿐만 아니라 현재 가난과 애통과 주리고 목마름의 상태에 있는 사람은 카타르시스의 과정인 본문 11~12절의 심성으로 동질감을 가지게 되는 것이다. 진리에 대하여 고난에 동참함으로 오는 진정한 기쁨과 즐거움이 자기성찰의 고통(통증)을 통해 극복하려는 순수하고 진정한 통징을 맛보게 하는 것이다.

이런 창작기법은 성서의 여러 곳에서 다 열거할 수 없을 정도로 수많이 나온다. 성서 전체를 살펴볼 필요가 없다. 위 본문이 나오는 마태복음에서 일부만 관심을 가지고 찾아보더라도 확인할 증거가 쉽게 여러 곳에서 발견된다. 인간의 입고 먹는 문제에 대하여 인간의 고등 신분과 비교할 수 없는 하등 가치인 미물인 새와 식물인 꽃으로 예를 들어 신이 인간에 대한 관심을 극대화한 점(마태복음, 6장 25~34절)이나, 의인과 죄인의 관계(마태복음, 9장 12~13절)를 양극화시켜 예수의 삶의 목적을 의사와 환자 사이로 설정한 표현같은 양극화시킨 모습은 마태복음은 물론 성서의 다른 곳곳에서 형이상시의 기법을 사용하고 있음을 쉽게 알게 한다.

이같이 내용이나 주제 면보다는 기법과 양식의 면에서 살피는 문학비평적인 방법을 형식주의 비평이라 한다. 그것은 작품의 해석보다는 작품이 예술로 존재하기 위한 각종 요소들을 살피는 비평방법을 말하는 것이다. 문학은 형식에 중심을 두며 신학은 내용에 중심을 둔다. 성서의 내용을 체계적으로 정리한 것을 신학이라 한다면, 문학은 내용을 효과적으로 전달하기 위한 수단으로 각종 수사학적인 문학기법을 이용하고 있다. 그래서 성서를 바라보면 이 두 가지 내용을 파악하기 위한 신학과, 그 신학의 내용을 효과적으로 전달하기 위한 문학의 자세는 서로 보완적인 역할을 감당하고 있다.

존 칼빈(John Calvin)의 해석을 통해 신학적인 면을 살펴본다면 더 확실해진다.

가난(3절)은 저주라는 일반적인 생각과 무능함의 결과라는 인식에서 역설적으로 진정한 축복을 현세의 고통을 당하는 사람이 가지는 정신적 겸손임을 말한다는 것이다. 이것은 시가 추구하는 상상력의 이론과 같다.

역시 애통(4절)은 인간을 비참하게 만드는 것이다. 고통에 따르는 슬픔과 비애는 일반적인 견해다. 그러나 애통이란 행복의 반대개념(양극)인 대조군임에도 불구하고 애통을 통해서 영원한 기쁨과 행복을 전해주는 훈련과정이라는 것을 말해주고 있다는 것이다. 이런 것이 곧 언어의 결구력으로 형이상시의 기상이라는 말로도 해석이 가능하다. 그것은 확실히 상위관념의 축복을 말하는 것이다. 이것에서 언어가 추구하는 기상의 기능이라는 역할이 존재함을 발견하게 된다. 곧 심령이 가난하다는 조건이 천국을 소유하는 전제라면, 가난과 천국의 결구력에서 영생이라는 영원한 가치에 대한 제시까지 가능하게 하는 상상력의 이론이 된다.

주리고 목마름(6절)은 대유법(代喩法)이다. 이 말은 궁핍에서 오는 인간의 기본권의 부족에서 오는 태도를 말한다는 것이다. 의로움에 대한 갈구라는 마음은 곧 기도를 유추하게 된다. 이 갈구에서 진정한 기도가 생기고, 그 기도의 결과는 응답을 받게 된다는 기도의 이론까지 내포하고 있음을 알게 된다.

위 예문 중 세 절만 간략하게 보더라도 이미 예수님은 고도의 예술적 언어 기술을 통해 일반 청중에게 상위관념인 기독교의 진리를 효과적이며 감동적으로 설파하고 계시는 것을 알 수 있다. 산상보훈은 성서의 방대한 내용 중 일부에 지나지 않는 작은 부문이지만 그 속에 내포된 진리를 예술이 요구하는 미학적으로 설파하는 기법을 현대시 창작이론에 의해서 규명하고 그 이유를 설명한다면 형이상시야말로 그 동안 제시해오던 양식 중에 가장 두드러진 기법 중 하나라는 말이다. 문학이라는 입장에서 볼 때 성서의 기본적 시법은 형이상시에서 추구하는 이론과 유사함을 알 수 있다는 것이다.

4. 나가는 말

성서는 문학을 위한 문서가 아닌 것은 확실하다. 그러나 성서도 언어로 만든 넓은 의미의 문학작품이라는 것을 인정하는 전제를 가지고 성서를 문학 방법론 중 형식주의 입장에서 일부 부문을 간략하게 평론해 보았다. 성서는 인간의 궁극적인 존재에 대한 담론의 글이다. 즉 철학을 초월하는 진정한 형이상학적인 작품이기에 형이상시의 이론의 바탕을 접목해 살펴보았다. 그 결과 문학에서 사용하는 특징과 거의 흡사함을 알게 되었다.

따라서 포스트모더니즘 이후 탈출구에서 길을 잃고 허덕이는 현 문예사조의 현실에서 기독문학의 방향을 예견해 본다면 형이상시의 새로운 회복은 기독시문학이라는 수준 높은 작품을 창작하려고 하는 시인은 필수적으로 그 방법이 탈출구이자 새로운 길에 대한 설계가 될 것으로 예측할 수 있다는 것이다. 왜냐면 모든 문제의 해결은 역사를 돌이켜 봄으로 주어진 오류에 대한 해답을 찾는 일이 그 첩경이 되는 경우가 많다. 문학도 문학사조라는 역사에 대한 반추와 회고가 중요함을 인정하는 것은 당연하다. 그래서 이미 존재하고 있는 형이상시를 대표적으로 살펴보았다.

그렇다면 형이상시가 단순히 17세기의 골동품이 아닌 17세기부터 주창되어 현 시대까지 이어지는 주류의 문학이론임을 재인식하면서, 기독시인이 지녀야 할 사명인 기독문학을 위하여 형이상시의 중요성을 다시 돌이켜 재강조하고자 하자는 것이 이 글의 목적인 것이다. 비록 형편상 일부에 국한된 짧은 부문에 지나지 않는 예문을 들었다 할지라도 성서의 표현기법 안에 기저를 이루고 있는 기법 중 하나가 형이상시의 모습임을 확인할 수가 있었다. 이 형이상시가 형식주의 비평의 입장에서 양극화, 기상, 통징이라는 특징을 가졌다는 이론적 배경 위에서 마태복음의 산상보훈이라는 짧은 예문을 통해 그것을 확인해 보았던 것이다. 고금과 동서를 초월하여 성서가 문학적으로도 영구성을 가지는 것도 이런 면에서 인정된다.

기독시인의 자세도 마찬가지다. 즉 성서 안에서도 인정되고 보증되는 형이상시의 방법론적 태도에 더욱 관심을 가져야 될 것으로 여긴다. 왜냐하면 종교라는 상위관념을 인간의 언어로 제시할 때는 더욱 그럴 수밖에 없지 않겠는가. 언어가 가지는 설명의 한계에서 절대의 진리를 완벽하게 설명하기는 불가능하다. 여러 언어예술 분야에서 소설이나 산문은 전체를 통해 일부를 보여주는 기능이라면, 시란 단면을 통해 전체를 보여주는 기능을 가진다. 그래서 기독시인이 추구하는 목적론 중 하나인 종교라는 상위관념을 보여주기 위해서는 언어를 통한 예술인 시가 본질적으로 효과적이다. 그러기 때문에 형이상시의 효율성을 인정하고 발전시켜야 할 필요성을 가지게 된다. 형이상시의 특징적 기법은 상위관념(형이상학)을 물질이라는 하위관념(형이하학)으로 전이시켜 현대인이 추구하는 자세인 건조하고 견고한 시각적 이미지로 보여주는데, 그 방편이 한결 효과적인 방법이 되기 때문이다.

그 시법은 양극화를 시도하는 기상의 과정을 통해 종교의 내용이 주는 가르침과 인식을 통해 깨달음을 확실하게 전달해준다. 그 깨달음이란 곧 기독교의 말씀의 능력에 의해서다. 이 능력이 비친숙성에서 유발되는 양극화라는 언어의 기능을 통해 인간이 그 말씀 앞에서 디모데후서 3장 16절에 나와 있는 말씀처럼 책망과 교훈과 바르게 함과 의로 교육하기에 유익한 성경의 목적에 가장 가까운 형식이라고 말할 수 있다. 그래서 성서의 목적론은 형이상시의 이론 중 교정의 단계인 순수한 통징의 미적 작용을 얻게 하는 목적론적 이론을 더욱 신뢰하게 한다. 다른 말로 한다면 기독시문학이라는 입장에서 본 형이상시의 시론은 성서에 나오는 목적과 흡사하다는 추론이 가능하다는 뜻이다.

사물시와 관념시를 통합적으로 결합한 형이상시의 복합적인 구성은 상상과 이미지가 복합적인 조직을 가진다. 이 복합적이고 총체적인 구성은 통합적 감수성을 요구한다. 더욱이 인간과 우주라는 존재의 일원화를 합성시키는 언어는 형이상시가 추구하는 창조적 이미지를 통해서만 가능하다. 성서가 말하는 신비적이며 초월적인 존재에 대한 담론을 감각적인 형이하학적으로 드러내는 형이상시의 특징적인 이런 점이 다른 시법과 형이상시의 차이점에서 발견되는 중요한 의미의 위치를 성서의 표현기법에서도 확인할 수 있다는 것이다. 결론적으로 말한다면 형이상시에서 추구하는 창작기법은 기독시 창작에서도 중점적으로 관심을 가지고 다루어야 하는 효과적인 방법론 중 하나라고 말할 수 있다는 것이다.

시학(詩學)의 시각으로 본 성서

1. 들어가는 말

시학(poetic)이란 시를 연구하는 학문이다. 학문은 이성적이며 객관적 논리를 가지고 대상을 파악하는 일이다. 그러나 시는 논리나 이성을 초월하는 분야이기에 결코 쉬운 일이 아니다. 논리적이지는 않더라도 시의 원리나 창작방법이나 시의 해석이나 평가는 주위 학문을 통해서 과학적 학문으로 인정받을 수 있는 접근이 가능하다. 이런 것은 신비평을 위시하여 형식주의나 구조주의 등 여러 가지가 있다. 시학의 접근은 비평을 가능케 하는 학문적 토대를 만들어 주기도 한다. 비평학의 이론이라고 할 수 있다.

다만 여기서 말하려 하는 것은 성서라는 경전을 내용상으로 비평하기나 평가하자는 것은 아니다. 즉 신학이 아닌 그 신학방법론을 위한 성서의 문학성을 변증하기 위한 의도임을 밝힌다. 즉 시학이라는 문학예술학의 관점에서 평가를 통해 신학(神學)의 이론과 서로 정당성을 확인해 보고자 하는 것이다. 예술의 본질과 신학의 본질이 인간과 신의 중심에 대한 해석상에 차이나 거리가 있다 손치더라도 기본적으로 우주나 인간에 대한 관심이며, 인간이 참다운 인간답게 되는 두 목적 사이에는 아주 가까운 근거리에 위치하고 있을 거라는 예측이 틀림없음을 확인해 보고자 하는 것이다.

예술을 이성적으로 인식하고자 하는 태도나 신앙의 기초인 성경을 이성적으로 해석하는 신학의 태도는 매우 밀접한 모습이다. 신학(theology)이라는 말도 신(神)이라는 헬라어 '테오스'와 이성이라는 '로고스'의 합성어로 된 말의 뜻이듯 모든 학문이란 이성적 태도를 가질 수밖에 없다. 그것은 객관성을 가져야 학문으로 존재하기 때문이다. 그러나 시라는 정서의 주관성과 성경 안의 신은 초월적이며 신비적인 존재여서 인간의 이성으로 다 파악할 수 없는 분야임을 먼저 인정해야 한다. 그러나 그 한계를 인식한다 해도 성서가 인간이 사용하는 언어로 된 문서라고 한다면 언어의 문학성에 대하여 객관적 해석이 가능하다는 전제를 가질 수 있다. 성서를 경전으로 보는 성경이 아닌 문학서의 하나로 보는 입장에서 성서를 분석해보는 것이다. 수천 년의 역사를 지닌 성서가 지닌 문학성의 가치를 재확인해 보고자 하는 것이다. 다시 말하거니와 여기서는 성서를 신학의 입장이 아닌 문학예술의 견지에서 바라보고자 할 따름이다.

2. 시학의 개론

시학이라는 말을 기록으로 남긴 문서는 아리스토텔레스의 『시학』이 최초의 이론서가 될 것이다. 이 책 이름은 시학이지만 그 내용은 연극을 위한 희곡의 이론서다. 당시 연극은 대부분 비극(悲劇)이었기에 비극이라는 희곡을 성공적으로 구성하는 이론을 적어 놓은 것이다. 그러나 시학은 그 연극 대본인 희곡을 구성한 언어가 시 구조로 만들어졌기에 그런 이름을 붙인 것 같다. 비극(tragedy)이란 결론이 슬픔으로 끝나는 것이고, 희극(comedy)이란 반대로 결론이 해피엔딩(happy ending)으로 마무리 되는 것이다. 비극의 목적은 그 비극적 상황을 자기화 시켜서 자기와 동질성에서 오는 효용성을 카타르시스(정화)라는 의학 용어를 이용하여 말한 바 있다.

비극이라는 연극이 인간을 정화시키기 위한 것이라면 그것을 구성하는 언어도 그 정화를 위한 도구였다. 만일 성서가 인간을 위한 목적이 웨스트민스터 신앙고백처럼 '하나님의 영광과 인간의 신을 통한 기쁨'으로 신학적으로 정리한 것을 바탕으로 결론적으로는 신의 영광을 통한 인간의 진정한 가치관 확립일 것이다. 이 기쁨은 예술의 카타르시스 기능과 상통하는 영역일 것이다.

성서의 주제를 십자가 사건에 중점을 두면 비극의 문학이며, 부활과 재림에 두면 희극의 성격을 가진다.

에이브럼스는 작품을 중심으로 우주와 작가와 독자와의 관계로 그 유기적 관계와 원리를 설명한 바 있다. 작가가 작품을 만들 때 그 내용은 우주에 대한 인식이며 그 인식을 독자에게 전달하고자 하는 목적이 있는 것이다. 다음 도표에서 간략한 관계를 서술하고 있다.

우주(1)
↑
작가(2) ← 작품(3)→ 독자(4)

위 도표를 보면 시나 성서라는 작품을 우주와 관계인 즉 그림의 1~3관계를 해석하는 것을 모방론이라 한다. 역시 2~3관계인 작품과 작가와의 관계를 표현론이라고 한다. 그림의 3~4관계인 작품과 독자와의 관계를 효용론이라 한다. 작품을 작품 자체로만 보는 즉 4번인 그 존재 자체로만 보는 것을 작품론이나 형식론이라고 말한다. 다음은 이 4가지면의 태도로 하나씩 성서에서 찾아 살펴보도록 한다.

우선 첫 번째로 위 도표의 관계인 작품이 우주와의 관계를 보는 모방론을 관찰하도록 한다. 그러기 위해서 모방론 이론에 대한 간략한 해석이 필요하다. 작품의 내용에 대한 견해다. 작품이란 작가가 우주에 있는 본질 또는 대상을 통해 진리나 진실을 구현하기 위해 그 진리와 진실을 대신 작품이라는 예술품을 통해 표현한다는 것을 말한다. 이 모방이라는 말은 그리스어로 미메시스(mimesis), 영어로는 이미테이션(imitation)라고 한다. 이 모방에 의해서 작품은 개인의 정서가 아닌 우주적 본질에 대한 투사작업이라는 것으로 본다. 대상에 대한 본질을 얼마나 전자처럼 그려 내느냐 하는 것이 예술의 의도라는 것이다. 플라톤은 모방이란 단순한 허상 또는 그림자에 자나지 않는 무가치한 것으로 말한바 있다. 반면에 아리스토텔레스는 모방이란 본질과 사물이 동떨어진 허상이 아닌 사물 속에 그 본질이 내포되어 존재한다고 보았다. 그래서 이 모방은 인간의 즐거움을 추구하는 본능에 의해서 문학 자체도 인생을 허구가 아닌 개연성을 가지고 그려낸 우주의 유기체에 대한 모방이라는 예술론을 펴고 있다.

그래서 문학이란 모범에 대한 훈련을 통해서 닮음의 모습이라는 것이다. 동양의 글씨가 어떤 서체를 닮기를 위해 부단히 노력하든지 스승의 목소리를 닮도록 훈련하는 것을 모방이라 말하기도 한다. 그러나 중세시대를 지나 역사가 흐름에 따라 우주를 인간의 중심으로 보는 신고전주의에서 앞 시대에서 말하던 모방이라는 말이 재현(representation)이라는 말로 변환 된다. 인간이 본질적 특성인 인간 자체를 보여준다는 의미에서 붙인 말이다. 모방(imitation)은 우주의 본질에 대한 그림자이지만 재현은 인간의 특성을 그려낸다는 것에서 앞은 창조적 질서에 대한 태도이며, 재현은 인간의 존재에 대한 투사라고 비교할 수 있다. 이 말은 나중에 반영이라는 용어로 변한다. 이 반영이라는 말은 본질이 아닌 현실에 대한 관심에서 나온 말이다. 그리스의 모방론은 우주에 대한 로마시대는 그리스의 고전에 대한 모방으로 문학관이 변한다. 그 목적은 즐겁고 유익한 것에 대한 그리스의 고전적인 것에 대한 추구를 말하는 것이다. 문학은 일단 즐거워야 한다. 그래서 쾌락설이 우선한다. 그 다음이 그 즐거움이 주는 유익성이 있어야 한다는 것인데 이것을 교훈설이라고 한다.

이런 모방이라는 말에서 시란 대상에 대하여 정보를 제공하는 설명이나 진술이 아닌 새로운 사물을 만든다는 작업이 창조라는 행위에 있다는 이론이 성립되게 된다.

쉘리에 의하면 시란 자연을 모방하여 인간의 진선미를 실현한다는 말에서 시가 관념에서 사물로 자리 이동시키는 문명의 건설자요 예언자라는 것이다. 역사의 흐름에 따라 현재는 자연모방보다는 사회현상의 모방으로 본다. 다른 말로 하면 작가는 본질을 내포하는 자연을 모방하더라도 그것은 사회의 현실에 영향을 받는다는 것으로 대부분 사실주의 문학에서 사용한다. 사회고발, 비판, 개혁을 반영하고자 하는 작품에서 쉽게 이해된다.

다음은 두 번째로 효용론(실용론)에 대한 개념을 소개 해본다, 작가는 작품을 만들 때 그 작품을 읽는 독자에게 염두를 둘 수밖에 없다. 독자가 작품의 존재이유가 된다. 문학이 독자에게 읽힘으로 그 기능을 감당한다. 독자에 의해서 그 작품이 평가되기 때문이다. 작품의 평가가 독자가 반응하는 정서나 감각에 의해서 작가의 의도와 합치하거나 불일치하거나를 막론하고 결국은 독자에게 반응하는 바에 따라 존재 가치가 있다 하면, 작가는 독자에게 어떤 목적을 가지고 만들었느냐 하는 것에 의해서 교훈이나 쾌감(기쁨)이라는 문학목적론이 성립된다. 작품을 이런 면에서 바라 볼 때 순수와 비순수, 본격문학과 사회현실 참여문학 등 작품을 비교 구분하게 되는 것이다.

모방론이 우주에 대한 철학적인 관심인 본질이나 형상이나 질서

등을 위한 문학관이라면 효용론은 인간이 살고 있는 역사 현장인 사회의 여러 모습 즉 윤리, 정치 등에 대한 인간의 관심이라고 할 수 있다.

독자에게 미치는 영향에 의해서 작품이 존재가치를 가진다는 것은 앞의 모방론이 우주의 원리에 대한 관심을 독자에게로 중심이 이동되었다고 하지만 실지는 작가가 독자를 의도적 목적을 위해 이용하고 있다고 말 할 수도 있다. 결국 작가의 가치가 독자의 수용반응에 의해 결정된다는 말이다. 그 수용반응을 고의적으로 시도하기 위해 여려가지 기법을 작가는 개발하고 창의성을 가지게 하는 동기가 된다. 그러나 작가에게 주는 영향이라는 점에서는 실용론이지만 독자에게 미치는 목적은 효용론이라는 단어가 적절하다. 앞에서 말하는 교훈설의 문학 목적의 중요한 점이 중세에 와서는 기독교의 진리가 중심이던 시대에 편승, 더욱 더 교훈설에 대한 문학관이 굳어진다.

중세 이후 인문주의 발달과 종교개혁에 의해 문학의 공리성은 교훈에서 재미로 비중이 바뀐다. 쾌락설이 아름다움이라는 예술의 근본을 예술성으로 그 개념이 바뀐 것이다. 물론 예술성은 미적 쾌감을 통한 정서의 발로를 말함이다.

코올리지나 워즈워드는 시인은 단순히 교육을 위해서가 아니라 인간의 정신적 기능을 총체적으로 작용하게 하는 근원적 기능을 감당한다고 말한 바 있다. 인간의 총체적 기능에서 인간이 존재하고 있는 사회에 대한 역할을 강조하는 것이다. 인간에 대한 관심이

휴머니즘이다. 톨스토이 등이 진정한 문학이란 참인간성의 회복이라는 기독교적 휴머니즘을 말하는 것도 매 한가지다.

그러나 이런 인간에 대한 이상을 꿈꾸던 낭만주의의 퇴락으로 집단적인 관심에서 개인의 예술성에 대한 예술지상주의가 생긴다. 예를 든다면 러시아의 형식주의 등이 생긴다. 예술지상주의는 다분히 개인의 자유정신에 바탕을 두고 있기 때문에 우주의 모방이나 사회적 효용성에 대하여 관심이 적어진다. 독자의 미적 효용성에 대한 목적을 중요시하기에 시의 원리, 형식, 규범 등을 비평가의 독자라는 평가에 무게를 둔다. 시를 만드는 기술 즉 창작 기법에 대한 검토를 하기 시작한다. 자연스럽게 개인적 정서인 개성에 대한 관심이 대두된다. 작품이 창조적인 면을 가지려면 그 작품 속에 다른 사람과 다른 개성이 존재해야 한다는 것이다. 이 말을 효용성에서 본다면 작품이란 개인적인 정서이기에 사회적인 투사는 있을지언정 사회적인 모방이 우선하지 않는다는 것이다. 오히려 개성의 정서가 작품을 통해서 말하고자 하는 소위 소통의 관점(communication)에서 볼 때 예술성만 강조하는 예술지상주의는 그 효용성에 문제가 있다는 견해도 있다.

다음은 세 번째인 표현론을 간략하게 관찰한다.

표현론이라 함은 우주나 독자에 대한 관심이 아니고 작품을 통한 작가의 내면세계의 구현을 말한다. 시를 든다면 시인의 사물에 대한 지각력, 사상, 정서 등을 작품을 통해 드러냄의 내용을 뜻한다. 시인의 내면세계에 대한 발로를 말함인데, 시인의 생각과 견해가 서로 다른 것처럼 작품도 그 표현 방식에 따라 다양성을 가진다. 대부분 개인이 중심이 되는 태도는 낭만주의적 태도다. 그것은 시인은 입신과 비슷한 신령한 정신 상태에서 만드는 탁월한 기능을 가진 사람들의 말이라고 여기는 그리스적인 모습의 단면이기도 하다. 이 입신은 시신(詩神)이 내림의 현상이라고 본 것이다. 이 시신의 이름은 뮤즈(muses)다. 시인은 일반인이 아니고 특별한 기능을 가진 비범한 사람이라고 생각했다. 특히 영감을 얻어야 한다고 생각했다. 천부적인 재능을 가졌다고 생각했다.

그래서 유대인들은 시인을 예언자로 여겼다. 예언자라는 히브리어 '푸로팥'이 말씀을 붙잡은 사람이라는 의미로 시라는 한자의 구성과 흡사하다. 여기서 선지자(prophet)란 말이 생긴 것이다. 즉 시인(詩人)이란 '말(言)을 붙잡은(持) 사람'이라는 합성어다. 역사적으로 시인은 고대 제의에서 말씀을 담당한 사람이었기 때문이다. 이 말씀은 신의 계시이기에 인간의 정서의 표현인 근대 사고가 아닌 다분히 제의적 신이 만든 우주 질서에 대한 계시적 노출이다. 이 계시적 표현을 영감(靈感)에 의한 것이라고 말한다.

그런데 현대에 와서는 신의 말을 중개하는 예언자가 아닌 시인 자체가 창조하는 생산품, 즉 시인이라는 인간이 만드는 정신적 활동의 작품의 제작하는 자로 보게 된다. 그래서 시인은 자기의 의식 세계나 무의식 세계를 표현하는 예술적 기술자라는 것이다. 이 제작이라는 그리스어 포이에인(poiein)에서 파생한 시(poet)를 시라고 말하는 언어적 의미를 보면 시란 인간의 창작물이라는 뜻을 내포하고 있는 것이다. 앞의 영감론이나 창작론은 신고전주의 시대에는 천재론의 이론을 만든다. 그러나 낭만주의의 영향으로 시의 근원을 천부적인 영향이 아닌 시인 자신의 속에 있는 것으로, 시는 시인의 그것을 표현하는 주체적이고 자주적인 것으로 정리하게 된다. 시인의 정서가 표현이라는 과정을 통한 교류가 작품이라고 본다. 시는 감정의 표현이고 진술이라고 보는 것이다. 그래서 이때부터 서사시보다는 서정시가 주류를 이룬다. 서정시 이외는 작가의 정서가 아닌 다른 목적을 위한 도구에 지나지 않는 것으로 간파한 것이다.

표현에서 중요하게 여기는 시인의 태도 중에는 상상이라는 것이 있다. 내면의 세계를 드러내는 것도 시인의 상상력에 의한 것인데 그 대표적인 이론가가 코올리지다.

다음은 마지막 네 번째로 작품론에 관하여 개론적으로 정리한다.

작품이 작품으로 존재하기 위해서는 작품 안에 존재하는 형식을 위한 각종 재료를 살펴야 한다는 것이다. 작가의 정신과 목적은 작품의 밖에 있지만 작품을 작품답게 하는 형식에 대한 구조의 골격의 원리와 특질이 존재한다는 것이다. 예를 든다면 칸트나 헤겔의 관념론에 영향을 받은 낭만주의에서 지상에 존재하는 모든 사물은 관념의 형식인 본질에 대한 그림자라는 것이다.

작가가 작품을 만드는 것은 작가가 말하려는 내용을 담는 형식의 구조와 조직이 있다는 것이다. 구조란 큰 규모와 관계되는 배열(arrangement)의 문제이고, 조직이란 작은 규모에 관계되는 인상적 효과(impressionism)에 대한 문제라고 한다. 구조는 플롯(plot), 이야기(story), 줄거리(argument)라는 작품의 골격에 관한 것이고, 운율(metre), 말(direction), 문장(syntax)은 그 골격을 쌓고 있는 외부에 관계된 것이다. 이 형식을 말하면 그것은 작품의 장르를 뜻하는 것과 같다. 그러나 현재 말하고 있는 구조란 언어의 구조와 직접 관계가 있음을 뜻한다.

크로이체는 형식과 내용의 일치를 말하면서 미학성이라는 것은 그 내용을 쌓고 있는 형식에 있다고 말했다. 크로이체와 반대로 발레리는 시에서 소리(sound)와 의미(meaning)가 동시적으로 존재하는데, 그것이 상호 협동적으로 작용하듯이 형식이란 통합적인 형식을 가지고 있음을 말한다.

특히 작품론을 말할 때는 형식주의나 신비평을 말한다. 형식주의는 러시아를 중심으로 신비평은 미국을 중심으로 발전된 것으로 엘리엇, 리처즈, 테이트, 랜섬, 브룩스 등이 그 대표적 이론가들이다. 그들은 특히 시에서는 긴장(tension)과 역설(paradox)과 반어(irony)가 시의 구조를 이룬다고 한다. 또한 시의 문맥적 통일성, 전체성, 일관성에 대하여 형식적으로 분석한다.

형식주의자들은 내용과 형식이 별개라는 것을 거부한다. 내용도 형식의 한 부분으로 본다. 형식이란 언어를 예술로 만드는 작가의 본질적인 기술로 본 것이다. 시적언어란 문학적 기교에 의해 규정된다고 한다. 즉 쉬클로프스키가 문학성이란 그 작품이 문학적 체계로 구성될 때 가능하다고 말한 것으로 정리 될 수 있다.

3. 성서 작품을 시학적 관점으로 본 해석

앞서 말한 작품을 보는 분석방법은 모방성, 표현성, 효용성, 작품성 등 네 가지의 면이 있음을 알게 되었다. 이 네 가지의 입장에서 성서라는 작품을 살펴보기로 한다.

우선 모방론으로 보는 태도다.

성서가 그려 내려하는 우주의 질서는 무엇일까. 그것에서 우리는 신학적인 질문을 하지 않을 수 없다. 신학 분야 중 교리를 체계화한 조직신학(교의신학)은 서론, 신론, 기독론, 성령론, 교회론, 종말론 등으로 나누어 그 체계를 가지고 있다. 즉 성서 안에서 발견되는 중요한 것은 우주란 신과 기독과 성령과 교회와 종말에 대한 관심일 거라고 추론할 수 있다. 그럼 서론에서 말하는 분야처럼 교리를 체계화시키는 전제는 성서 안에서 발견되는 법칙이라는 것을 변증하는 것과 같다.

모방은 우주에 대한 해석을 말하는 것으로 이 우주는 눈에 보이는 우주가 아니라 우주 안에 있는 모든 사물(존재물)에 대한 질서와 조화를 보여줌이다. 철학적 태도는 그 본질을 보여주는 것이 아닌 '왜'라는 끊임없는 원인과 과정과 결론에 대한 답변이지만, 시란 그런 것을 설명하거나 해석하는 것이 아니라 보여주는 기능만을 가진 것이다. 성서를 연구하는 교의신학도 왜 신은 존재하는가라는 것보다는 우주의 제일 원리인 신의 본질적 모습을 보여주는 성서에 대한 구조의 해석이다. 스스로 성서가 보여주는 것에서 모방이란 말은 '계시'라는 말로 대치하여 사용한다. 계시의 목적은 자신의 표현을 통해 그 계시의 존재를 드러내는 행위다. 이때 표현하려는 것은 표현론이지만 그 표현을 위한 계시는 그 대상에 대한 자의적 해석이라 할 수 있다.

신학의 영감론에서 모방론을 말한다면 이 모방론은 표현론에 가깝다. 고대 시인들이 말하는 시의 신(神)인 뮤즈의 영향에 의해 창조적 감각을 가지고 대상을 표현했다는 이론과 흡사하다. 또한 신이 저자를 유기적으로 감동시켜 기록한 것이 성서라 한다면 또한 우주와 작가는 동일하다는 전제가 생긴다. 그러므로 이 동일성에서 모방론을 말한다면 역시 계시라는 이름으로 행해지는 자기모방일 수 있다. 왜냐하면 시는 인간의 작품이나 성서는 신적 영감으로 된 신의 계시방편이기 때문이다. 이것은 모방 이전에 자기의 노출이기 때문이다. 그래서 성서를 창작이라는 관점보다는 역사 사건이라는 신학적 태도를 부정하지 않는 범위 내에서 성서의 문학적인 면으로만 한정하여 살핀다는 전제의 단서를 붙인다.

출애굽기 3장 13~14절을 보기로 한다.

> 모세가 하나님께 아뢰되 내가 이스라엘 자손에게 가서 이르기를 너희의 조성의 하나님이 나를 너희에게 보내셨다 하면 그들이 내게 묻기를 그의 이름이 무엇이야 하리니 내가 무엇이라고 대답하리까? (13절)
>
> 하나님이 모세에게 이르시되 나는 '스스로 있는 자'이니라. 또 이르시되 너는 이스라엘 자손에게 이같이 이르기를 스스로 있는 자가

너희에게 보내셨다 하라. (14절)

이 말에서 신의 이름이 영어로 '여호와'로 불리어지는 '야훼'라는 말이 생긴다. 이 말은 모세가 애굽왕이 이스라엘 민족을 해방시키는 일을 시키는 사람이 누구냐고 물어 볼 때 그에게 답할 내용을 신이 자신을 밝혀 말씀하시는 대목이다. 그 존재는 '스스로 있는 자' 즉 자존(自存)하는 존재라는 것이다. 사르트르가 말하는 진정한 즉자적 존재의 본질이다. 이 즉자에서 모방이란 불가능하다. 왜냐면 대자적일 때만 그 대자가 되는 대상에 의해서 그려낼 수 있기 때문이다. 그렇다면 자존자는 은유나 비교의 대상이 없는 것이 된다. 은유나 비교가 가능해야 모방이 되지만 그 대상이 없으면 불가능하게 된다. 그래서 신은 존재의 제일 원인으로 스스로 있기에 스스로 보여주어야만 하는 당위성을 가진다. 이 당위성에서 신이 자기를 스스로 모방하는 것을 계시라 하는데 위 본문에서 계시하는 내용은 우주의 시작을 말하는 왜 신이 존재하는가라는 것 보다는 존재의 최초자임을 말하고 있다. 모든 인간은 반대로 신이 있어야 존재하는 대자적 존재자라는 의미가 내포되었다고 할 수 있다. 만일 출애굽기를 모세가 창작한 서사시라고 가정한다면 신은 우주의 본질로 그 본질을 모방함에 있어 인간과 다른 시간성에서 태초를 암시하여 준다. 그것은 존재의 창조를 가능케 한 신분으로 보여줌이다. 이름이 스스로 있는 자가 아닌 그 존재의 성격을 '스스로 있음'에서 이해하고 파악하고 있음을 알 수 있다.

창조라는 신의 모방은 미켈란젤로나 레오나르도 다빈치 등을 위시한 수많은 화가들이 그림을 통해 그려내고 있다, 그러나 성서 안에서 드러냄의 가장 대표적인 내용은 예수의 행적을 통해 우주의 근본에 대한 모방을 일 수 있다.

모든 성서는 신의 계시다. 그 계시는 대부분 말씀이라는 단어로 특징지어진다. 성서는 전체가 신의 존재와 성품과 특징들을 모방한 모습은 복음서의 선한 사마리아인을 들 수 있다.

모세가 이스라엘 백성을 애굽에서 이끌고 나올 때 진퇴양난에 빠진 처음 사건은 홍해라는 바다를 건너는 난국이었다. 그의 일을 그의 자손인 다윗은 다음과 같이 시로 만들었다.

> 바다를 변하여
> 육지가 되게 하셨음으로
> 무리가 걸어서 강을 건너고
>
> — 시편, 66편 6절 부문

그 신은 이름에서 나타났듯이 창조의 원인이고 그 창조된 자연의 관리자임을 알게 한다. 즉 모방이라는 면에서 신이 자연을 다스림에서 자연이 신이 되던 당시 자연신관에서 요즘 말로 업그레이드 된 신에 대한 해석을 하고 있는 신학의 단면을 모방하는 방법론으로 보여준다 하겠다. 당시 메소포타미아의 신들은 풍요와 다산을 위한 것이었지 인간 해방이라는 자유에 대한 고급 가치를 제시하지 못하고 있을 때 성서 내용 중 극히 일부를 한정적으로 보더라도 우주를 근원적인 안목을 가지고 모방하는 모습을 알 수 있다. 모든 성서의 주 내용은 신에 대한 모방이라고 해도 과언이 아닐 것이다.

그럼 신을 성서 안에서 어떤 모습으로 모방했을까? 그 해답을 구하는데 자세한 설명이 필요하지 않은 것은 성서 곳곳에서 보여주고 있기 때문이다. 그 중 다음 구절이 그 대표적인 부문이 될 것이다.

> 사랑은 여기 있으니 우리가 하나님을 사랑한 것이 아니요, 하나님이 우리를 사랑하사 우리 죄를 속하기 위해서 화목제물로 그 아들을 보내셨음이라.
>
> — 요한일서, 4장 10절

그래서 출애굽기도 신의 사랑, 곧 죄악에서 구원하기 위한 노력의 한 서사적 작품이기에 그 주제는 신의 사랑이라 할 수 있다. 우주의 본질이 사랑이라는 것이다. 즉 우주는 신 안에 있고, 그 신은 사랑이라는 변증은 '사랑은 하나님께 속한 것'(요한일서, 4장 7절)이라는 말에서 성서라는 66권이 모두 신을 모방하기 위한 것이라는 점에서 내용의 중심이 곧 사랑이라는 주제에 있음을 알게 된다.

다음은 두 번째 항으로 성서의 효용론(실용론)에 대하여 살펴본다.

쉽게 말하면 성서가 독자에게 무슨 좋은 면이 있는가 하는 목적론적 분석이다. 이것은 신의 존재 확인과 신앙으로 초대와 신과 인간의 관계에 대한 해석과 인간의 삶 속에서의 의미와 인간의 참 존재에 대한 깨달음과 깨달음에서 오는 인간의 한계와 그 해결방법을 제시하는 해답을 구하는 방대함에 있다. 그러나 본질은 인간 구원에 대한 대서사시임을 시도하고 있음을 밝혀주고 있다.

성서의 효용성을 가장 구체적으로 지적하는 구절은 디모데후서 3장 16절이다.

'모든 성경은 하나님의 감동으로 된 것으로 교훈과 책망과 바르게 함과 의로 교육하기에 유익하니' 그 유익성에 대한 첫 효용성은 교훈이다. 사전적 의미의 교훈이란 '앞으로의 행동이나 생활에 지침이 될만한 가르침'이다.

이 바르게 함과 책망과 의로 교육하여 거둬들이는 유익은 무엇일까. 그것은 위 본문 바로 앞에 나온다.

> 성경은 능히 너로 하여금 그리스도 예수 안에 있는 믿음으로 말미암아 구원에 이르는 지혜가 있게 하느니라.
>
> — 디모데후서, 3장 15절

성서의 효용은 구원에 이르게 하자는 저자의 의도가 있다는 것이고, 독자에게 그것을 염두에 두고 저술한 책이라는 것이다. 성서라는 문학서의 궁극적인 목적은 구원인 것이다. 논리가 뛰어넘는 단계로 말한다면 이 구원은 인간 존재에 대한 진정한 생명회복이라고 볼 수 있다. 이 생명회복은 모방론에서 언급했듯이 신적 사랑의 회복을 말하는 것이다. 영생이 사랑이고, 사랑의 모습은 곧 누가복음 10장에서 예수님의 문학작품이라 할 수 있는 사마리아인에게서 구체적으로 사랑을 상징한 은유를 찾을 수 있다. 이것이 바로 성서의 효용성을 가리킨다.

다음은 세 번째로 표현론이다.

이 표현론은 작가의 내면세계를 읽어내는 방법이다. 작가가 무엇을 말하고자 하는 것이냐는 문제에 대한 해답을 구하는 과정이다.

그럼 성서의 저자는 무엇을 위하여 우주라는 대상을 독자(인간)에게 보여주고자 한 것일까. 그것은 신과 인간의 모습을 그려내어 구원이라는 죄에서의 해방을 뜻함이다. 신은 창조자이고 인간은 피조물이라는 것과 인간은 스스로 생각하고 행동할 수 있는 인간의 천부적 자유에 의해서 죄를 범하여 타락한 죄인이라는 사실을 알게 해준다. 이 죄인의 신분에서 다시 참 인간으로 회복하는 것을 구원이라고 말하는데, 인간은 철저히 죄성에 빠져서 스스로는 구원이 불가능한 존재로 누군가 대신 그 구원을 이루어 주어야 가능할 수 있다는 대속론이다. 그래서 대속의 방법으로 예수라는 십자가 사건이 등장한다. 이 사건에 대한 구도는 '여자의 후손은 네 머리를 상하게 할 것이요.'(창세기, 3장 15절)에서부터 등장한다. 이 사건이 예수로 완성된다는 저자의 의도가 있다. 이 저자는 인간을 유기적으로 사용한 신이라는 저자의 통일성을 신학에서는 영감설을 말하여 그 전체적인 맥락을 설명한다. 즉 예수라는 인물의 등장을 위한 전제와 그 전제가 발전적으로 확대해서 보여주는 문학방법론에서 성서는 66권이 단 한권으로 종합성을 이루는 통일된 구조를 가진다. 이 통일성에서 40여명 정도로 보는 작가들임에 불구하고 하나의 작품으로 볼 수 있게 한다. 이 통일된 주제는 예수에 대한 각종 표현이라고 할 수 있다. 성서의 첫 권이라고 하는 창세기의 '여자의 후손'이나 출애굽기에 나오는 '어린 양'이나 광야에서 드린 '놋뱀'이나 역대에 걸친 열왕들 안에서 기다려지는 '메시야'는 십자가에 달리는 예수라는 인물로 초점이 확실히 맺게 됨을 알게 한다.

그래서 구약의 표현론은 신약에 등장하는 예수의 예표(상징물)라고 말할 수 있고, 신약의 표현론을 보는 중요 안목은 세상에 오신 예수가 완성시킨 구원에 대한 신의 사랑의 연가라 할 수 있다. 성서의 전체 내용에서 일관되게 나타나는 것은 예수라는 단일 주인공이다. 그의 사랑이야기가 성서의 주제이다.

한마디로 말하면 누가 저자이든 성서가 말하는 가장 중요한 것은 아가서처럼 신이 인간에게 바치는 연가요 사랑찬가라 할 수 있다. 신이 인간에게 고백하는 사랑 표현이다

마지막 네 번째인 작품론에 대하여 살펴보자.

이 작품론은 내용보다는 작품을 구성하는 형식에 대한 관찰을 말한다. 내용은 모방론이나 표현론에서 다루어지는 것이고, 작품론은 그 내용이 효과적인 문학성을 가지게 하는 언어를 다루는 기술에 대한 관찰을 말한다. 따라서 이 작품론은 작가자체나 그 내용에 관심을 두는 것이 아닌 작품 속에 이루어진 각종 문예기법을 찾는 일이다.

먼저 구조에 대한 개관을 본다.

구약의 중심은 세 부분으로 나눈다.

우주에 대한 기원에 대한 해명에 대한 창세기와 인간의 범죄에

서 해방시키며 범죄에서 예방하기 위한 각종 율법의 제정인 출애굽기와 그 율법으로는 진정한 인간회복이 불가능하다는 이스라엘이라는 왕국에서 이어지는 여러 왕들의 인간의 모습에서 본 각종 삶을 예로 든 세 부분으로 되어있다.

신약도 역시 세 부분이다.

우주의 창조자인 말씀이 출애굽의 어린 양이 되어 십자가로 인간을 죄에서 해방시킨다는 것과 그 해방된 사람들에게 사랑을 새로운 율법(계명)으로 제시하여 기독인이 살아야 할 규범을 적은 각종 서신(書信)들과 장차 이루어질 종말에 대한 계시록으로 되어있다.

구약과 신약의 구분은 예수님으로 기인한다. 구약과 신약의 통일된 주제는 예수님에 대한 계시요, 실현이며, 미래에 대한 완성을 보여준다. 이런 구조는 그 내용과 연결된 관찰일 뿐이다. 작품론에서 가장 중요시 하는 것은 형식에 관한 것이다. 여기서 성서가 히브리어나 헬라어로 기록된 문서이기에 번역된 한국어로 읽는데 있어서는 아무래도 한계를 가지게 된다. 이 한계성은 언어체계가 다른 민족들에게는 불가피한 난제이다. 그러나 한정된 범위 내에서라도 문학성의 존재 여부를 밝힐 수밖에 없다. 더군다나 음보율이 히브리어나 헬라어나 라틴어와 차이가 있어 언어 구조의 분석에 따르는 간격이 있음을 유념해야 한다.

그렇지만 형식상의 분석은 그리 차이가 나지 않는다. 양극화나 컨시트나 통징 등 형이상시의 형식에서 중시하는 분석 방법에서 본 문학성을 찾는 일이란 언어의 구조에 대한 것이 아니기 때문이다. 패러독스, 아이러니 등도 역시 마찬가지다. 이런 면에서 구조상의 형식에서 성서를 하나의 시 장르로 보더라도 크게 무리가 아닌 것으로 확인된다.

물론 성서의 거대한 서사시를 형편상 다 분석하여 밝힐 수는 없는 일이다. 다만 구약과 신약에서 한두 군데의 예문을 들어 왜 성서가 문학형식으로 보더라도 오히려 규범적인 양태를 가지고 있는 것을 말하고자 한다.

성서 안에는 항상 성격(character)이 양과 음의 위치처럼 다른 이중 구조를 가진다. 즉 서로 상반 되는 두 종류가 있다. 남자와 여자, 장자와 차자, 의인과 죄인, 왕과 신하, 주인과 종의 구분으로 인물을 설정하고 있다. 이것은 우주의 본질과 세상의 현상으로 비교하여 보더라도 쉽게 수긍이 가게 하는 고도의 플롯이요, 시적 구성인 것이다. 즉 신과 인간과의 관계는 언제나 선과 악, 진실과 거짓, 미와 추함, 정의와 불의 등으로 배치시키는 의도를 보여서 그 성격을 드러낼 때 그것을 위해 더욱 확실히 배색으로 배치해 두고자 함이다. 흰색은 검정색의 앞에서 더욱 흰 속성이 드러내기 마련이고, 역시 검정색은 흰색으로 더욱 어둠이 진해진다.

이 두 사이는 항상 긴장 관계를 가지게 된다. 이 긴장감이 시에서 노리는 양극화를 통한 내재율을 성립시키고 이를 읽는 사람으로 하여금 자극을 받게 한다.

동물과 식물은 암수를 동시에 창조했으나 인간만 남자만 만들고 사람이라는 명명의 '아담'이라는 이름을 정하였다. 이 때 남자라는 존재가 불완전함을 인식한 신은 이후 여자를 만든다. 그리고 신은 드디어 완전한 조화에 스스로 감동을 받는다. 신의 감격이야 말로 우주적 완성에 대한 만족인 것이다. 여기서 최후의 만족인 조화의 창조물인 여자라는 뜻인 '하와'라는 말이 생긴다. 여자를 만들 때 남자를 깊은 잠에 빠지게 한다는 표현은 지금은 전신 마취에 해당한다. 마취상태의 아담은 여자를 만드는 과정을 직법 바라 볼 수가 없다. 그래서 언제나 남자에게는 여자란 신비한 존재로 인식된다. 여기서 신비는 일종의 신적 성격에 가깝다. 이 신비에 의해 여자의 권유는 남자로 하여금 종교적 자세를 가지게 되며, 일종의 종교심에 의하여 선악과 사건을 여자의 권유로 쉽게 일으키게 된다. 이것이 인간의 현재 존재의 모습인 원죄의 비참한 상태가 되는 단초가 된다. 여자와 남자의 죄에 대한 동일성에서 그 음양의 간격이 통합성을 가지게 된다. 통합이란 조화를 상징할 때도 있으나 여기서처럼 오히려 남녀 구별이 역설적으로 차별이 되는 관계인 부조화를 야기한다. 남과 여의 간격을 유지하는 신비함은 친숙함으로 오는 무감각을 만들어 낸다. 친숙함이란 곧 무감각이며, 무감각은 신의 명령까지도 무감각하게 만들어, 마침내 인류의 최대 불행을 초래하게 한다는 상징성을 가지고 있다.

이 감각은 곧 카인과 아벨의 사건으로 다시 나타난다. 그들은 둘다 제사를 지냈어도 그 제사의 대상에 대한 무감각한 카인은 제사를 그릇되게 행하게 된다. 둘의 사고의 양극화는 동물과 식물의 제물로 나누게 되는데, 이 구별된 신에 대한 의식이 곧 선과 악의 기준이 된다. 결국 신과 관계를 유지하는 제사행위가 악의 기준으로 판정받은 카인은 인간 역사상 첫 살인 사건을 저지른다.

출애굽기에서는 애굽과 이스라엘이라는 지배구조와 피지배 구조를 가지고 이야기를 그려낸다. 피지배인 이스라엘은 가나안 정복을 이루어 나가면서 점차 지배구조의 신분으로 변한다. 마침내 가나안에서 신의 특별한 선택을 받은 선민으로 거듭난다. 이 선민은 피지배자의 신분을 체질적으로 가지고 있는 이스라엘 민족이 그 탓으로 애굽을 탈출할 때의 사람들은 그 가나안에 들어가는 것을 일부 몇 사람을 제외하고는 허락 받지 못한다. 노예의식으로부터 탈출 즉 여기서 구원이란 새로운 신분으로 되어짐을 말하고 있음을 알 수 있다. 그 결과 그들은 그동안 애굽의 법률이 아닌, 애굽에서 해방된 이후 광야시대에 만들어진 신의 말씀인 율법에 의해서 사회공동체를 이루는 규약이 된다.

이스라엘의 바울을 비롯한 여러 왕들도 그 율법에 성실한 태도를 취하나, 인간이 가지는 원죄의 속성에서 발생한 궤도를 그린다. 따라서 아담처럼 죄를 짓게 된다. 이 일들은 역사를 거듭하더라도 계속적으로 인류 최초 사람인 아담의 범죄를 답습한다. 신의 고민이 여기서부터 시작한다. 그 결정적인 사건이 노아의 홍수 이야기이고, 유대민족은 제2 애굽 생활이라고 할 수 있는 바벨론 포로 기간을 가지게 된다. 포로 후 시작하는 일이 성전의 재건인데, 이것은 신으로 회복되는 것을 의미한다.

위의 사건들은 신약에 와서 대칭점을 가지고 다시 예수라는 제2

모세에 의하여 죄에서 탈출인 제2 출애굽의 길을 다시 걷게 된다.

신인 예수와 가장 비천한 세리, 창녀 등은 예수라는 거룩성에 대칭되는 양극화의 배치를 등장 시킨다. 예수의 십자가 사건 자체가 신이 죄인이 되는 양극화를 이룬 지상 최대의 사건으로 등장한다. 이 죄인 신분은 '위대한 죄인인 제자'들을 배출하게 된다. 그들은 모두 스승처럼 박해 받아 죽게 된다. 선과 악의 결과인 권선징악의 이론이 은폐된 계시성으로 숨겨진 상황을 만든다.

예수의 제자와 따르는 자들을 가장 박해를 했던 바울이 가장 심한 박해를 역으로 받게 되는 일이나, 가장 높아지기 원했던 야고보의 형제들이 가장 신분이 낮은 자의 죽음을 당하는 것 등은 마치 어부라는 천민 시분이 사도라는 가장 고귀한 신분으로 연결되는 결구력에서 성서는 항상 특징적인 양극화의 구조를 가졌다고 말할 수 있다는 것이다.

예수처럼 전 생애의 비극이 부활이라는 존귀함으로 변환 전이 되는 것은 성서가 죽음과 영생이라는 양극화의 구조를 가진 대서사시의 형식을 가지고 있다는 것을 확인시켜준다.

만일 왕자로 태어나서 왕처럼 되었다면 그것은 기상(concit)이 될 수 없다. 거지가왕이 되는 거지왕자 이야기이어야 극적 형식을 가지게 되는 것과 마찬가지다.

이처럼 고대 일반적인 작품에서 볼 수 없는 형식이 수천년 전의 성서라는 작품 속에 담겨 있다는 사실은 참으로 그것 자체가 기발한 착상에 가까운 놀라운 형식을 가지고 있음을 알게 된다. 그리고 그 목적 자체도 통징적인 형식을 가진다. 즉 성서를 읽는 사람마다 뉘우치고 개심하는 소위 회개라는 가정을 겪는다. 이 회개가 바로 문학 용어로 통징에서 요구하는 결과물이다.

그런 내용상이 아닌 문장 구성상의 양극화를 살펴본다.

> 여호와여 우리 주여 주의 이름이 온 땅에 어찌 그리 아름다운지요. 주의 영광이 하늘을 덮었나이다 (1절)
>
> 주의 대적으로 말미암아 어린 아이들과 젖먹이들의 입으로 권능을 세우심이여 이는 원수들과 보복자들을 잠잠하게 하심이니이다 (2절)
>
> 주의 손가락으로 만드신 주의 하늘과 주께서 베풀어 주신 달과 별들을 내가 보오니(3절)
>
> 사람이 무엇이기에 주께서 생각하시며 인자가 무엇이기에 주께서 그를 돌보시나이까(4절)
>
> 그를 하나님 보다 조금 못하게 하시고 영화와 존귀로 관을 씌우셨나이다 (5절)
>
> 주의 손으로 만드신 것을 다스리게 하시고 만물을 그의 발 아래 두셨으니(6절)
>
> 곧 모든 소와 양과 들짐승이며(7절)
>
> 공중의 새와 바다의 물고기와 바닷길에 다니는 것이니이다(8절)

여호와 우리 주여 주의 이름이 온 땅에 어찌 그리 아름다운지요 (9절)

- 시편, 8장 전문

위 시는 다윗이 지은 노래 가사다. 주제는 '여호와의 영광'이다. 그래서 제목을 굳이 붙인다면 '영광송' 정도로 하여도 그리 틀림이 없다.

이 영광이라는 관념을 표현함에 땅과 하늘을 보아 신의 능력을 나타낸다는 진술은 천지가 창조자의 영광을 모방하고 있다는 말이다. 그런 창조물의 위대한 하늘에 있는 달과 별이 신의 손가락으로 만들었다고 표현함은 하늘의 광대함의 능력이 신의 가장 작은 손가락과 대비를 함으로 하늘의 모습만 해도 그 영광이 대단함을 표현하는데 있어 다 미치지 못한다는 내용을 은폐시킨 시다. 여기서 신의 손가락이라는 작은 부분과 하늘이라는 커다란 모습을 말함으로 두 관념사이의 관계를 적극적으로 양극화시킨 것을 알게 한다.

더군다나 2절에서 그 위대한 신의 능력으로 인해 대적들을 어린 아이와 젖먹이들에게 맡겼다는 표현은 역시 세상이 모든 영광과 능력이란 신의 능력과 영광을 다 표현할 수 없다는 역설과 반어법의 기법을 사용하고 있음을 알게 된다. 신의 위대함을 나타냄에 있어 위대한 사물이 아닌 신의 손가락이나 어린이나 젖먹이들이라는 연약한 것들을 역설적으로 제시함으로 신의 광대하신 이미지를 극대화 시켜 보여주고 있다.

이같이 성서의 표현을 간단히 살펴 보면 성서 안에 나타나는 여러 형식은 현대시가 추구하는 창작시론으로도 설명할 수 있는 부분이 대부분을 차지하고 있다. 그래서 위 시는 형식상에서 관찰할 때 뛰어난 문학성을 가진 예술작품이라고 말하게 되는 데 이를 작품론이라 한다.

4. 나가는 말

시학(詩學 poetic)이란 결국 작품의 의미를 분석하는 학문이다. 작가의 입장에서 자신의 정서를 나타내는 면을 관찰하는 것을 표현론(또는 작가론)이며, 독자에게 반응하여 얻고자 하는 자세를 효용론이라 한다. 나아가 작품이 표현하는 대상에 대해서 해석하는 면은 모방론을 말함이고, 작품 자체를 구성하고 있는 예술적 요소를 밝히는 것을 작품론이라 한다. 이 네 가지는 결국 문학을 평가하는 태도인데, 다른 말로는 비평학이라고 부른다.

이런 비평의 안목으로 성서를 살필 때 모방론은 신과 인간에 대한 것이다. 곧 신이 만든 우주에 대한 해석이다. 존재에 대한 원초적이며 본질적인 해석은 성서가 종교서이기에 더 말할 나위 없는 필요한 부분이다. 우주에 대한 해석을 다른 종교에서는 찾기란 거의 어렵다. 타 종교서적은 인간에 대한 존재론적 탐구는 있어도 인간의 진정한 모습을 비출 수 있는 대자적 존재로 제시되는 우주에 대한 제시는 대부분 구체적으로 말하고 있지 않다. 그런 면에서도 성서의 편집상의 특이함이 드러난다.

표현론은 그 신이 인간에게 바치는 사랑의 고백이며, 인간의 여러 가지 반응이다.

저자의 저술 목적은 곧 표현론인데, 이 말은 작가에 대한 관찰과 분석이라서 작가론이라고도 부른다.

성서에서 나타난 표현론의 개관은 다음과 같다. 하나님이 세상을 사랑하신다는 것과 그 사랑의 표현으로 독생자 그리스도를 세상에 보내셨다는 사실(요한복음, 3장 16절)이다. 곧 성서 작가의 진정한 표현은 십자가의 사건이 된다. 이 말은 성서의 초두인 창세기(분명한 것은 3장 15절)에서부터 시작되어 죄악세상에서 인간의 탈출을 서사시적으로 기록한 출애굽기와 죄성에 묶인 여러 왕조들로 이어진다. 계속적으로 저자의 진정한 의도가 은폐와 노출로 사슬처럼 엮어진 사랑의 마음이 성서의 전체 이야기다. 그런 주제는 사랑이라는 실체인 예수님의 등장이 필수적이며, 구원의 해결의 충분조건이며, 필수조건임을 내포하고 있다. 나아가 역사적 관점에서 완전한 구원의 완성은 역사적 재림을 통한 구속주가 아닌 다스림의 통치자의 위치 회복에서 이루어짐을 말하는 재림사상에서 하나님의 심정을 구체적으로 표현하고 있는 것이 성서라고 말할 수 있다는 것이다. 이 재림이야말로 신의 사랑의 온전한 완성을 말함이다.

성서의 효용론은 곧 성서를 만든 목적인데 그것은 인간을 구원하는 지혜를 주고자 하는 것(디모데후서, 3장 15절 하)이다. 성서를 저작한 목적은 인생으로 하여금 진정한 생명을 얻게 함과 동시에 그 인생이 풍성하게 되기를 바란다는 것(요한복음, 10장 10절)이다. 성서는 읽는 것 자체가 인간을 변화시키는 자체 능력 곧 신비한 잠재력을 가진 책이라는 것이다. 지식이 곧 행동을 유발하는 지혜로 이어지는 내용을 담은 것이라는 뜻이다. 그것은 야고보서의 주제와 동일한 것으로 동양의 양명학에서 말하는 지행일치(知行一致)가 성서의 신행일치(信行一致)라는 주제와 유사함을 알게 된다. 지식은 그 지식이 가지는 효용성을 작품자체가 스스로 가지고 있는 것이다.

작품론은 작품을 구성하는 문학성(예술성)의 구성 요소를 이론적으로 밝히는 것인데, 성서에서도 현대 시문학이론과 동일한 구성 요소가 있음을 알게 되었다.

여기서 사정상 양극화나 기상 등의 형식상에서 비록 작은 부문을 다루었을 지라도 성서는 고대문서이지만 현대이론에 의해서 그 문학적 작품성이 가장 규범적인 것도 알게 된다. 어느 문학 작품이나 그 내용을 드러냄의 방법인 이 작품론을 밝히는 형식주의 비평에서 볼 때 현대시가 가지는 방법론과도 동일함을 밝힐 수 있다. 그것은 현대시 특히 형이상시의 특성인 이미지의 양극화나, 기상이라는 통합적 감수성으로 이루어지는 두 이미지의 결구력이나, 소위 순수한 통징이라는 문학적 감화를 통한 목적 등이 성서의 표현기법에서 주축을 이루고 있음은 본문에서 간단히 밝힌 바 있다.

이처럼 현대시를 분석하는 방법인 위의 네 가지의 문학론으로 성서를 간략히 살펴본 바와 같이 성서는 시학의 이론으로 평가해 볼 때도 문학적 위대성을 분명하게 드러내고 있음을 알게 된다. 결국 문학이란 내용을 어떻게 표현하느냐 하는 드러냄의 방법론이기 때문이다.

이미지즘으로 보는 성서문학

1. 들어가는 말

고전적인 의미의 시는 운율을 중요시 해왔다. 운율은 청각에 호소하는 것으로 음악성을 중요시한다. 일종의 노래가사여서 시를 시가(詩歌)라고도 부른다. 그러나 현대시는 이미지를 중요시 한다. 회화적인 면을 강조하여 청각대신 시각적 감각에 의존하기를 좋아하는 것이 현대시의 특징이라고 말할 수 있다.

이미지란 마음속에 그리는 사물의 감각적 현상이라고 하는데 이것을 형상(形象) 또는 심상(心象)이라고도 부른다. 루이스가 말하듯이 시의 이미지란 언어로 마음에 그리는 그림이라는 말로 정의를 하게 된다. 흄이 선구자적으로 이미지라는 언어를 사용하였다.

시에서는 추상적이고 관념적인 언어를 구체적이고 감각적인 언어로 표현해야 한다는 현대시 시창작 기법의 이론적으로 체계를 세우게 된 것이다.

성서가 내포하고 있는 우주의 원리(신의 의지나 섭리)나 그 법칙(신의 뜻)은 모두 영적인 것들이다. 왜냐면 신이라는 존재가 형태가 없는 영적 존재이기에 성서가 밝히고 있는 내용은 초월적이고 관념적일 수밖에 없다. 성서가 언어로 만든 문학작품으로 본다면 역시 초월과 관념을 인간의 감각으로 이해되게 하는 언어 예술인 시의 효율성의 기능과 같을 것이다.

성서에 나타나는 여러 이미지들을 현대시에서 추구하는 기법과 어떤 유사점이 있는가와, 또한 그 이미지를 사용하는 작가의 의도를 살펴봄으로 성서라는 작품 속에서 추구하는 미적 감동을 극대화 시키는 이미지의 문학적 기전과 양태를 알아보고자 한다. 성서 속에 나타나는 각종 이미지를 살피기 위해서는 문학에서 사용하는 그 의미를 정리한 후, 그 용어의 의미 한계 내에서 성서의 문학적 이미지를 고찰하기로 한다.

2. 이미지즘의 개관

먼저 이미지에 대하여 간단하게나마 살필 필요가 있다.

이미지(형상)란 직관에 의한 감각으로 만드는 뇌리 속에서 그려내는 화면 같은 것이다. 이 형상이라는 작용은 사람이 체험에 의하여 구성된 경험의 감각 위에 시인의 상상적 체험이 어우러져 만드는 것이다. 이것은 예술에서 심리적 심미성을 유발하는 기초가 되는 것으로 시에서는 아주 중요한 미적 바탕(기저)을 이루는 것이다. 이미지의 넓은 의미는 작품 속에서 나타나는 감각과 지각의 모든 개념을 포괄하는 것이며, 좁은 의미로는 수사학적으로 사용하는 미적 형상에 국한시키는 것을 말한다. 이 수사학적인 면에서 보는 협의적 정의는 시각적 대상으로 시각화 시키는 행위를 말한다. 그러나 쉽게 말하면 보통 비유 기법의 직유와 은유라는 방법을 이용한 사물이나 사건으로 변용하는 것을 말함이다.

그럼 왜 작품에서 이미지로 만드는 소위 형상화 작업이 필요하게 되는 것일까. 이 말은 이미지의 특성에 대하여 말하는 것으로 루이스는 이미지의 역할을 세 가지로 구분하여 강조하고 있다. 그것은 신선감과 강렬성과 환기력을 위한 시도로 본다.

신선감이란 시인이 말하는 정서의 친숙성에서 벗어나게 하는 낯설게 만들기에서 오는 감각과 동일한 것이다. 창작이란 대상을 새롭게 인식함으로 새롭게 해석하는 과정을 거쳐 작품을 만드는 행위인데, 이 새롭게 만들기 위해서는 이미지를 새로운 감각으로 구성하여 창출하여야 한다는 것이다. 이것이 곧 신선감을 가져오는 소인이 된다.

강렬성이란 시라는 작품이 설명의 기능과는 반대로 은폐를 시도하고, 지시어보다는 함축성을 가지는 대상으로 치환해서 만들어지는 것을 뜻한다. 강렬성이란 정서나 관념의 특성인 불가시성을 이미지화하여 오감각적으로 인지할 수 있는 가시성의 사물이나 사건으로 만드는 기전에서 생기는 심리 현상을 말한다. 이 강렬성은 의미가 육화되어 생기는 것을 말함이다. 곧 시 창작기법에서 정서에서 도피해야 한다는 말처럼 의미의 육화를 위한 과정을 위해서는 이미지가 필수적일 수밖에 없다.

마지막으로 환기력이란 시를 다른 사물로 회화적으로 보여 줌으로 시인이나 독자가 그 사물이 가지는 특성에 내포된 기의를 기표로 만들어냄을 말한다. 이 밖에도 이미지란 그려내는 감각에 의해 시에서 진정성을 가지게 된다.

이미지를 효과적으로 구현하기 위해서는 그 이미지가 간결하여야 하고(간결성), 누구나 이해 가능한 평범한 단어를 사용해서 모호한 말이나 의도적인 꾸밈이 없는 말을 사용하여야 하고(평이성), 일상생활에서 사용하는 일상어를 사용하여야(자연스러움) 한다. 로우웰은 이런 일단의 이미지의 특성을 간추려 이미지스트의 선언을 한다.

간략하게 간추린다면 시어는 일상어를 사용하여야 하고, 이미지를 통해서 새로운 리듬을 창조하여야 하며, 이미지에 사용되는 제재는 자유롭게 선택하며, 이미지는 명확성을 가지고 제공하여야 하고, 이미지의 양태는 견고성을 구축해야 하며, 이미지를 통해 시는 긴축되고 집중적인 단일성을 가지어야 한다고 말한다.

그런데 이미지가 재현이라는 감각 현상을 만드는데, 이것을 이미저리(imagery)라고 말한다. 플레밍이 말하기를 신체적 지각이나 기억 , 상상 , 꿈, 열망에 의해서 마음속에서 만들어 진 것이 이미지(image)이고 언어를 통해서 마음속에 생산 된 것이 이미저리(imagery)라고 했다. 곧 이 말은 파운드나 리처즈 등이 말한 대로 단순한 시각적 현상이 아닌 시인이나 독자가 과거에 체험된 감각의 지적인 현상인 재생이라는 뜻의 재현을 위한 목적임을 알 수 있다. 예를 든다면 신의 재현이 곧 예수라는 그리스도임을 말할 때 불가시성인 로고스인 신이 감각적으로 만지거나 볼 수 있는 육신의 모습으로 나타났다는 뜻에서 육화(肉化,incarnation)라고 말하듯이 문학에서도 시인의 정서가 이미지를 통해서 마음속에서 육화(incarnation)되는 것을 이미지화 곧 형상화 시켰다고 말한다.

그럼 이미지에는 어떤 종류가 있을까. 보통 구분의 기준이 언어에 의한 것일 때는 정신적 이미지(mental image)와 비유적 이미지(figurative image)와 상징적 이미지(symbolic image)로 나눈다. 그리고 인식의 기준에 따라서는 절대적 이미지나 상대적 이미지로 분류한다.

우선 언어의 활용기준에 따른 정신적, 비유적, 상징적 이미지를 살펴본다.

첫째 정신적 이미지란 언어에 의해서 마음속에 떠오르는 감각적 이미지를 말한다. 이 감각이란 시각, 청각, 촉각, 미각, 후각 등 기본적으로 오감각을 말한다. 이외 여러 가지 특이한 감각들이 존재한다. 그러나 모든 감각은 외부 자극에 대한 뇌의 인식의 현상인데, 모두 신경계통을 따라서 그 자극이 뇌에 전달되어 뇌속에서 화학적 반응에 따른 전기적 현상으로 생산되는 육체적 기전이다. 그러나 그 기전에 의해서 뇌속에서 정신적인 이미지로 치환된다. 여러 감각에 의해서 생긴 정신적인 이미지는 모든 경험에 의존할 수 있어도 현대시에서는 그 견고성을 위해 시각적 경험에 의한 이미지로 바꾸어 그 경험의 확실성을 의탁한다.

두 번째인 비유적 이미지에 대한 살핌이다.

비유는 직유, 은유, 환유, 제유, 대유 등으로 구분하는 표현 기법에 따른 구분과, 말의 순서나 배열, 강조법, 설의법, 돈호법, 대구법 등의 수사법(rhetoric)에 의한 표현법으로 크게 구분한다.

세 번째로 상징적 이미지에 대한 살핌이다.

상징이란 넓은 의미로 언어의 의미를 전달하는 모든 매개체를 통칭하는 것이다. 상징의 언어가 그리스 symballein(짜맞추다)인 동사에서 유래된 것인데 그 동사의 명사형인 symboln의 뜻에 기호, 표시, 증표 등의 의미가 있다. 증표란 사람이 헤어질 때 찢어 나누어 표시하는 기호의 물건을 의미한다. 이 나누어진 것이 다시 만날 때 온전한 하나가 되는 것을 뜻하여 다른 둘의 결합으로 독립적이고 완성되는 의미를 말할 때 사용함을 알 수 있다.

상징은 어떤 대상을 이해시키는 작용을 거든다. 그 작용에 의해 대개 동일성과 다의성과, 암시성과 문맥성을 가지고 온다고 한다.

상징은 원래의 뜻(원관념)을 감추고 있기 마련이다. 따라서 상징적 이미지는 은유이미지와 달리 그 의미의 명확성을 분명히 드러내지 않게 되는 것이 특성이다.

시에서는 은유와 상징과 기호를 구분하지 않는다. 그러나 이 세 가지는 서로 성격을 달리한다. 은유는 서로 비유하는 원관념과 보조관념이 확실히 구분되어 있고 상징은 원관념이 생략되어 있다. 기호는 현상을 말함이고, 상징은 본질을 나타낸다. 따라서 기호는 난해성을 가지게 되고, 상징은 모호성을 가지게 된다. 기호는 대상을 구체적으로 이해하는 것이어서 관습적 상상력에 의존하고, 상징은 상상력을 동원하여야 그 이해가 가능하다.

관습적 상징은 사회와 밀접한 관계에 의해서 만들어 진다. 즉 보편적 사고를 통해 이루어진다. 그러나 현재 존재하지 않는 관습인데도 오랜 기간 인류의 역사가 되풀이 되는 동안 반복된 무의식 속에 존재하는 것을 원형상징이라 한다.

다음은 인식의 기준에 따른 절대적 이미지와 상대적 이미지의 관계를 간략하게 해석한다.

절대적 이미지는 특정시인의 상상에만 존재하는 것이고, 상대적 이미지는 대상이 존재하는 시어인 것이다. 자기 개인적인 상징은 주관적이고, 상대적인 이미지는 보편적이어서 공동체가 가지는 규범적 가치(종교나 윤리)를 인정하고 존중하는 태도를 가진다. 그러나 절대적인 이미지는 개인적인 상징이기에 자기 시적인 세계에만 존재하는 이미지가 된다.

절대적 이미지는 전통언어 사용의 해체를 통해 이루어진다. 이 이미지는 김춘수와 이승훈 등의 시에서 쉽게 차용하고 있음을 알게 된다. 이 절대적 이미지는 보편적 언어의 기의에 얽매이게 하지 않으려는 시적 자유라고 할 수 있으며, 그것은 이미지의 비친숙성을 위한 또 다른 단면으로 볼 수 있다.

3. 성서 안에 나타난 이미지

앞서 말한 이미지를 넓은 의미에서 바라본다. 은유냐, 상징이냐, 원형심상이냐를 떠나서 시의 변용이라는 의미에서 이미지를 살핀다. 변용이란 얼굴 바꾸기라는 뜻인데 그것은 얼굴이 다른 형상을 가지는 것을 말한다. 그런 의미의 포괄적 이미지에 대한 성서 안에 나타나는 몇 가지의 대표적인 이미지를 들어 보고자 한다.

우선 인류의 최대사건이자 첫 사고인 선악과에 대한 이미지를 문학적으로 살피고자 한다. 이 선악과의 장소는 에덴동산이다. 에덴동산은 신이 만든 인간에게 가장 유익을 주는 장소였다.(창세기, 2장 15절) 인간의 존재가치인 의미가 동산에 있는 것이다. 신과 더불어 인간이 자연과 조화로운 관계 상태로 살아가는 곳이었다. 그곳의 등장인물은 신과 아담과 하와와 뱀이다. 지금은 신이 불검으로 지켜 인간과 격리된 선악과나무가 있어 그 나무의 열매를 먹으면 선과 악의 구분이 가능해지는 존재가 된다. 이 선과 악의 기준은 인간의 영역이 아니라는 신의 당부처럼 그 선악과를 먹는 순간 인간은 순수한 인간이 아닌 창조될 때의 목적과 다른 존재가 되는 것이다. 원초적인 목적이 상실되는 상태, 즉 신의 세계로부터 추방되는 인간이 가졌던 본래의 가치의 상실이 곧 죽음이다. 인간

상실이란 신의 체계에서 분리되는 행위로 그 분리가 죽음이라는 것이다. 선과 악은 영원한 절대적 가치를 판단하는 능력을 말함인데, 이것은 인간에겐 그런 능력과 자격이 없는 것으로 일종의 절도행위의 범죄가 된다. 이 범죄란 피조물인 인간의 범주를 벗어난 신에 대한 도전행위인 것이다. 선악이라는 영원성의 가치는 인간이 보듬을 수 없는 것이다. 그것은 신적 행위이며 신만이 가능한 기능을 인간이 소유하게 된다는 것에서 범죄행위가 된다는 것을 말함이다. 이것은 인간의 감각(창3;6)으로 오는 비이성적인 태도에서 유래한다. 즉 로고스의 부재를 뜻한다. 인간이 창조 당시 가졌던 이성의 타락으로 변질된 존재가 된 것이다.

다만 문학의 용어로만 해석한다면 선악과가 세상에 존재하지 않는다는 점에서 그것은 상징에 해당한다. 즉 경험을 할 수 없는 일로 인간의 무의식 속에 담긴 원형심상이라고 할 수 있어 원형 상징이라고 말함이 타당하다.

그러나 뱀의 유혹은 비유를 통한 이미지화라고 할 수 있다. 물론 뱀을 역사적 사건이라는 신앙적 견해를 부정하고자 하는 것은 아니다. 여기서는 성서의 문학성을 살피는 방법론적인 경로를 말하고자 할 따름이다. 성서에 나타나는 치유의 기록들을 현대의학으로 그 진위여부를 판단하려 시도하는 것이 매우 어리석은 일이 되듯이 신학의 변증이나 창조론을 옹호하는 과학적 변론을 하고자 하는 것이 아니듯이 말이다.

뱀의 이미지는 움직이는 시각적 형태가 교활하다. 형태도 징그

럽다. 그 피부라고 할 수 있는 껍질은 유혹을 떠오르게 하는 매우 현학적이지만 결코 아름다울 수 없다. 특히 쉬지 않고 널름거리는 뱀의 혀는 악의 세계에서 볼 수 있는 강렬한 유혹의 요구와 매우 흡사하다. 이만큼 뱀의 혀만큼 절대적 유혹을 이끌어 내는 선명한 것은 다른 대상에서는 찾기 어렵다. 우리는 뱀의 시각적인 모습에서 인간을 죄의 구덩이로 타락시키려 하는 사탄의 집요한 모습을 뇌리 속에 만들게 된다. 곧 뱀은 불가시적인 사탄의 모습으로 대치되어 사탄의 형상으로 인식하게 된다. 이것이 사탄의 이미지화 곧 형상화라 할 수 있다.

그 반대의 이미지는 소위 원초적 메시아 구원에 대한 구절을 들 수 있다. 창세기 3장 15절에서 하와의 후손(여자의 후손)으로 뱀의 후손(사탄에 속한 존재)의 머리를 상하게 한다는 말에서 나오는 여자의 이미지는 중요한 구원관의 시발점이 됨을 인식하게 된다.

여자란 우주의 최후 창조물로 완전을 내포하는 존재다. 즉 아담에게 주는 정복하는 남성적 모습이 아닌 부드러운 도움을 주는 돕는 배필(창세기, 2장 20절)로 완전함을 뜻한다.(창세기, 2장 24절) 이 돕는 자의 도움이 변질 될 때 그 완전함이 파괴되는 것이다.(창세기, 3장 6절)

조화란 항상 선한 것을 의미한다. 이 선이 파괴된 것을 악이라 하는데, 이것은 곧 조화의 파괴다. 이 조화의 회복은 여자의 후손으로 이루어진다는 구약의 메시아 등장과 신약에 그리스도로 나타나는 독생자를 통한 구원관과 연결된다.

우즉 구원을 이루어 나가는 형태는 여성적인 이미지다. 여성적 이미지란 모성애적인 태도가 특징이다. 전투에 의한 것이 아닌 부드러운 여성상에서 구원의 이미지를 추측하게 한다. 여성의 특성인 비폭력적이고, 모성애적으로 상대에 대한 배려이며, 눈물에 젖은 사랑에 의한 구원방법론을 형상화 하였다고 해도 그리 틀리지 않을 것이다. 이 이미지는 장차 구원인 메시아의 모습이 이사야서 53장에 구체적으로 나온다. '그는 주 앞에서 자라나기를 연한 순 같고 마른 다에서 나온 줄기 같아서 고운 모양도 없고 풍채도 없은즉 우리의 보기에 흠모할 만한 아름다운 것이 없도다.'(이사야, 53장 2절) '그는 강포를 행하지 아니하였고,(이사야, 53장 9절) 등의 구절은 그런 면에서 해석이 가능하다.

또한 여자의 후손이란 결국은 구원이 인간의 책임임을 규정해준다. 즉 구원자는 인간이어야 한다. 그래서 예수라는 신이 인간의 모습으로 오게 되는 과정이 있어야 하는 당위성을 가진다. 죄가 없는 신적 존재, 그리고 인간의 책임을 지는 인간 대표자로서의 위치를 구원자가 가짐으로써 용서와 체벌이 동시에 이루어져야 하는 논리가 생긴다. 이 양면성을 만족 시키는 요건을 갖춘 자가 메시아(그리스도)가 되는 것이다.

위와 같은 신학의 단면을 읽어 낼 수 있게 하는 이유는 뱀이라는 사물과 여자라는 대상의 이미지에서 파생된다는 것을 미루어 가능케 하는 빌미를 제공해 준다 할 수 있겠다. 이같이 이미지란 강렬한 환기성을 가진다는 시론에 의탁하더라도 매우 합당한 근거가 된다는 사실을 알게 된다.

두 번째로 생각해보는 것은 놋뱀의 이야기다.

민수기 21장 6~9절에 나오는 이 사건은 출애굽하던 중 광야 생활을 하던 시기에 일어난 일이다. 이스라엘 백성들이 광야 생활에서 생기는 불편과 고통으로 출애굽을 불평하고 원망하던 중에 하나님이 불뱀을 보내어 이스라엘 백성을 물게 하여 많은 사람이 죽게 되었던 사건이다. 이때 모세가 하나님으로 부터 치료 처방을 받는데 그 방법은 불뱀을 놋으로 만들어 장대에 매달아 세우면 그 놋뱀을 보는 사람 누구나 살게 된다는 이야기다. 바라보는 것만으로 죽음에서 탈출할 수 있다.

여기서도 불뱀과 놋뱀 두 뱀의 종류가 나온다. 불뱀과 놋뱀에서 죽음의 원인과 대책인 구원의 해결책이 동시에 나온다.

뱀이란 통상 사탄을 의미한다. 곧 사탄의 이미지다. 그것에서 불평과 원망은 악한 사탄적인 것이라는 사실을 상상하게 만든다. 불뱀이라는 단어가 주는 이미지는 불의 형태나 속성으로 그 뱀의 형태나 속성을 나타내는 것으로 급한 운동력과 강렬한 독성을 가진 뱀으로 해석 될 수 있다. 불뱀은 지금 실지로 존재하지 않더라도 그 언어를 구성하고 있는 사물의 속성에서 상상을 동원하여 이미지를 만들어 준다. 이것을 상징적 이미지라고 한다.

그럼 불뱀이 사탄의 이미지라면 놋뱀은 무슨 이미지일까

이 구절에 대하여 예수님이 스스로 해석한 구절이 있다. '모세가 광야에서 뱀을 든 것 같이 인자도 들려야 하리니 이는 저를 믿는 자마다 영생을 얻게 하려 하심이라'(요한복음3장 14절)는 말에서 놋뱀이 약 1500년 전에 있었던 사건이 신약의 신학을 연결해주는 비유이자 상징으로 존재함을 알게 된다. 이 두 가지가 실제 사물로 나타나는 것을 신학에서는 예표라는 술어로 사용 한다. 즉 상징은 마지막까지 구체적인 대상이 숨겨져 있을 때 사용하는 용어이며, 그 대상이 구체적으로 표출되면 예표나 그림자라는 용어로 대치된다.

그러나 놋뱀이 구원을 주는 것은 아니니다. 문맥을 자세히 살피면 놋뱀은 단순한 사물일 뿐이다. 그 놋뱀을 '쳐다 보'는 행위에서 효력이 발생하는데, 그것은 신의 말씀에 대한 순종행위에서 그 효과가 발생한다는 사실을 알게 된다. 놋뱀이 직접 치료하는 능력을 발휘하는 것은 아니다. 다만 그 상징성에서 예수의 십자가 사건과 밀접한 관계가 있는 예표로 나타나는 것이다.

이런 일들에서 십자가 사건자와 인간의 반응이 구원을 완성하는 이중적 구조를 가지고 있음을 말하고 있다. 이 이중적 구조 중 인간의 책임인 반응이라는 관계를 믿음이라고 부른다는 해석이 가능하다.

장대에 매달림은 십자가와 같은 저주로 용서는 그것에 따르는 희생이 필요하다는 것을 내포한다. 이것은 신적 공의(公義)를 보여줌으로 신이라 할지라도 자기 아들을 죽여야 하는 자기희생을 통한 사랑을 은밀하게 보여준다.

이 놋뱀의 상징성에서 의료의 분야에서는 지금도 그 문장(紋章)

을 원용하여 많이 사용하고 있다. 놋뱀이라는 사물에서 견고한 이미지가 창출되어 읽는 사람으로 예수님의 십자가의 매달림의 구속 사건의 배경이 되는 소위 원경화(遠景化)를 이루는 요소가 된다. 즉 놋뱀으로 전경화(前景化)를 만드는 뒷배경에는 예수님의 십자가 사건을 사전에 깔아 놓은 메시야의 비의(秘意)가 실려 있는 문학적 작업이 되는 것이다.

여자의 후손에서 시작하는 메시야의 속성이 어린 양과 놋뱀으로 진행하여 마침내 십자가 사건으로 점진적으로 나타나는 과정을 신학에서는 점진적 계시라고 부르는데, 그 비의가 시간의 흐름에 따라 점점 선명하게 노출되는 것을 말한다. 즉 놋뱀은 은폐된 예수님의 이미지이며, 예수님은 갑자기 나타난 것이 아니라 인류 역사와 함께 등장하는 창세기적인 구원을 완성시키는 원관념이 되는 것으로 상징적 이미지라고 말할 수 있다.

다음은 역시 출애굽 시대의 이야기 중 여리고성의 승리 이야기다.

이 이야기는 여호수아서 6장에 나오는 내용으로 이스라엘 백성이 전투도 없이 대승을 거둔 여리고 성이야기다.

> 이에 백성은 외치고 제사장들은 나팔을 불매 백성이 나팔 소리를 듣는 동시에 크게 소리 질러 외치니 성벽이 무너져 내린지라
>
> — 여호수아, 6장 20절

이 장면은 이스라엘 백성이 매일 여호와의 궤(법궤)를 앞에 메고

일곱 번 성을 도는 행군의 마지막 날에 함성을 지르자 적군의 성이 파괴되었다는 내용이다. 언뜻 보면 아주 신화적인 이야기다. 그러나 그 내용 후에 기생 라합과 그 가족을 구원하는 약속을 지키는 사건이 나오는 것을 볼 때는 매우 구체적인 역사성을 가지고 있다.

여기서는 문학적인 여리고성의 상징적 이미지를 찾고자 한다. 성서를 보면서 가장 튼튼한 성이 그냥 저절로 무너져 내리는 원인을 설명하고자 하는 과학적 해명을 하고자 함이 아니다. 이 장의 주제인 여리고성의 이미지가 무엇인가를 상상해 보자는 뜻이다.

우선 기생 라합에서 그 해답의 개연성을 찾아야 한다. 기생이 있는 여리고성에서 이스라엘 염탐꾼(간첩이나 스파이 또는 정보원)을 도와준 사건에서 여리고성은 죄악의 상징임을 상상해 볼 수 있다. 이때 이것을 우리가 동의한다면 그것은 작가나 독자는 상상적 형상화(이미지화)가 되었다고 말할 수 있다. 즉 죄악의 무너짐은 자멸한다는 내용이거나 아니면 신의 보이지 않는 역사에 의한 결과라는 것을 말하고자 하는 의미망이라고 해도 그리 틀림이 없을 것이다. 그러나 이런 이미지가 환기성을 가진다는 앞에 말한 조건에서 신약에 나타난 원관념으로 볼 때 예수님이 죄악을 이긴다는 신학의 해답을 유추할 수 있는 단초가 될 수가 있다. 죄악에서 해방은 인간의 계획이나 노력이 아닌 신적인 능력으로만 가능하다는 논리를 제공하고 있음이다. 즉 여리고성은 예수님의 구원관과 연결시키는 상상력에서도 설명이 가능한 상징적 이미지라는 것이다.

또한 여리고성을 무너뜨렸던 지도자는 여호수아라는 인물에서도 상징성을 찾아 볼 수 있다. 즉 이 인물도 예수님의 상징적 이미지라는 말이다. 이름이 가지는 의미도 같은 뜻을 가졌음에서 어원적으로 동일한 사실인 것을 볼 때 전체적인 성서의 흐름에서 여호수아와 예수는 동일한 저자의 기획물이라는 확대 해석이 가능하다. 여기서 성서의 단일 주제인 구속사적인 서사시의 흐름을 스스로 밝히고 있다. 창세기에서 다섯 권을 저술한 모세라는 저자와 여호수아서를 기록한 저자의 통일성을 이미지즘으로 해석해 볼 때 두 저자는 단일 주제를 계속적으로 제시하고 있다. 그런 면에서 성서가 전체적으로 신의 감동으로 된 책으로 유기적 영감설을 주장하는 이론적 타당성을 뒷받침 해준다. 한 사람에 의해 사전 편집된 동일된 주제를 여러 저자들에게 원고를 청탁하여 만든 여러 단편들로 묶은 문학서적의 모습을 성서가 가지고 있음은 성서가 사전에 의도된 저작물이라는 것이라고 해도 그리 지나친 해석이 아닐 것이다.

구약의 희생제물인 어린양도 신약에 와서 세례요한의 설교에 나오는 어린 양의 이미지가 예수님을 상징하는 곧 예수님의 상징성 이미지라는 것을 성서가 스스로 말하고 있음을 알 수 있다.(요한복음, 1장 29절) 구약에 나오는 여러 이미지중 가장 중요한 대상인 어린 양이 신약에서 그 의미가 해석되면서 구체적으로 대상이 노출된다. 어린 양이 예수님이라는 말은 인간을 구속할 희생양이 구속자의 원관념에 대한 보조관념으로 사용된 대상임을 알게 된다. 누가 어린 양이라고 말하면 우리는 경험을 통해 습득되었던 지식과 정보가 뇌 속에 저절로 입력이 된다. 이같이 메시아인 예수님의 속성을 연상할 때 뇌리에서는 어린 양의 이미지를 가지고 상상한다는 것이다. 다른 말로 말하면 메시아라는 말을 떠올릴 때 메시아의 형상이 왕의 모습이 아닌 어린양의 제물이 된 모습으로 연상하는 것을 알 수 있다. 이미지즘의 선언처럼 일상에서 흔히 접하는 간결하고 모호하지 않은 평이한 대상인 어린 양이라는 사물로 치환시켜 메시아라는 관념을 어린 양이란 모습으로 시각화 시킨 것이 시적 형상화인 것이다.

다음은 한 편의 시편을 통해서 성서에 나타나는 이미지의 모습의 단면을 구체적으로 들어 본다

하나님이여
사슴이 시냇물을 찾기에 갈급함 같이
내 영혼이 주를 찾기에 갈급하나이다

내 영혼이
하나님 곧 살아 계시는 하나님을 갈망하나니
내가 어느 때에 나아가서 하나님의 얼굴을 뵈올까

사람들이
종일 내게 하는 말이
네 하나님이 어디 있느뇨 하오니
내 눈물이 주야로 내 음식이 되었도다

내가 전에 성일을 지키는 무리와 동행하여
기쁨과 감사의 소리를 내며
그들을 하나님의 집으로 인도하였더니
이제 이 일을 기억하고 내 마음이 상하는도다

내 영혼아
네가 어찌하여 낙심하며
어찌하여 내 속에서 불안해하는가
너는 하나님께 소망을 두라
그가 나타나 도우심으로 말미암아
내가 여전히 찬송하리로다

내 하나님이여
내 영혼이 내 속에서 낙심이 되므로
내가 요단 땅과 헤르몬과 미살 산에서 주를 기억 하나이다

주의 폭포 소리에 깊은 바다가 서로 부르며
주의 모든 파도와 물결이 나를 휩쓸었나이다

낮에는 여호와께서 그의 인자하심을 베푸시고
밤에는 그의 찬송이 내개 있어
생명의 하나님께 기도하리로다

내 반석이신 하나님께 말하기를
어찌하여 나를 잊으셨나이까
내가 어찌하여
원수의 압제로 말미암아 슬프게 다니나이까 하리로다

내 뼈를 찌르는 칼 같이

내 대적이 나를 비방하여
늘 내게 말하기를 네 하나님이 어디 있느냐 하도다

내 영혼아 네가 어찌하여 낙심하며
어찌하여 내 속에서 불안해하는가
너는 하나님께 소망을 두라
나는 그가 나타나 도우심으로 말미암아
내 하나님을 여전히 찬송하리로다

— 시편, 42편 전문

위 작품의 연은 성서에 나온 절을 따라 부분했으며, 행은 작의적인 임의로 만들었다. 즉 1절이 1연이 된 것이다.

이 작품은 특별히 다른 시편들과 달리 시편 제2권이라는 분류가 된 것으로 고라의 자손의 교훈이라는 주해가 달린 것이 특징이다.

먼저 간단하게 시의 인상비평(감상비평)은 메튜 헨리의 주석을 참조하여 의미를 이해면서 이미지즘이라는 주제의 형식을 이끌도록 하겠다.

시인은 하나님의 은혜를 갈구하지만 아직 응답이 없는 것을 안타까워하며, 또한 사람들이 하나님을 인정하지 않고 비아냥거리는 불신의 세태를 가슴 아파하는 노래다.

전체적인 주제는 하나님께 대한 거룩한 사랑의 고백이며 하나님으로 받는 위로다.

1~2연(절)에서는 하나님께 목말라하는 거룩한 사랑의 고백이다.

하나님을 모든 인간들이 기억하기를 바라는 거룩한 열망 속에서 고양되는 사랑이다.

화자(시인)는 '사슴이 시냇물을 찾기에 갈급함 같이' 신에 대한 갈망을 하고 있다. 이 말은 하나님이 최상지고(最上至高)의 가치인 것을 아는 자는 그 가치를 소유하기를 바라는 간절한 태도를 가지고 기다리는 것을 알게 하는 구절이다. 그 가치를 갈망하는 모습을 사슴과 시냇물을 들어 직유로 비유하여 시각적인 이미지를 만들고 있다.

사슴이란 순수하고 고결한 동물의 이미지를 지니고 있다. 이것은 화자의 영혼의 모습을 살필 수 있다. 즉 사슴으로부터 하나님을 갈망하는 자의 순수한 신앙심을 유추해 볼 수 있다. 시냇물에도 마찬가지다. 갈증을 가진 사슴이 시냇물의 순수성을 통해 하나님의 순수한 사랑을 요구한다. 또한 그 사랑은 단순한 치장이 아닌 생명의 존재를 가능케 하는 원초적인 갈망이다. 이런 내용을 설명이 아닌 경험을 통해 얻거나 상상을 통해 추론할 수 있는 사물을 통해 뇌리 속에서 그려지는 그림으로 시각적으로 보여주는 시적 행위를 시각적 이미지라고 한다.

3연에서도 마찬가지다. '내 눈물이 주야로 내 음식이'라는 진술은 비유의 언어다. 하루 종일 울고 있다는 표현을 눈물이 주야로 음식이 된다고 표현하고 있다. '밥 먹듯 일상화' 되었다는 뜻이겠다. 여기서도 화자의 눈물은 슬픔이 아닌 신에 대한 사랑의 열정인 것을 볼 수 있다. 마치 반응이 없는 사랑하는 사람 앞에서 울고 있는 여인의 간절한 모습을 그림처럼 보여준다. 하나님의 은혜를 갈구하는 인간의 종교적 구도의 모습을 관념적으로 설명하지 않고, 그것과 객관적으로 밀접한 상관이 있는 사물을 들어 묘사를 통한 진술에서 이미지가 생기는 것을 알 수 있다. 이런 시 예술의 작업에 이용하는 사물을 엘리엇은 객관적상관물이라고 말했다.

4연에서도 같은 고백이다. 그는 종교적 행사에서 의식하는 것으로부터 신적 대면을 통한 신과 화자의 관계가 회복되기를 간절히 바라고 있다. 종교라는 행사에서 관념적으로 존재하는 신앙인이 아닌, 신 앞에 서있는 진정한 의미의 신앙인으로 신과의 관계를 간절히 바라고 있음을 알 게 된다.

5연에서는 신과 개인적인 관계가 이루어지지 않는 단지 종교 행사에 참석했던 종교인으로는 그 근본 문제가 해결되지 않는 것을 깨닫고 신의 개인적인 임재를 간절히 바라는 것이다. 4연에서 사람과 사이에서 해결하려는 태도에서 '하나님께 소망을 두라'고 사고의 방향을 선회하고 있음을 알게 된다. 이것은 인간의 입장에서가 아닌 신의 능력으로 관심의 중심을 이동시키는 모습은 신념에서 신앙으로 신의 도움과 은총을 향한 마음 자세의 변화를 말한다.

6연부터는 화자의 낙심(절망의식)의 상태가 담겨 있다. 이 낙심의 모습을 이미지를 통해 그 정도를 말해주고 있다. '요단 땅과 헤르몬과 미살 산에서 주를 기억하나이다'라는 구절에 나오는 요단 땅과 헤르몬과 미살 산은 가나안 변방인 자기 영역의 끝 지역이다. 화자가 말하는 이 지역은 자신이 세계의 끝에 서있음을 의미한다.

또한 끝에 서 있다는 의미는 낙심의 상태가 물러갈 수 없을 정도인 절망의 벼랑 끝에 있다는 것을 말한다. 당시 이 시를 읽는 사람은 그 지역의 특성과 조건을 고려해야 화자의 절망이 어떤 극한 상태인가를 상상할 수 있다. 서술적 진술이라면 '사람이 감당할 수 없는 아주 심각한 지경까지'라는 것이 될 것이다. 그러나 예시처럼 극도의 낙심이라는 관념의 표현을 지역의 양상을 열거함으로 그려내는 이미지는 역시 루이스가 말하는 강렬성의 효과를 가져오고 있음을 확인하게 된다. 또한 그런 심각한 지경에서 '주를 기억'한다는 말은 어떤 경우에도 신에 대한 신앙의 자세가 변하지 않고 있음을 간접적으로 환기시켜 보여준다. 이같이 이미지의 기능이란 신선감과 강렬성과 환기성을 이루어 준다.

7연에 나오는 '폭포소리에 깊은 바다가… 휩쓸었나이다.'라는 구문의 의미는 신이 자연을 지배 하는 의미를 뜻하는데, 급하고 위험한 사물을 보여줌으로 신의 지배를 받는 자연의 모습에서 모든 힘든 것도 다 신의 관심 밖에 있는 것이 아니라는 것을 내포하고 있다. 즉 욥의 이야기처럼 어떤 상황도 신의 섭리 속에 있음을 이미지로 보여주는 것이다.

8연의 낮과 밤 동안 그 인자에 대한 찬송이 있음을 자각하게 된다. 그래서 화자는 기도하게 된다는 말을 한다. 폭포와 바다를 구경한 일이 있는 사람의 뇌리 속에 자연히 그런 연상이 그려지는 것인데, 여기서도 이런 현상을 이미지화 시켰다고 말할 수 있다.

9절의 '반석'이란 움직이지 않는 절대성을 말한다. 낙심과 절망으로 흔들리는 인간의 심리가 신에 의해서 흔들리지 않는 단단하고 굳건한 신앙과 사랑의 모습을 반석이란 사물로 대신 그려내고 있다. 이것도 역시 흔들리지 않고 존재하는 바위를 통해 이미지의 기능이 나타나게 하는 시적 작업인 것이다.

10연에 '뼈를 찌르는 칼'이라는 인간이 신을 부정하고 그 시인은 침묵하고 있을 때 신앙인이 당하는 의로운 분노나 아픔을 말한다. 뼈나 칼은 아픔이나 분노를 사물로 대신 보여주는 경고에 대한 이미지다. 칼은 상처를 주거나 도전하는 의미가 있다. 남으로부터 받는 말이나 행동이 화자에게 뼈까지 상처를 주는 원인이 되는 강렬한 도구를 보여주어 화자가 가지는 심리적인 상태, 곧 왜 화자가 낙심하고 있는지를 밝히고 있다. 칼이 뼈를 찌르는 상상이나 경험에서 만들어지는 심리적 고통을 그림처럼 보여주는 기법을 빌어 이미지화시킨 것을 확인한다.

결국 마지막 연처럼 화자는 자기가 아무리 낙심하고 절망하더라도 그곳에서 탈출할 입구가 없다는 것을 스스로 알고 인간의 절망의 해결책은 '하나님께 소망을 두라'고 이른다. 그 신을 신뢰함으로 가지게 된다. 따라서 신앙인은 위 시의 마지막 행처럼 어떤 경우에도 찬송하게 되는 것이다. 인간의 절망에서 탈출구는 유일하게 하나님뿐인 것을 결론적으로 말하고 있다.

위 한 편의 시에서도 볼 수 있듯이 시의 효과적인 표현이란 비유나 수사학적 여러 방법을 이용하여 이미지를 만들고 좋은 이미지가 좋은 작품을 만든다는 것을 알게 한다.

마지막 행의 '어찌하여 낙심하며 어찌하여 내 속에서 불안해하는가.'하고 불만과 낙심이 신뢰와 소망으로 모습이 바꾸어지는 것은 역설적으로 신의 사랑을 깨닫게 되는 믿음 때문인 것을 뛰어난 시작 기법을 이용하여 함축적으로 숨겨 놓았기 때문이다.

이와 같이 신의 섭리나 역사를 이미지화시킴으로 확실하게 그 원래의 뜻이 잘 드러나게 해주는 이미지화의 효율성을 알게 된다.

4. 나가는 말

이미지의 기능을 한마디로 말하기 곤란한 것은 그 다양성에 있다. 그러나 그 특성을 말하면 사물을 들어 구체적으로 묘사하는 사물성에 있으며, 그것은 감각화를 통한 관념이나 사상을 육화를 시키는 구체성에 있다. 현대시가 설명의 기능에서 묘사의 기능으로 시각화(회화화)를 추구하기 때문이다. 정서의 물화(物化)라고 정의해기도 한다. 언어기능에서 지시기능을 제거하면 남는 것은 사물언어만 존재한다는 사르트르의 말처럼 시를 사물화로 재구성하는 것이 현대시의 특징이다. 관념이나 정서를 사물로 드러내는 작업을 이미지화(형상화) 되었다고 말한다.

시가 감각화를 통해서 전달되기에 그 감각화는 시각 등의 오감을 통해서 이루어지는 것이 정서의 안정성을 가져온다. 즉 감각의 확실성을 가지게 된다. 그렇기 위해서 만드는 시의 기술이 존재의 시각화이며, 이것이 곧 이미지 작업인 것이다.

이런 이미지화(형상화)는 경험이나 상상을 통하여 뇌리에 그림처럼 그려지는 정신적 작용을 말함인데, 이것은 기억의 재생단계와 그 재생된 이미지로 부터 상상에 의하여 연상된 사물로 발전하는 연상단계와 이 상상이 창조적 상상력을 통하여 새로운 사실로 제시하는 세 가지의 단계를 거친다. 단순한 재생이나 연상이 아닌 창조적 상상에서 만들어지는 이미지가 창조적 상상력을 성립시키는 기상(conciet)인데, 이 기상에 의해 얻어지는 이미지가 곧 시의 신선한 생명력을 얻게 하는 것이다. 이런 면에서 시는 곧 언어의 진술에서 이미지를 만들어 내는, 다른 말로 형상화 작업이라고 말할 수 있다.

성서도 언어로 표현된 종교 작품인데, 그 작품 안에서 간략하게 일부 부문을 찾아 이미지의 성격과 기능을 알아보았다. 역시 성서의 뛰어남이란 시의 기법에서 말하는 형상화의 측면에서 보더라도 약 3500년에 걸친 여러 작품들이 여일하게 생명력을 가지는 것은 단지 종교적 진리의 내용뿐 아니라 표현 기법에서도 매우 뛰어난 표현법을 사용하고 있는 모습을 확인하게 된다. 성서에서 말하는 내용이 인간의 심리 안에서 강렬한 반응을 일으키는 것도 표현 속에 뛰어난 이미지를 구현하고 있기 때문이라고 말할 수 있다.

이런 모습은 여호와를 목자로 비유함(시편, 23편)에서 쉽게 찾아볼 수 있다. 보이지 않는 신을 보이는 목자로 그려냄과 같은 이치다. 더욱 가장 간단한 설명은 로고스가 예수라는 인간으로 육화된 것도 마찬가지다. 신 자신의 시적 작품이 된 것이다. 바로 그리스도가 사람이 되심이라고 할 수도 있다. 그것은 신이 죄인 된 인간을 만나는 구체적인 방법이며, 인간도 구원의 구체성을 가장 쉽게 깨달을 수 있는 길이 된다. 이것은 선명성과 구체성을 가진다.

여호와라는 불가시성을 가시성으로 만드는 작업을 문학에서 형상화하였다고 한다. 예수를 본 사람은 신의 본체를 보고 만진 바가 된 것이다. 그래서 믿음은 곧 보지 못하는 것과 바라는 것의 실체이며 증거물이 되는 것이다.(히브리서, 11장 1절) 그래야 이미 앞선 역사적 사람들인 선진들처럼 모든 인간이 믿음이라는 관념을 실념의 증거를 받는 일이 된다.(히브리서, 11장 2절) 이것이 곧 믿음의 확실성이다.

예수님이 사신 모습에서 우리가 배우고 닮아가야 할 원형을 찾는 것도 다 그런 연유에서다. 그것은 신인 예수님의 진정한 의도와 태도를 제자들에게 실제적으로 보여 주셨기에 예수님의 생애는 그 자체가 문학성을 가졌다고 해도 과언이 아니다. 다른 말로 하면 천국의 관념이나 정서의 객관화라고 말할 수 있다. 성서에 나오는 표현뿐만 아니라 성서의 제일 주제인 구원을 이루는 신의 뜻을 사물로 드러냄으로 인하여 성서가 가지는 관념이나 정서 등이 더 구체성을 가지고 다가오는 강렬성을 가지게 된다.

성서는 단순히 표현에서만 이미지를 차용한 것이 아니다. 예수님 자신이 이미지 자체로 나타나신바 되어 신의 실체화를 통해 사랑의 모습을 구체적으로 보여주셨다고 표현해도 그리 지나친 표현은 아니라 할 수 있다. 하나님이 인격적이라 함도 단순히 지, 정,

의를 가지셨다는 뜻에 국한하지 않는다. 오히려 참 인간의 모습을 통한 이미지를 통해 구체적인 감각성으로 보여주셨음을 알게 된다.

예수님께서 설파하신 대부분의 교훈도 각종 사물의 이미지를 동원하였다. 예를 든다면 인간의 기초적인 생존문제인 의식주에 대한 염려를 공중에 나는 새나 들에 핀 백합화의 이미지를 동원하여 가장 쉽고 명료하게 본의를 전달하는 방법론에서 그분 자신이 이미지의 중요성을 깨닫고 계셨던 것이다.

신구약이 예수님에 대한 메시지가 그 중심이라면 그 메시지를 계시성에서 보면 대부분 이미지를 통한 계시가 구체화 되는 과정을 본다. 그것에서 점진적 계시라는 신학의 논리가 타당성을 가진다. 어린 양의 이미지가 곧 예수님을 예표하기 때문에 각종 비유는 관념에 머무르지 않고 구체적으로 성서의 내용을 전달하는데 적절하고 효과적으로 이용하고 있음을 확인할 수 있다. 그 중 가장 분명한 것은 성서의 흐름을 살펴보면 신의 성품이 예수를 통해 형상화 된 것이라고 말할 수 있다.

조심할 것은 비유와 마찬가지로 이미지는 수용하는 사람에 의해 각각 차이가 날 수 있다. 지역이나 환경이나 개인의 지적 수준에 의해 이미지의 해석이 달라질 경우가 있기 때문이다. 성서 안의 이미지는 그 당시의 사회적 환경이나 역사적 조건과 그 지역의 특수성을 사전에 고려해야 한다. 따라서 성경을 해석함에는 단순히 현대적 감각으로 해석하지 않고 성서고고학이나 고대 역사의 뒷받침이 필요하다. 그러나 현대에 해석되어지고 적용하는 데는 성서가 구원을 이루어 나가는 예수님에게 초점을 맞추어 나갈 때 성서의 목적론에서 현대적 감각으로 해석되더라도 해석상의 차이가 없을 것으로 생각한다.

현대시가 음악성에서 회화화로, 청각에서 시각으로 중심축이 변하였다 하더라도 성서 안에는 인간이 감각할 수 있는 총체적 감각을 창고처럼 여러 형태로 간직하고 있음에서 이미지의 다양성을 가진다. 이 장에서는 시각성을 중심으로 한 이미지를 살펴본 것이다.

성서에 나타난 반어와 역설

1. 들어가는 말

반어(反語, irony)와 역설(逆說, paradox)은 수사기법의 하나다. 이 기법은 오랜 역사를 가지고 있다. 사전적으로 두 단어는 서로 다른 성격의 차이가 있다. 그러나 넓은 의미에서는 서로 중첩 포괄하는 면이 있다. 반어란 표현의 효과를 높이기 위해 실제와 반대되는 의미로 하는 말이고, 역설은 언뜻 보면 일리가 있는 것처럼 보이나 그것의 모순이나 잘못된 결론을 이끄는 논증을 말한다. 여기서는 둘을 구분하지 않고 큰 테두리 안에서 같은 성격으로 사용하고자 한다.

이 두 기법은 이미 주어진 가치나 현실을 간접적인 부정의 표현법을 통해 자각을 촉구하는 가시 돋힌 준열성을 가지게 되는 효과를 가지고 온다.

특히 아이러니나 역설은 표현의 기전에서 본래의 모습이나 진실을 철저히 숨겨 말하기 때문에 말하는 그 표현에 뒤에 숨긴 뜻을 이해하려면 독자도 마찬가지의 이해 능력이 있어야한다.

특히 현대에 와서는 아이러니나 역설을 문학정신의 핵심으로 보는 경향이다. 표면적이고 수사적인 것으로 본 아이러니나 역설법이 내부적인 심리적인 것이며 구조적인 것으로 본다.

그 만큼 자기표현에 있는 개인중심의 서정시에 비해 모더니즘에 와서는 인간의 존재가 사회구조나 환경과 불가분의 영향을 가지고 있는 현실이기에 그 현실의 모순을 지적하고 개선하기 위해서는 표현 수사학적 면에서 반어법과 역설법의 기법의 효용성을 이용할 수밖에 없다.

현실의 모순을 질타하고 그 현실에서 이상 세계로 지향하려는 이 수사학적인 태도는 종교의 본질과 매우 흡사하기에 성서 안에는 그런 수사기법이 존재하는 것은 당연한 결과이고 또 매우 자연스럽다고 할 수 있다. 그래서 성서 안에 그런 문학의 양태가 있는 것은 곧 성서가 말하는 진리를 효과적인 문학방법론에서 추구하는 동일한 수사적 옷을 입고 있다는 것을 알아 볼 필요가 있다.

이 방법은 문학에서만 사용하는 것이 아니다. 과학적 진실이나 각종 미디어에서도 곧잘 사용하는데, 깊이를 반대로 깊게 파서 높이의 수치를 역으로 증가시켜 확장하는 효과를 가져 오게 하는 강조법의 하나일 수 있기 때문이다. 풍자보다는 공격성이나 파괴성이 약하지만 그 부드러움에서 오히려 효과가 있음이 아이러니의 특성이다.

단서를 서두에 두어야 하는 것은 반어법과 역설법을 설명함에 있어서는 그 성격의 차이상 각각 구분하지만 성서 안에서 찾는 예문에서는 이 수사기법을 혼용하여 인용하기로 한다. 그 이유는 많은 경우가 양면성을 가지고 있다. 표현에서는 아이러니나 역설이 속성 상 서로 중첩되는 경우가 많기 때문이다. 다른 말로 하면 보통 이 두 용어를 구분하여 사용하기도 하나 역설을 아이러니 속의 한 종류로 역설과 아이러니를 하나로 포괄시켜 사용하기도 한다. 여기서는 내용상에서는 구분하여 생각해보겠으나 성서 예문은 하나로 통합해서 생각해 보기로 한다.

2. 아이러니의 개관

아이러니의 역사는 문헌적으로 매우 길다. 그리스어 에이로네이아(eironeia)에서 파생된 말로, 플라톤의 『공화국』에서 처음 등장한다. 이 말 뜻은 남을 속이기 위한 비열하고 악한 태도를 의미하는 것이다. 대신 아리스토텔레스는 『시학』에서 반전이나 역전이라는 의미의 peripeptia라는 말을 사용했고 키케로에 와서 아이러닉(ironia)이라는 말을 사용하게 된다. 서구에서는 16세기 초에 나타났는데, 일반적인 용어가 된 것은 18세기 초엽부터이다. 예를 든다면 비방하기위해 칭찬하는 것과 칭찬하기 위해 비난하는 언어 사용이다. 존경을 위해 비하하고, 야유하기 위해 높이는 것과 같은 것이다. 사용하는 단어의 원래 의미와 반대로 사용하는 단어나 문장을 속임이나 상반된 진술로 요약할 수 있다.

이것은 현대시의 특성들인 이율배반성이나 은폐나 양극화와 맥을 통하는 것으로, 리처즈가 말한 대립적이며 보충적인 기법을 통해 사실을 왜곡, 날조, 위장, 변장, 은폐함으로 정신적인 불안과 스트레스를 해소하고자 하는 기능과 맥락을 같이한다고 할 수 있다. 이것은 단지 반어의 일상용어를 말하는 것은 아니다. 매우 고도의 해결하고자 하는 심리학적인 기전과 통한다. 이는 겉으로 드러난 의미와 실제로 말하고자 하는 바를 의도적으로 상충내지 상반시켜 새로운 질서를 이끌어 내는 고도의 수사학의 영역인 것이다.

이것들은 첫째 상대의 무식이나 무지나 비열함을 드러내기 위함이며, 두 번째는 현실과 외관 사이의 대조이다.

아이러니는 역설과 더불어 직설로는 드러내기 어려운 의미를 드러내기 위한 문학기법으로 역설이 특별한 표현에 한정되지만 반어는 말하는 사람의 세계를 알게 하는 시각까지 넓히는 포괄적 개념이다.

아이러니의 요소들을 보통 열 가지로 분류한다. 첫 번째는 알면서도 모르는 척 하거나 모르면서 아는 척하는 것을 말한다. 다른 말로 하면 속임수다. 순진과 무지를 통해 독자만이 알게 하는 고도의 전달수단이다. 언어 표현으로 하는 언어적인 것과 상황으로 전개하는 상황적 아이러니가 이에 해당한다.

두 번째는 현실과 외관의 대조이다. 이 둘 사이의 상반과 부조화를 말하는 것으로 이 대조가 크면 클수록 효과가 커지는 양극화와 같다. 이 상반이 크면 클수록 그 효과는 커지게 된다.

세 번째는 그 내용의 모습이 희극적인 감각을 가져야 한다. 비방하는 아픔을 위해 정서적이고 지적인 모습과 냉정성을 가지고 마음을 상하게 할 정도로 의도적인 모순의 외관을 가져야 한다. 이때 동정심이 발생한다. 연민과 동정심, 고통과 쾌락이 동시적으로 생긴다.

네 번째로는 거리감, 객관성, 무감각, 가벼움, 천진성 등이 나타난다. 아이러니의 관찰은 제 3자의 입장에서 거리감을 두고 관찰하여야 한다. 이런 요소들에 의해서 우월, 자유, 재미 등을 느끼게 된다. 특히 성서가 많이 사용하는 것으로 신의 초월적이고 절대적인 이며 무한한 존재이기에 인간과 상반된 위치에서 지고의 아이러니를 구사하게 되는 가능성이 가진다.

다섯 번째는 미적인 감각으로 표현하여야 한다. 일종의 멋부림과 같다. 터무니없는 것을 통해 사건과 상황을 진실하게 만들어 내는 묘미에서 예술성을 가지는 조화와 간결성과 정밀성을 만드는 것에서 최고의 미적 효과를 내게 하는 요소가 된다는 뜻이다.

여섯 번째는 비꼼의 형태를 가진다. 풍자와 같다. 이것은 새롭게 하기 위한 태도이다.

일곱 번째는 비개성적이다. 정서적이기 보다는 지적 태도를 가지기 때문이다. 표현하는 태도에서 속이기 위해서 냉담하고 엄숙한 자세를 취하게 함은 당연하다. 이런 자세가 외부적으로는 엄숙성으로 보여 질 수밖에 없다.

여덟 번째는 자기 비하의 양식을 가진다. 자기를 경솔하고 진지하지 못하게 분장하는 것이다. 결국은 반전시킬 목적에서 자기를 일단 비하시킨다. 독자가 이미 알고 있는 의미에서 스스로 가면의 은폐를 통하기 때문이다. 속이기 위해 더 열정적이어야 하고, 지나치게 진지해야 하는 모습을 가진다.

아홉 번째는 순진한 모습을 가진다. 순진성으로 자기를 은폐시킨다. 가장이나 변장이다. 자기 비하까지 숨기려는 것에서 순진한 모습을 전방에 설치하는 요소다.

열 번째는 자기 폭로의 양상을 가진다. 이 폭로는 진실을 은폐하고 가장으로 드러낸다. 자기가 생각했던 것과 정반대로 전개되는 과정을 통해 본의가 폭로되는 기전을 이용하는 것이다.

아이러니의 유형은 크게 두가로 나눈다. 하나는 언어적 아이러니고 다른 하나는 상황적 아이러니다.

언어적 아이러니는 전통적인 수사법인 축소법, 과장법, 역설, 언어유희, 기지, 욕설, 야유, 풍자, 패러디 등을 말한다. 언어의 의미나 구문으로 나타나는 구분이다.

상황적 아이러니는 극적 아이러니와 실존적 아이러니로 나눈다.

극적 아이러니는 작품속의 상황을 말하는 것으로 작가의 의도를 알지만 주인공들은 모르는 연극의 상황과 같은 설정이다. 예를 든다면 구약의 욥기와 같다.

실존적 아이러니는 인간의 모습에서 나오는 아이러니로 형이상학적인 아이러니다. 삶과 현실의 부조화로 간단한 예로는 신의 섭리나 인간의 자유와 이성과의 부조화를 들 수 있다. 인간의 본성 속에 나타나는 존재 자체의 부조리와 모순성을 말한다. 예를 든다면 신앙인이 가지는 선과 악의 사이에서 갈등하는 것과 같다.

아이러니의 종류는 대부분 언어적 아이러니로 구분한다. 즉 풍자(satire),역설(paradox), 패러디(parady), 언어유희(pun)이다.

풍자는 현실을 비판하는 것인데, 사회의 결함, 악폐, 정치적 모순들을 고발하여 악의 교정을 위해 사용하는 것을 말한다. 비슷한 말로는 풍유가 있다. 풍유는 비물질적인 것을 물질로 관념이나 교훈적인 것을 물질로 드러내는 것으로 모순을 드러내려 함은 마찬가지다. 이 풍자나 풍유는 현실을 자기 주관으로 보는 것이 아니라 객관성을 가지고 보아야 하기에 감성적인 태도보다는 지성적인 자세를 가져야 한다.

역설은 겉으로는 명백히 모순이 되나 자세히 보면 그 근거가 확실하여 오히려 진실한 말이거나 정황을 이룸을 뜻한다. 반대의 뜻이나 반대를 통한 긍정을 말한다. 이것은 모순을 통한 진실이기에 과학적 언어가 아닌 시적언어의 진술 방법이 된다. 현대시의 아주 중요한 구성 요건으로 상용된다. 시인은 모순 속에서 진실을 진리 속에서 비 진리를 추구하는 것이기에 시어로 이 역설을 사용하는 것은 자연스러운 것이다.

역설과 아이러니가 혼동되나 서로 다른 점은 문장 자체에서 상반됨이 드러난다. 아이러니는 진술자체는 모순이 없으나 속뜻이 겉에 드러난 것과 다른 것이고, 역설은 이미 말 속에 모순이 드러나 어 있다. 특히 역설은 종교적 언술에서 만이 사용되고 있다. 종교적 진리의 중요성을 강조하기 위해 역설을 사용하여 인상 깊게 만든 목적을 가진다. 역설은 시어의 본질이라고 브룩스는 말했다. 일상생활에서 언뜻 보면 모순된 진리이지만 차원 높은 세계에서는 영원한 진리로 탄생되는 기능을 가진다. 이 역설에는 세 가지가 있는데, 하나는 모순 어법인 표층적(surface) 역설이고 둘은 초월적 진리를 강조하는 존재론적 역설이라고도 하는 심층적(depth) 역설이고, 진술과 부조리를 아이러니를 통한 표면적인 것도 아니고 초월적 존재에 에 대한 역설도 아닌 그 중간의 시적(poetic) 역설로 구분한다. 이 시적 역설은 아이러니와 구분이 안 되는 것으로, 표면적 진술과 이미지 속에 함축되어있는 비유적 의미와 역설의 상호작용에 의하여 모순된 세계를 드러내는 것을 말한다.

패러디는 풍자적 개작이라고 번역하는데 그 뜻을 간단히 풀어 의역한 것으로 볼 수 있다. 풍자의 목적으로 기존 시어나 문장을 모방하여 내용을 바꾸어 말하는 것으로 부정적인 의미에서는 표절을 통한 새로운 창작이라고 할 수 있다. 풍자적 모방시라고도 할 수 있다. 변용의 사물은 이미 존재하는 작품이나 사건을 들었다는 점만 다르지 그 작품 보다 다른 점을 기대하는 유희성에서 골계미를 맛보게 한다. 즉 모방하여 그것을 변용함으로 골계미를 가지게 하고자 함이다. 이 패러디는 표절, 패스티시, 인용, 인유 등과 연결됨을 알 수 있다.

언어유희는 말재롱으로 풀이하기도 한다. 동음이의(同音異義)등이 주로 사용되는 예가 된다. 이종의 사물 속에서 동일성을 발견할 때 생기는 감각을 이용하는 것이다.

말의 정공법이 아닌 측면적인 의미를 사용하여 호기심을 유발하는 아이러니를 만들지만 잘못 사용하면 품격을 떨어뜨리는 경우가 생길 수 있다.

아이러니의 현대적 논의에 대하여 간단히 살핀다. 현대에 와서는 아이러니를 문학정신의 핵으로 본다. 아이러니를 표면적이고 수사적인 것으로 보던 것을 심리적으로 나타나는 내부적인 요소이며, 구조적인 것으로 간주하게 되었다. 리처즈, 엘리엇, 브룩스 등의 견해를 간략하게 정리하면 다음 과 같다.

리처즈는 현대시에서 탁월한 시를 구성하는 요소는 시 자체가 아니라 우리 내부에서 일어나는 어떤 것으로 본다. 그것이 아이러니라는 것이다. 아이러니는 상반성을 가지고 있어서 서로 충동이 배제와 포괄의 기전을 이루어 낸다고 본다. 이 상반성이 가지고 오는 이질성의 상호 반응에 의한 포괄성에 의하여 만들어지는 것이 현대시의 특성이라는 것이다.

엘리엇은 아이러니를 위트의 성격으로 규정짓는다. 다른 말로 하면 형이상시론의 기상(conceit)과 같은 것으로 본다. 또 이질적인 것을 결합하는 소위 '폭력적 결합"을 통한 충격의 세계를 성취함으로 생기는 심리를 뜻한다. 이것은 부조화를 통한 조화의 관념이라고 말할 수 있다. 이것은 두 이질적인 관념이 내적 균형을 유지하면서 긴장을 가지고 오며 이 긴장에서 미적 울림이 생긴다고 한다.

브룩스는 시란 역설의 언어라고 한다. 이 역설이라 함은 속화되고 견고하며 기지적이라고 정의한다. 그래서 역설은 정서적이지 않고 지적이라고 말한다. 시가 비합리적인 것에서 합리적인 특성을 가지게 한다고 말한다.

아이러니를 위의 이론에 근거하여 정리한다면 어떤 설명이나 해석을 달지 않고 상반되거나 상이한 견해를 병치시켜 놓은 문학표현 기법이라고 말할 수 있다. 상반되고 상이함이라는 의미는 그 간격을 양극화 시킬수록 사고의 공간이 넓어지고 확장되어 풍부한 의미를 가지는 공간 구조를 가지게 된다. 이 수사기법은 의미망의 확충을 통해 더욱 광대해지는 효과를 가져 온다.

3. 성서 속에 나타난 각종 반어의 모습

성서는 문학 이론서나 작품집이 아니다. 그러나 종교적 진리를 효과적으로 전달하기 위해 언어가 가지는 표현기법에서 문학의 방법과 동일할 수밖에 없다. 반대로 말한다면 문학이 성서의 영구적인 생명력을 가지는 표현 기법에서 문학의 이론을 변증을 받게 된다고도 할 수 있다. 특히 종교는 인간의 전체적인 삶에 대한 관심이다. 개인과 사회의 잘못과 죄악성을 지적하고 구원을 위해 인간의 본질적인 모습에 대한 자기성찰을 위하여 아픈 매질을 시도하기도 한다. 신 앞에서 인간이 가지는 대표적인 죄성의 모습인 교만을 깨닫게 해야 하는데 인간은 피조물로 약자이면서도 우주 안에서 신을 제외하고 가장 강자인 관계로 신과의 관계설정이 없으면 고대 희극의 고정 배역인 에이런(Eiron)과 알라존(Alazon)과 같은 모순에 빠지게 된다. 알라존은 강자처럼 행동하나 에이런의 능청에 의해 극적 반전을 가지고 오게 된다. 이것은 마치 신의 부재에서 오는 인간의 교만과 같은 속성이다. 우주적 진리 앞에서 인간은 알라존 같을 뿐이다.

창세기 2장에서 인간의 창조를 보면 여자가 가장 나중에 창조된다. 이 나중은 곧 완결성을 대표하는 것으로 아담이 자기의 여자인 하와에게 '이는 내 뼈 중에 뼈요, 살 중의 살'이라고 고백하는 것을 볼 때 그 이면에는 남자는 에이런적이고 여자는 알라존적인 존재가 된다는 것을 내포한다. 결국은 여자의 승리가 예견되는 것으로 창3장 15절의 '여자의 후손'에서 구원자의 도래가 오는 것을 원초적으로 예시하고 있다. 남성적인 강함에서 아닌, 여성적인 부드러움이 최종적으로 이기는 것을 가르쳐 주고 있다. 구원은 마지막 피조물인 여자의 후손에서 이어진다는 은폐의 주장을 말해도 그리 신학적으로 틀리지 않을 것이다.

우선 언어적인 아이러니를 찾아보자

'네 오른 눈이 너로 실족케 하거든 빼어 내버리라 네 백체 중에 하나가 없어지고 온 몸이 지옥에 던지우지 않는 것이 유익하며' (마태복음, 5장 29절)라는 것에서 오른 눈은 안목의 감각을 말한다. 눈으로 생기는 기능인 시각으로 오는 죄성을 말함이다. 눈이 죄를 지으면 눈에게 처벌하는 것은 결코 불가능한 일이다. 그래서 이 말은 처음부터 잘못된 것은 쳐다보지도 말라는 의미다. 눈이 있는 이상 어찌 쳐다보는 기능을 피할 수 있겠는가, 불가능한 일이다.

여기서 모순이 생긴다. 이 말이 곧 아이러니의 성립이 된다. 이 아이러니에 의해서 바로 앞에 있는 절 '여자를 보고 음욕을 품는 자마다 마음에 이미 간음했다'는 고차원의 종교가 정의하는 마음에 짓는 죄에 대하여 설명을 하게 된다. 눈을 빼는 것이 목적이 아니라 마음에 짓는 죄에 대한 차원 높은 종교의 진리를 역설적으로 제시하고 있음이다.

다른 예는 '너희는 먼저 그의 나라와 그의 의를 구하라. 그리하면 이 모든 것을 너희에게 더하시리라'(마태복음, 7장 33절)는 구절을 들 수 있다. 이 말이 나오게 되는 동기는 두 주인을 섬길 수 없다는 말을 하기 위한 데서 시작한다. 사람이 염려하는 것을 먹고 입는 것으로 대표하여 백합과 새들을 다스리시는 천부(神)의 모양을 통해 백합과 새들의 일용한 양식과 의복이 솔로몬의 것보다 더 훌륭하다는 역설적인 아이러니를 통해 인간이 추구해야 할 가치를 살파하고 있다. 사람을 백합꽃과 새들을 비천함의 축소를 통해 인간의 가치의 확장을 꾀함으로 인간이 가져야 할 진정한 관심에 대하여 설득하고 있다. 이것은 초월적 아이러니로서 형이상학적인 태도에 대한 이해를 용이하게 해준다. 성서에는 이런 미물을 들어 강조하는 경우가 자주 등장한다. '참새 두 마리가 한 앗사리온에 팔리는 것이 아니냐. 그러나 너희 아버지께서 허락지 아니하시면 그 하나라도 땅에 떨어지지 아니하리라. 너희에게는 머리털 까지 다 세신바 되었나니 두려워하지 말라 너희는 참새보다 귀하니라.'(마태복음, 11장 29~31절)에서 볼 수 있듯이 역설을 통한 진술은 얼마든지 있다. 참새 보다 귀한 인간을 머리털을 세는 신의 무한한 관심과 섭리 속에 사는 인간의 모습을 역설적으로 강조하고 있음이다.

다른 곳을 살펴본다.

'내 멍에는 쉽고 내 짐은 가벼움이라.'(마태복음, 11장 30절) 멍에는 기본적으로 불편한 것이다. 그러나 이 진의는 앞 구절인 '나는 마음이 온유하고 겸손하니 나의 멍에를 메고 내게 배우라. 그러면 너희 마음이 쉼을 얻으리니' (마태복음, 11장 29절)에서 본의를 알게 된다. 멍에의 성격이 구속하는 불편함이 아닌 자유함에 있다는 말을 자유와 반대인 멍에를 들어 열거하는 것이 곧 아이러니의 모습이다. 이것은 언어적 아이러니의 특성이다

성서는 처음부터 아이러니로 시작된다고 해도 과언이 아니다. 에덴동산에서 아담과 하와가 죄를 범한 후 하나님의 낯을 피하여 동산 나무사이에 숨는다.(창세기, 3장 8절) 하나님이 아담을 부르시며 "네가 어디에 있느냐?" 물으신다. 이 때 상황을 상상한다면 신께서는 아담이 어디에 있는지를 모르기 때문에 물어 보는 것일까. 그가 죄를 지은 사실을 알고 그들 앞에 나타나시어 물어보는 모습은 '알면서도 모른 척'하시는 전형적인 아이러니의 모습을 가진다. 이런 알면서도 모른척하는 것을 소위 소크라테스적 아이러니라고 말한다. 이런 아이러니의 요소를 분석함에서 지성적이고 인격적인 하나님의 대인 관계를 알아차릴 수 있다. 죄를 지은 아담에게 모른척 하는 태도의 깊은 내면에는 신의 인자함이 가득 찬 속성까

지도 미루어 알게 되는 것이다.

이런 장면은 카인과 아벨의 살인 사건 후에도 마찬가지다. 여호와께서 카인에게 이르시되 네 아우 아벨이 어디 있느냐 그가 이르되 내가 알지 못하나이다. 내가 내 아우를 지키는 자이니까. 이르시되 네가 무엇을 하였느냐 네 아우의 핏소리가 땅에서부터 내게 호소하느니라.(창세기, 4장 9~10절)에서도 마찬가지다. 9절에는 하나님이 카인에게 아벨의 안부를 묻는다. 그 대답을 자 아는 카인은 모른척한다. 10절을 보면 이미 하나님은 이미 아벨의 억울한 죽음을 알고 있다. 그러나 모른 척하고 묻는 아이러니의 기법을 차용하는 것을 알게 된다. 물론 카인도 알면서도 모른 척 한다. 언뜻 보면 자기기만인 것처럼 보이나, 실은 신도 카인도 모두 알고 있으면서 서로 표면적으로는 모르는 척하는 것의 모습에서 플라톤은 비열한 방법이라고 했다. 일종의 비웃고 조롱하는 내용이 은폐된 것으로 정의한다. 진실의 이율배반성이라 할 절재와 상대 주관과 객관, 관념과 사물 등은 곧 양극화를 암시하는 것이다. 아이러니는 주관적이면서 객관적이고 정서적이면서 의식적인 양면성을 가지고 있음이다.

신이 우주를 다스리기 때문에 인간을 희롱하고 좌절하게 만드는 모습을 신적 시선에서 보는 우주적 아이러니나 운명의 아이러니로 보는 에이브럼스의 견해처럼 인간은 상대적으로 아이러니한 존재일 수밖에 없다. 예를 든다면 욥과 같다. 그는 동방에서 소문난 의인이었다. 그러나 신의 뜻에 따라 의인과 정반대의 악인이 받는 고난을 받는다. 일반 법칙과 이론으로는 황당한 실존적 존재에 처해진다. 욥은 일반 기준으로 보면 이유없이 고난을 당한다. 인간은 의인이 당하는 고난의 원인과 이유를 이해 못하나 욥기에서는 하나님의 특별한 섭리 속에서 진행되는 일이기에 그 모순은 인간의 이해 능력의 한계를 보여주고 있다.

특별한 섭리를 깨달을 수 없는 인간의 입장에서는 그 섭리를 이해하는 것은 신앙심 말고는 이해될 수 없다. 신도 침묵으로 모르는 척 하고 있다. 다만 제3자인 독자만이 그 상황을 이해하고 있을 뿐이다. 춘향전의 결론을 아는 독자만이 춘향이의 옥중생활의 고통이 기쁨이 된다는 이율배반적인 상황을 알고 기다릴 수 있듯이 욥의 고난은 신과 독자만이 알 수 있다. 만일 그 상황이 반복되는 일의 예표가 된다고 가정한다면 그 상황에 있는 본인은 언제나 이해되지 않는 일이 된다. 잠언적인 과정이나 결론이 아닌 특별한 과정과 결론을 예단하기란 그리 쉽지 않다. 이런 이해 될 수 없는 신의 섭리, 즉 우주적, 운명적 아이러니를 극복하는 당사자는 오직 우주에 대한 신뢰(신앙심)만이 아이러니를 받아들인다. 그래서 '우리가 알거니와 하나님을 사랑하는 자 곧 그의 뜻·대로 부르심을 입은 자들에게는 모든 것이 합력하여 선을 이루느니라.(로마서, 8장 28절)는 진리가 아이러니컬하게 성립된다. 문학의 아이러니라는 수사기법이 성서 안에서도 같은 목적을 위해 존재하고 있는 양상을 발견할 수 있다는 것이다. 성서의 내용은 읽는 사람이 신적인 시선(godlike point of view)으로 바라 볼 때 성서의 참 목적을 이해되는 것이라고 말하는 소위 '특별계시의존사상'이라는 수학에서 말하는 공리(公理)와 같은 성경해석학의 전제를 받아들이게 된다.

아이러니를 체험한 욥의 고백을 기억해 둘 필요가 있다.

'무지한 말로 이치를 가리는 자 누구니이까. 나는 깨닫지도 못할 일을 말하였고 스스로 알 수도 없고 헤아리기도 어려운 일을 말하였나이다.'가 아이러니에 대한 태도이다.

이런 고백은 욥기 38~41장의 신의 질문 앞에서 무한한 우주 질서 앞에서 무능한 인간의 한계를 깨닫게 하는 우주적인 아이러니를 깨달은 사람이 신앙심을 가지고 그 우주의 진리를 예정하고 예지하는 신에게 의탁하는 인생을 위해 성서가 기록된 것이라고 말할 수 있다. 상대성을 가지고 있는 무능한 인간은 아는 척하고 그 우주의 근본적인 원인인 신은 모르는 척하는 모든 역사가 바로 아이러니다. 근본적으로 모든 것을 설명할 수 없다는 기독교적인 섭리의 이론과 원인과 결과가 설명되어지는 것이라는 다른 종교의 인과응보 이론이 바로 아이러니의 존재를 인정하느냐 아니냐에 따른 태도로 구분되는 것이라고 말할 수 있다.

성서 안에서 절대와 상대, 주관과 객관, 관념과 사물을 동시에 존재하는 모습에서 양극화(polarities)가 언제나 동시적으로 존재하는 것은 곧 아이러니의 특성인 실재(reality)가 역설적인 본질의 표현이라는 말, 곧 진실의 이율배반성의 암시를 가지고 오는 아이러니의 효용이 표현수단으로 효과적이기 때문이라 말할 수 있다는 것이다.

상황적 아이러니는 극적 사건을 통해 도출되는 것을 말함인데 이 극적이라 함은 전개사항이 연극의 구성처럼 단계를 가진다. 도입부는 파국(catastorphe), 발견과 인식(regnition), 고의적인 역전(reversal of intention)을 거친다. 주인공이 도입부의 상황과 정반대의 결론을 가져온다. 예를 든다면 요셉이 감옥에 들어가는 일이 총리가 되는 첫걸음에서 찾을 있다. 죄수와 총리라는 고관대작의 신분적인 양극화된 극적 구성은 연극의 기본적인 아이러니라는 것이다. 또 요셉이 흉년을 피해 애굽을 찾아온 형제들 앞에서 알고도 모르는 척하는 장면은 다 그런 것을 보여주고 있다. 요셉의 고향에서부터 총리대신이 되기까지의 모든 고난은 애굽의 총리가 되는 아이러니컬한 과정이고 그 총리대신마저 그 가족을 흉년에서 구해내는 과정의 일부분에 지나지 않는 것이다. 죽이려 했던 동생에게서 흉년의 죽음으로부터 구원을 받는 이율배반성을 보면 요셉의 전 삶이 곧 아이러니의 모습이다.

욥이 신과 악마 사이의 내기 사건에 연류된 것을 모르는 것처럼 요셉도 애굽에 팔려 종이 되거나 무고로 감옥살이를 하는 것을 모르고 있다. 다만 신만이 아는 것이다. 신도 모르는 척 침묵하고 기다리고 있다.

위와 같은 이야기가 근원적인 인생의 문제로 제기되어 인간의 존재가 신의 지배를 받는다는 지혜를 가진다. 그러나 인간은 끝까지 자유의지나 이성을 내세워 거부하려 한다. 이것은 욥기의 2장에서부터 38장까지 거의 대부분을 차지하는 인간에 대한 질문에서 나타난다. 인간이 우주의 기원과 목적을 해석한다든지, 삶과 죽음을 이해하려 한다든지, 이성과 감성을 헤아리려고 한다는 것은 곧 인간의 실존에 대한 문제이다. 그래서 이때 아이러니는 극적아이러니라고 하지 않고 실존적 아이러니라고 구분하여 사용한다. 이 형이상학적 원리는 인간의 내부에 존재하는 것 같이 신의 내부에도 존재함이 성서 안에서 종종 발견된다. 왜냐하면 성서의 여러 곳에서 신이 후회하는 것을 발견하게 되기 때문이다. 신이 예측한 목적과 반대로 전개되는 인간의 모습에서 신의 창조에 대한 목적을 후회한다. 예를 든다면 노아의 홍수와 같다. 인간의 죄악이 범람하자 신은 후회한다. 그래서 노아 가족만 남기고 창조한 인간을 제하려 한다. 이 근본적인 모순에 빠지는 배경에는 꼭 죄성을 품고 있는 인간이 똑똑한 척 등장한다. 그 대신은 신은 바보와 같은 모습으로 등장한다. 마치 에이런(Eiron)과 알라존(Alazon)과 같은 모순에 빠지게 된다. 알라존은 강자처럼 행동하는 인간이고 에이런과 같은 신에 의해 극적 반전을 가져 오게 된다.

인간이 주체이자 객체로 상호 대립하면서 존재하는 것에서 두 양면성을 조화를 이루려는 것이 인간이 진정한 인간회복임을 보여준다. 이것은 신으로 회귀하여 창조의 본질을 회복하는 결론을 성서가 아이러니컬하게 보여주고 있음이다

즉 실존적 아이러니는 인간의 내부에 이성으로도 잡을 수 없는 근본적인 부조리가 있다는 것을 뜻한다. 신학에서는 이것을 인간의 죄성이라고 말한다. 이 죄성은 예수의 십자가 사건에서 하나로 회

복함의 가능성을 보여주는데 그 하나의 회복의 증표가 예수의 죽음의 시간에 성전의 휘장이 찢어지는 일에서 보여주고 있다. 자아의 주체와 객체가 공존하는 인간상이 진정한 신앙인 것이다.

반어법이란 결국 상황의 반전을 꾀하기 위함이다. 그런 상황적 아이러니가 가장 두드러지게 표출된 장면은 에스더의 내용에 기록된 전체적인 상황이다. 이 이야기의 개략은 다음과 같다. B.C. 485~464 시기에 있었던 페르샤 제국의 왕 시대의 이야기다.

이 책의 저자는 분명치 않다는 견해가 주류를 이룬다. 그러나 모르드개가 이일을 기록했다는 (에스더, 9장 20절) 본문이 있는 것을 보면 그것을 모르드개의 작품의 근거로 삼는 것은 무리가 아니다. 이 목적은 부림절의 의미와 역사적 사실을 유대민족에게 남기고 확인시키는데 있다. 유대인이 흩어져 있는 어려운 생활에서도 돌보시는 신의 관심과 돌보심의 구체적인 사실을 역사를 들어 기록함에 이 책의 목적이 있는 것이다.

'에스더가 왕의 앞에 나아감을 인하여 왕이 조서를 내려 하만이 유대인을 해하려던 악한 고리를 그 머리에 돌려보내어 하만과 그 여러 아들을 나무에 달게 하였음으로 무리가 부르의 이름을 좇아 이 두 날을 부림이라하고' (에스더, 9장 25~26절)에서 보듯이 하마니라는 사람의 잔꾀로 죽게 된 유대인들이 반전을 이루어 대신 하만과 그 가족들이 몰살당한다는 이야기다.

에스더의 내용을 요약하면 유대민족을 구원하기 위한 사전에 설정된 왕후라는 신분의 인물 설정으로 시작한다. 아말렉 사람 하만의 악한 술책에 의한 유대인은 죽음이라는 환란의 고통이 찾아온다. 그러나 하만의 음모가 실패로 돌아간다. 결국 유대민족의 죽음 대신 이 죽음을 바랐던 하만이 죽게 되는 반전의 기록이다. 이 반전되는 사건의 기념을 위해 부림절이 생긴다는 역사서다. 그 반전의 상황적인 아이러니는 신의 인간에 대한 관심과 돌보심의 주제를 철저히 침묵으로 모른 척 하면서 진행시키는 구원에 대한 모습을 보여준다. 이런 신적인 태도가 아이러니로 표출되는 것이다. 신은 작가의 입장이고 에스더를 위시한 유대민족과 하만은 에이런(Eiron)과 알라존(Alazon)의 모습으로 그려내고 있음을 알 수 있다.

이 내용은 오페라나 연극의 주제로 자주 사용되어오는 극적인 구성을 가지고 있기 때문이다. 그 구성이 곧 아이러니의 수사기법이다. 내용상에는 극적 아이러니라 할 수 있고 주인공을 읽는 사람의 입장으로 동일시시키면 실존적 아이러니라고 할 수 있다.

이 반어는 다른 이에게 상상을 전이시켜 극대화하는 효과를 가져온다. 이 상상이라 함은 신이 숨겨놓은 의도(은폐)를 마지막 결론에서 반전하는데, 성서가 구속사의 기록이라면 에스더는 인류를 구원하는 그리스도라고 상상하게 되며, 하만은 악의 세력인 사탄의 그림자라고 말할 수 있다.

이같이 아이러니는 상반된 이미지를 들어 두 상반성에서 새로운 진리를 추구한다. 이런 문학에서 사용하는 수사기법이 성서 안에는 비근하게 상존한다.

4. 나가는 말

이 글에서는 형편상 아이러니의 종류인 역설과 패러디와 펀(pun)에 대하여 각각 구체적으로 예문을 들지 않는다.

다만 그런 종류들이 모두 성서가 우주적 진리를 인간에게 설파하기 위해서는 현재 인류가 처해진 상황의 부조리와 허구를 드러내고 반대로 진실과 진리와 조화를 내타내기 위한 언어의 사용에 있어 아이러니의 수사기법에 대해 살펴봤다.

언어적 아이러니보다는 극적 아이러니나 상황적 아이러니가 큰 범위를 차지하고 있음을 알게 되는데 성서의 여러 곳에서 나타나는 단면들이 모여 성서는 인간의 죄성을 인정하지 않고 자유와 이성만을 의지하는 인간을 풍자하면서 반어법이나 역설적 진술로 신의 의지를 세워나가고 있는 성서의 흐름을 인식하게 된다.

성서 속의 아이러니의 상황 설정은 창세기의 인류 시조부터 종말론적인 역사의 개인에 이르기까지 알라존적인 인간과 에이론적인 인간으로 구별하여 등장인물의 배역이 설정되어 있다. 우주와 인간의 실존적 모습을 총체적으로 그려낸다면 그 연유와 무관할 수 없기 때문일 것이다.

아이러니의 정의처럼 본의와 반대로 말하는 부정적이고 소극적인 표현이 도리어 긍정적이고 적극적인 태도를 나타내기 위한 일종의 수사기법임을 인정하면, 기독인의 현대시에서도 구조적 원리로 사용함은 매우 효과적인 방법이 될 것이다. 이 아이러니(반어)

는 전신분서학적으로 왜곡, 날조, 은폐, 위장을 통해 반대로 사실을 긍정케 함으로 인간이 가지고 있는 위험과 스트레스로부터 방어하게 하는 방어기전의 기능을 담당하는 승화된 모습의 하나다.

내용을 비트는 것도 그 내용의 변질을 위함이 아닌 표현상의 방법론에 지나지 않는다. 간혹 아이러니라는 말은 부정적인 이미지로 시작하지만 결론은 긍정적인 해결을 초래하는 비극을 통한 희극이라고도 할 수 있다.

성서에서 간과해서는 안 될 가장 극적인 아이러니는 사탄이 승리한 것처럼 보였던 십자가 사건이 오히려 부활이라는 종국적 사건을 통해 진정한 역사의 승리로 반전의 기전을 통해 신의 뜻을 보여주는 가장 감동적인 사건에서 그 예를 찾아야 할 것이다. 기법상의 모습에서가 아니라 내용에서도 마찬가지라고 생각한다.

요셉이 감옥에서 처절하게 실패로 끝날 것 같았으나 하나님의 도우심으로 오히려 총리가 되는 구실이 된 것이나, 출애굽 당시 이스라엘 민족이 홍해 앞에서 죽음의 경각지경에 처해졌으나 결국은 반대로 추격하던 애굽의 막강한 군대가 바다에 수장되는 것이나, 삼손의 실패로 그가 죽음으로 삶의 종결이 끝나는 줄 알았으나 결국은 블레셋 사람이 마지막 순간에 몰살을 당하는 것이나, 골리앗 앞에서 소년 다윗의 승리가 보여주는 인간의 조건으로 해석되지 않는 역전을 가져오는 승리나, 에스더의 유대민족이 멸족의 지경에서 반전 되어 하만이 죽고 오히려 그 자리를 모르드개가 차지하는 것이나, 예를 다 들 수 없을 정도로 이루 말할 수 없는 상황이 반전이 되는 경우가 성서의 큰 흐름인 것은 모두 그리스도의 십자가의 죽음과 그 죽음으로 사탄이 멸망하고 예수님은 부활하여 영체를 입으신 것을 말하기 위함이다.

그래서 기독인은 모두 초대교회처럼 개인적으로는 불행을 자초한 결단이었다. 그것이 역설적으로 세상을 정복하는 투쟁이었음을 역사가 아이러니하게 말해주고 있다. 순교를 통해서 선교가 이루어지는 피의 역사가 선교역사라 함과 같은 이치다.

만일 반전이 없으면 극적 구성에 모순을 초래한다. 왜냐면 모든 작품은 갈등의 구조를 가지고 있다. 이 갈등을 극복하는 모습에서 독자는 심리정화라는 카타르시스를 가져오는 것으로 이것이 문학의 구원이라면 죄인이 벌을 주신 신으로 인하여 오히려 구원의 복을 얻게 되는 이야기가 성서의 긴 줄거리인 것을 볼 때 인간의 존재 자체가 아이러니며 모순적인 역성의 자태를 가졌다고 말할 수 있다.

소설에서 기승전결이 플롯의 기본요소라 한다면 결말을 이루기 위해서는 반전의 세 번째 단계가 필수 요건이 되어야 한다. 야구의 9회말 역전이 가장 흥미롭고 재미있는 극적인 경기가 되듯이 그리스도의 구원이 자신의 죽음을 통한 극적 반전을 꾀하는 모습에서 인간의 구원은 마지막 까지 신의 섭리가 긴장을 가져오게 하는 반전이 되풀이 되는 과정을 성서의 여러 곳에서 발견할 수 있는 것이다.

탕자의 귀가나 바울의 회심은 같은 속성을 가진 반전의 이야기다. 여기서처럼 아이러니는 현대시의 기본 구조일 뿐 아니라 모든 명작의 골격을 이루는 요소가 된다. 만일 그렇지 않고 이방종교처럼 인과응보적인 법칙에만 해석되는 진리라 한다면 그곳에는 은혜나 섭리나 용서라는 말이 존재하지 않는다는 말이 된다. 기독교는 성서내의 가르침의 기본이 약한 것이 강한 것을 이기는 구조를 가진다. 마찬가지로 미련한 것이 지혜로운 자를 부끄럽게 한다 함과 같은 궤도를 이루는 이치다.

현대시의 기본구조와 특징을 반어과 역설이라고 말한다. 그러나 이것을 수천 년 전에 성서가 이미 사용한 방법이었음은 매우 놀랍다. 왜냐면 성서는 이미 표현 뿐 아니라 역사의 흐름의 양태가 현대문학이 창작하고자 하는 태도와 방법론을 이미 소유하고 있었기 때문이다. 그런 점에서 성서의 위대성이 시간을 초월하여 존재함을 스스로 밝혀 보여주고 있다 하겠다. 모든 문학의 장르를 시대적으로 초월하여 앞서갔던 성서의 문학적 예술성은 그 자체가 신비요 기적이다. 20세기 이후 모더니즘의 시대로부터 현재까지 현대시의 주류를 이루는 기법을 성서가 여러 곳에서 보여 주고 있다 함은 신의 섭리를 깨닫는 현대기독인의 인생관도 성서의 모습처럼 인간의 존재 자체가 아이러니하고 역설적일 수밖에 없음을 고백하게 된다. 현재의 모순과 절망을 극복하는 힘이 이 조건에서 발아되고 성장하며 결실을 맺게 되는데, 이것을 신앙의 특징이라고 말할 수 있는 것이다. 절망을 좌절하지 않고 새롭게 소생하는 힘의 원천은 그리스도의 삶의 전체가 보여주는 매우 복음적인 것이다. 성경대로 죽으시고 성경대로 다시 살았다(고린도전서, 15장 3~4절)는 역사적 사실이 성서의 기본을 이루는 복음이다.(고린도전서, 15장 1절) 이 말은 성서의 전체의 요약일 수 있다. 죽어야 사는 아이러니가 곧 복음이다. 예수님께서 친히 사신 모습을 돌이켜 보면 살고자 하는 자는 죽어야 한다는 생즉사 사즉생(生卽死 死卽生)의 이순신 장군의 말이 전혀 새롭지 않는 것이 된다.

이처럼 성서 안에서 무수히 찾아지는 반어와 역설의 기법은 아주 기본적이며 새로운 것이 아니다. 창세기부터 요한계시록까지 전체 성서 흐름을 통해 큰 맥을 이루고 있음을 알게 된다.

문학의 존재 탐구의 방법론과 성서

1. 들어가는 말

시는 소통을 위한 행위의 하나로, 언어를 통한 예술 행위라고 한다. 시가 현대에 이르기까지 언어라는 매체를 효과적으로 전달함에 있어서 여러 가지로 형태의 변천 과정을 거쳐 왔다. 현대시의 특징을 살피면서 그 예를 성서 안에서 어떻게 존재하고 있는가를 밝히고자 한다. 그 이유 중 하나는 현대시의 모습이 성서 안에 존재 할 뿐 아니라, 그 존재하고 있는 규범적 양상이 성서 안에서 시간과 공간을 초월하는 언어의 능력을 확인하면서, 아울러 현대기독시의 창작 방법론의 방향을 재확인하고자 한다.

특히 현대시에서는 성서가 말하고자 하는 우주의 본질적인 존재에 대한 관심과 존재에 대한 탐구가 그 주류를 이루고 있다. 신이나 자연에게서 구원을 받고자 했던 시대에서 과학이라는 실증적 사실에 관념이나 추상이 소실된 현대에 와서는 실재적이고 실존적인 존재를 요구하기 마련이다. 이런 현대라는 특성을 가진 시대의 시창작에서 존재를 탐구하는 방법론을 들어 성서 안에는 어떤 양상을 가지고 있는가를 찾아보고자 하는 것이 목적이다.

현대시의 이론이 다양하듯이 마찬가지로 창작 방법론도 획일적으로 규정할 수는 없다. 그러나 현대시의 특성을 분석하면 그 방법론을 제시할 수 있으리라고 생각한다. 방법론의 규명 후 성서 안에서 그 실례들의 존재 여부를 찾아보려 하는 것이다.

2. 관념에서 실념으로 존재 탐구

현대시가 실념으로 표현함에는 현대 철학과 사상적 배경에 기인한다. 현대는 전통적으로 가지고 오던 신의 존재에 대한 의구심과 과학적 태도를 가지고 그 존재를 부정하는 사조에 의해서 생긴 기법이다. 과학시대의 시대적 요청에 의한 존재 탐구는 과학적 태도를 요구할 수밖에 없는 당연성을 지닌다. 다만 현대시도 성서가 말하려는 존재에 대한 해답을 추구하고 있음은 동일하다. 즉 현대시의 특성 중 하나는 존재에 대한 탐구다. 이것은 성서가 말하려고 하는 바와 방향을 같이한다. 일반 현대시와 현대기독시를 구분하듯이 내용은 인간의 존재 탐구이지만 그 존재가 절대적이고 초월적인 대상에서 실존적인 존재로 추구대상이 바꾸게 되었음을 인지하게 된다.

존재의 추구를 관념에서 실념으로 바꾼다는 말을 규명함에 있어 세 가지의 양상으로 그 성격을 구분하고자 한다. 그것은 천상적 이미지에서 지상적 이미지로 구현하여야 하고, 존재 탐구에서 즉자적 존재와 대자적 존재를 통해 대자적 존재의 모습으로 보여주어야 하며, 관념을 사물화 시키는 감각화의 작업에 대하여 셋으로 구분하여 설명하고자 한다.

첫째로 현대시의 특징은 존재 대상의 표현에서 천상적 이미지로 표현하는 것이 아닌 지상적 이미지로 바꾸어 표현한다는 것이다. 이 말은 곧 낭만주의가 추구하던 태도에서 모더니즘의 특성을 가지고 표현한다는 것을 의미한다. 즉 천상적이라는 것은 하늘을 향한 이상을 위해 그 존재탐구가 초월적이며 절대적이며 궁극적인 것을 추구하는 것을 말하는데 그런 것은 정신세계의 형이상학적 위치를 지향하게 된다. 낭만주의는 인간의 한계인 지상적 사고를 초월하여 관념적이고 초월적인 정신의 세계를 가지려 하는 강렬한 바람이 있는데 그것을 가장 추구했던 시대를 가리켜 소위 낭만주의 사조라고 한다. 고전주의에 대한 반동으로 생긴 낭만주의도 다시 신고전주의로 변천했듯이 낭만주의의 한계를 극복하고자 하는 태도에서 모더니즘도 맥을 같이 하고 있다. 신의 위치에 인간의 위치를 놓으려는 인간의 무한한 가능성에 대한 자세는 세계대전 등을 통해 무참한 인간의 비극을 맛보게 된 후 깨닫게 된다. 즉 지상적 존재인 인간의 모든 가능성을 통해 신의 존재 영역인 천상의 위치에 인간을 두려고 하는 이상주의적 가치관의 노력들을 통해 추구하던 존재는 곧 모순이라는 것을 알게 된다. 그것은 그리스에서 이야기하던 본질인 관념의 추구이기 때문에 인문주의의 발달로 이미 인간이 존재의 질문에서 신이나 자연으로 초월하려는 낭만주의는 모순에 부딪치게 된다. 즉 인간은 인간의 한계를 깨닫는 순간

자신이 초월적인 존재가 아니라는 것을 깨닫는다. 여기서 인간의 실존적 의미를 탐구하는 동기가 마련된다. 실존적 존재로의 인간이란 말은 곧 천상이라는 초월적 존재에서 상대적이고 한계성을 가진 지상적 존재로 변환하는 것을 말한다. 지상적 존재인 인간은 여러 감각을 가지고 있는 개체로, 대상을 파악하는데 있어서 그 감각들을 동원하여 접하고 감각기능으로 그 대상을 파악하게 된다. 이런 태도를 지상적 이미지로 나타난다고 말하는 것이다.

다른 말로 한다면, 시로 예를 들 때 모든 대상이나 가치의 판단을 지상에 실지로 존재하는 실념으로 구체화시켜 나타낸다는 것을 의미한다. 인간이 실제로 지각하는 감각에 의한 감각적 해석에 의존한다는 것이다. 감각은 지상에 실제로 존재하여야 가능하다. 이 감각은 곧 객관화시키는 과학주의라는 시대상과 일치한다. 추상적 해석이 구체성을 가진 구상적 이미지로 치환되었다는 것이다. 여기서 천상적 이미지를 지상적 이미지로 바꾼다는 것은 그것을 부정하는 것이 아니다. 그 천상적 존재와 초월적인 가치를 부정하는 것이 아니라 표현하는 방법론에서 지상적인 것을 동원하여 감각적으로 나타낸다는 뜻일 뿐이다. 오히려 시는 정신적인 주제를 가지게 됨은 당연하다. 정신의 관념성을 정신의 감각화로 바꿀 뿐이다. 여기서 기독시문학도 신이라는 존재를 지상적 존재로 보여주는 것을 의미한다. 보이지 않는 것을 보이게 하는 과학적 기계문명의 영향으로도 이해된다. 뇌파를 그래프화한 것이나 심장의 운동을 수치화하는 것이나 보이지 않는 장기를 방사선이나 초음파를 통해 시각적으로 밖으로 드러내게 하는 기술과 같이 시도 존재라는 관념을 인간의 존재 장소인 지상적인 사물로 드러내는 기법, 즉 표현술의 면에서 자상적인 것을 들어 의사를 소통하고자 하는 것이다. 이것은 단지 현대에 와서야 나타난 것만이 아니다. 고대문학인 성서의 여러 시편에서 그런 모습을 자주 볼 수 있고 이런 작품들은 신앙인의 여부를 떠난 누구나 감동적으로 받아들이는 것을 알게 된다. 시편 23편의 첫 행의 '여호와는 나의 목자시니'라는 구절을 보면 금방 이해될 것이다. 여호와라고 하는 존재는 신이기에 인간의 존재와 달리 절대적이고 초월적이고 천상적인 존재다. 그러나 그 절대성과 초월성과 천상적 존재의 모습을 지상적인 목자라는 이미지를 통해 드러냄으로 인간이 가장 잘 이해할 수 있도록 설명하는 것을 이 시편의 짧은 첫 행에서도 누구나 쉽게 깨닫게 된다.

기독인도 지상에서 살기 때문에 지상적인 실재의 실물로 구체적으로 신의 모습을 드러내주기를 바라는 것은 매우 당연하다. 이것은 단순히 신에 대한 존재의 재현을 말하는 것이 아니다. 신의 속성 즉 신의 사랑이나 섭리나 다스림이나 능력 등 관념적인 주제를 새로운 실체인 지상에 존재하는 대상의 하나로 포착하여 실제화 시키는 작업을 창작이라고 부르는 것이다. 신의 존재를 실제화 시킨다는 것은 이론적으로 불가능하다. 이같이 인간의 모습도 마찬가지다. 인간의 정서나 의식을 드러냄도 직접적으로는 불가능하다. 그것을 실재하는 존재로 바꾸어 보여주는 것일 뿐이다. 이런 태도에서 지상적 이미지로 바꾼다는 것은 은유(metaphor)행위를 일컫는다고 말할 수 있다.

> 보라 어둠이 땅을 덮을 것임이며
> 캄캄함이 만민을 가리려니와
> 오직 여호와께서 네 위에 임하실 것이며
> 그 영광이 네 위에 나타나리니
>
> — 이사야, 60장 2절

어둠은 재난과 고통을, 캄캄함은 극도의 절망을 말하고 있다. 직접적으로 재난과 고통과 절망이라고 표현할 것도 그런 것은 감각적으로 느낄 수가 없다. 그러나 어둠이나 캄캄함은 누구나 지각할 수 있는 현상이다. 고난, 절망이라는 단어가 가진 관념을 어둠이라는 시각적 감각으로 보여주는 기법을 지상적 이미지로 변환하였다고 말한다.

다른 예를 들어 본다.

> 복이 있는 사람은 악인들의 꾀를 따르지 아니하며
> 죄인들의 길에 서지 아니하며
> 오만한 자들의 자리에 앉지 아니하고
>
> 오직 여호와의 율법을 즐거워하며
> 그의 율법을 주야로 묵상하는도다
>
> 그는 시냇가에 심은 나무가 철을 따라 열매를 맺으며
> 그 잎사귀가 마르지 아니함과 같으니

그가 하는 모든 일이 다 형통하리로다

악인들은 그렇지 아니함이며
오직 바람에 나는 겨와 같도다

그러므로 악인들은 심판을 견디지 못하여
죄인들이 의인들의 모임에 들지 못하리로다

무릇 의인들의 길은
여호와께서 인정하시나
악인들의 길은 망하리로다

— 시편, 1편 전문

여기의 연의 구분은 성서의 1절을 1연으로 구분하여 작의적으로 지정하였다.

위 시는 시편의 서시적인 성격을 가진 중요한 시다. 전반 3연과 후반 3연이 서로 대구를 이룬 시다. 복 있는 사람과 악인과의 대비를 통해 그 둘의 현상을 복으로 비교하여 더 극명하게 비교하고 있음을 알 수 있다. 1연에서는 악인은 죄인과 다름을 말하고, 2연에서는 복인의 특성을 율법과의 관계로 보여주며, 3연에서는 복인의 복의 모습을 시각적으로 나타내주고 있다. 4연에서부터 마지막 6연까지는 앞의 3연과 반대로 악인의 모습과 특성을 말하고 있다.

중요한 것은 복 있는 사람의 모습을 감각화시킨 모습이다. 3연에서 그 복인의 복은 곧 '시냇가에 심은 나무'다. 시냇가가 복인의 존재 위치다. 이 시냇가란 나무에게 영양이나 수분을 공급하는 위치에 있는 것을 통해 복인이 2연의 율법을 묵상하는 삶과 직접적으로 연상할 수 있는 동기를 마련해 주고 있다. 시냇가는 물이 흐른 곳이다. 즉 율법을 '즐거워하며', '묵상하는' 것은 마치 나무가 시냇물을 흡수하는 것과 같다는 것이다. 나무의 생명은 물의 흡수에서 이루어지는 것과 같이 인간의 진정한 생명 유지는 율법을 묵상하고 삶에 흡수하여 율법을 따르는 것을 내포적으로 의미하고 있음을 알게 된다. 이같이 복이나 율법이나 순종이나 하는 관념적 의미를 시냇가의 나무의 이미지로 바꾸는 것을 지상적 이미지로 구현했다고 말하는 것이다.

반대로 악인의 특성은 '바람에 나는 겨'와 같다고 지상적 이미지로 대신 보여준다. 겨라는 사물에서 타작마당의 모습을 연상할 수 있다. 타작의 마지막에 겨는 쓸어버리고 없애는 사물이다. 타작이라는 의미는 종말의 시간을 말한다. 개인적인 종말이나 역사적인 종말을 포함하여 곧 악인은 쓸모없는 존재로 인정되어 무참히 소멸되는 무가치의 존재라는 것을 의미한다.

5연의 '의인의 모임에 들지 못 하리로다'라는 말도 실은 악인의 위선이 드러나는 것을 뜻한다. 여기서 악인으로 보여주는 경건하지 못한 사람의 종말은 곧 무가치한 겨와 같으며 회중에 끼지 못 하는 고독한 존재가 된다는 것이다. 그런 무가치한 것과 절망적인 고독의 존재를 '겨'와 '모임'으로 보여주고 있는 것이다. 이것을 천상적 이미지를 지상적 이미지로 바꾸어 표현한다는 것이다. 그것은 천상적 이야기를 지상적 이야기로 말하는 것이지, 천성적 사고를 거부하는 것은 아니다. 인간의 이해를 위한 소통의 방법으로 인간이 체험한 지상적 이미지를 소통의 방편으로 이용한다는 뜻이다.

위 본문을 보아 알 수 있는 것은 복인과 악인의 차이는 선택에서 기인한다. 악인의 꾀나 오만한 자의 자리를 추구하지 아니하는 선택에서 악인 죄인 오만한 자와 다름이 생긴다. 반면에 복인인 경건한 자는 하나님의 말씀에 관심을 가지고 묵상함으로 감동을 받고 그 말씀이 지시하는 대로 인도를 받는다는 것을 의미한다. 묵상이라는 말의 깊은 의미는 단지 생각하는 것에 머무르지 않는다는 것을 말한다. 선한 것에 대한 집중하는 것을 내포하고 있다. 집중에서 오는 말씀에 대한 향기로부터 오는 감동에 의한 행실은 자신에게 기쁨으로 다가오는 감동의 삶을 살게 마련이다. 여기서 능동적인 신앙의 특별한 복을 체험하게 된다.

시냇가란 일반적인 물이 있는 냇가를 말함이 아닌 것을 앞의 연에서 알 수 있다. 이것은 율법의 생명력과 연결된 근본으로 여기서는 하나님과 연계된 상황을 뜻한다. 말씀을 묵상한다는 복은 신과 연결되는 시냇가에 존재한다는 것이다. 그것도 심어져 움직이지 않는 나무의 모습에서 그 복의 영구성과 안전성을 함축하고 있음이다. 복인은 신이 심는 나무다. 그 나무는 신에 의하여 힘과 활력을 공급받는다. 은혜로운 은총은 나무의 수액처럼 노출되지 않고 마르지 않는 잎사귀와 열매에서 확인되는 것이다. 이것은 여러 가지 인간상이 있지만 삶에서는 구별되지 않아 선악을 서로 구별하지 않고 살더라도 그 결과는 위의 시처럼 확연히 달라지게 된다는 것을 나무라는 이미지의 그림으로 보여주고 있다.

의인은 '열매'라는 유용함이 있고 악인은 '겨'라는 쓸모없는 존재라는 것도 이미지로 보여주고 있다. 의인은 결국 남에게 효용성이 있는 삶이라는 것도 연상할 수 있다. 열매란 나무를 위해 존재하는 것이 아니다. 그 열매를 먹는 타인을 위한 존재다. 그래서 의인이 있는 곳에는 그 의인으로 말미암아 그 공동체가 복을 받는 것이다. 마치 소돔성의 멸망을 의인의 존재여부로 결정하는 것과 마찬가지다.

복인과 악인을 지상적인 이미지인 '시냇가의 나무'와 '바람에 나는 겨'라는 두 사물을 통해 드러냄으로 복인과 악인이라는 형이상학적인 천상적 이미지를 가진 언어를 지상적 이미지를 가진 언어로 보여준다는 예시에서 현대시가 추구하는 기법이 이미 성서 안에 존재하고 있음을 확인할 수 있다.

두 번째는 존재탐구의 방법론에서 존재를 즉자적 존재와 대자적 존재로 구별하여 본다는 현대인의 의식이다. 단어적 의미의 즉자적 존재란 존재가 스스로 존재하는 것을 의미한다. 스스로 존재한다는 뜻은 데카르트의 말처럼 신이 없이도 인간의 생각이 존재를 의미한다는 것과 마찬가지다. 중세종교시대에서는 인간이란 신 앞에서 존재의미와 양태를 설명했다. 그러나 인문주의의 발달로 그 신 자리가 없어지고 단독자인 인간만이 존재하게 된다. 즉 신과 인간의 구별을 할 수 없는 하나의 자리에 있는 것이다. 신과 인간이 하나이다. 즉 즉자적이란 모세에게 일러준 신의 '스스로 있는 자'(야훼)

라는 이름과 같다.

특히 사물의 존재에서 물아일체(物我一體)의 사상이 생긴다. 하이데거가 말한 '언어가 존재의 집'이라는 말이나 샤르트르가 '존재 자체'라고 말한 해석은 곧 언어는 사물로 환원되는 것을 의미한다. 즉 쉬클로프스키가 말한 '말이 곧 사물'이라는 것은 사물이 사상이자 언어라는 것과 같은 의미다.

즉자적 존재라는 것은 단독자라는 동일어로 단독자는 세계와 분리, 단절, 고립이라는 대상과의 틈새를 만들고 있다. 틈새의 원격거리에 의하여 단독자는 소외라는 의식을 가진다. 이 소외감에서 사물과 결속하려는 동일성에 대한 추구를 한다. 즉 대상으로부터 동일성의 추구다. 즉 현대시가 사물로 드러내고자 하는 기법 안에는 사물을 통해서 의식의 동일성을 추구하려는 심리에서 기인한다. 결국에는 즉자적 존재인 단독자가 역설적으로 대자적 존재에 의해서 해석되는 것을 의미한다.

대자적 존재의 해석이란 즉자적 인식론과 존재론의 대립하는 개념이며 동시에 보강적인 역할을 한다. 일종의 상대성 원리 해석에 의한 존재이다. 타자 앞에서 자기 존재를 파악하고 해석하는 태도를 말함이다. 즉자적 존재를 파악하기 위해서는 대자존재에 의해 파악되는 과정을 거치어야 한다. 즉자존재는 자체 해석이 불가능하지만 대자적 존재에 의하여 설명되는 기전을 만든다. 즉자존재는 인간에게는 존재일 수 없는 의미이다. 여기서 초월적 존재로만 존재할 수 있어 그것을 신학에서 신의 영역이나 철학의 본질의 세계가 되는 것이다.

만일 인간이 즉자존재라 가정한다면 인간은 언제나 타인으로만 있을 수밖에 없다. 인간은 존재의식으로는 존재하지 않는 무(無)라는 말과 같은 이치다. 이 무(無)의식에서 존재를 추구하기 위해서는 대자적 대상인 타존재가 필요하게 된다. 타존재에 의해 존재이유를 밝히고 무라는 허무를 극복하기 위해서 대자의 존재와 관계를 창조적으로 탄생시킬 수밖에 없는 필연성을 가지게 되는 것이다. 즉자가 대자에 대한 필연성을 가지게 되는 이유가 된다.

현대시가 추구하는 것은 존재에 대함인데 이 존재가 대자적 인식에서 즉자적 존재가 성립된다는 것과 같은 말이다.

이런 현대시의 자세를 성서 안에서 찾아보기로 한다.

내가 여호와를 찬송하리니
그는 높고 영화로우심이요
말과 그 탄자를 바다에 던지셨음이라

여호와는
나의 힘이요 노래시며
나의 구원이시로다

(중간 생략)

여호와는 용사시니
여호와는 그의 이름이시로다

그가 바로의 병거와 그의 군대를 바다에 던지시니
최고의 지휘관들이 홍해에 잠겼고

깊은 물이 그들을 덮으니
그들이 돌처럼 깊음 속에 가라앉았도다

(중간 생략)

주께서 진노를 발하시니
그 진노가 그들을 지푸라기같이 사르나이다.

주의 콧김에 물이 쌓이되
파도가 언덕 같이 일어서고
큰물이 바다 가운데 엉기나이다

- 출애굽기, 15장 1~10절 부문

이 노래는 모세가 홍해바다를 건넌 후에 하나님의 큰 능력을 본 이스라엘 백성들이 지도자의 능력을 인정하고 모세를 신뢰하는 상황(출애굽기, 14장 31절)에서 모세가 노래한 시다.

모세에게 나타나신 여호와의 이름은 '스스로 있는 자'(출애굽기, 3장 14절)이다. 그 신은 역사적인 존재로 아브라함과 이삭과 야곱의 하나님이었다.(출애굽기, 3절 15절) 그들에게는 믿음과 순종을 희생을 요구하시는 신으로 나타난다. 그러나 위 시에서는 용사로 나타난다. 애굽 군대와 말들을 바다의 물속에 침몰시키는 기적을 봄으로 신의 존재는 가장 강한 용사로 보여 짐이다. 스스로 있는 즉자존재라는 대상 앞에서 그들이 느끼는 존재는 용사로서의 신의 모습이다. 성서가 모세를 통하여 신의 영감에 의한 작품, 곧 신의 저서라 한다면 스스로 용사의 모습으로 존재의 양상을 가진다. 앞의 아브라함과 이삭과 야곱의 관계는 극히 개인적인 관계이지만 용사로 나오는 모습에서는 하나의 민족(부족) 국가를 만들고 지휘하고 다스리는 지도자로 모습을 드러낸다. 개인의 신에서 선택한 이스라엘이라는 민족의 모습으로 존재를 드러냄에서 볼 때 신의 존재 탐구라는 것을 현대시의 방법론으로 보면 이미 즉자가 대자를 가지고 나타난다고 할 수 있다. 그래서 모세라는 사람 앞에서는 개인이 아닌 무리의 지도자이고 당시 가장 막강한 나라의 애굽 왕인 바로 왕보다 더 힘이 센 진정한 왕으로 그 존재가 확장되어 나타난다. 출애굽에서 나아가 점점 그 존재를 드러냄에서 자신을 점진적으로 노출하여 보여줌을 신학에서는 점진적 계시라고 부르는 것과 같다. 신도 자기존재를 표현에 있어 지상적인 이미지로 보여주는데 이 지상적 이미지는 곧 대상을 통해서 보여주는 대자적 존재로 인간에게 비쳐진다는 현대시의 이론과 매우 가깝다. 바다의 태풍을 신의 콧김으로 보여 줌으로 이 신은 인격적 존재라는 것도 은연중에 내포하고 있다. 원래 신은 영적인 존재다. 그러나 그 영적인 존재를 위의 시에서는 인격적 존재로 치환하여 인간의 왕이 되는 이유를 설명하고 있음이다. 인간의 왕이 신이라는 것에서 세상의 왕보다 더 구체적인 다스림이 있는 본질적인 군주(Lord)의 존재로 자신을 표현한다. 다른 말로 한다면 신의 존재 탐구나 인간의 존재 탐구는 자체적인 모습을 다른 대상을 통해서 인식시켜준다는 것을 말한다.

세 번째로 관념을 사물로 드러내어 지상적 이미지를 구성하는 방법론을 살펴본다.

현대시에서 존재를 탐구하는 시적 태도는 변용이나 치환을 통해 이루어진다. 내면의 세계까지 존재로 드러내게 하기 위해서는 유신론(有神論)이나 유심론(唯心論)적인 내용이라 할지라도 유물론(唯物論)적 태도를 취한다. 왜냐면 현대의 가치척도는 물질로 대표되기 때문이며, 가치란 객관적이며 과학적으로 인정되어야 진정한 가치가 된다는 시대상에서 기인한다. 따라서 시어가 시대적 요청에 의하여 물화(物化)로 드러낼 수밖에 없다. 사르트르가 시어는 의미를 전달 하기위해서는 기호의 언어가 아닌 사물이라는 것으로 말한 바와 같다. 시어가 사물이라는 생각은 사유나 정서나 심리 등을 사물로 드러내야 한다는 당위성을 가지게 된다. 사물로 드러냄은 정서나 의식을 구체화 시킨 형태로 드러냄을 말한다. 이 구체적 사물을 들어 감각적으로 전달해야 한다는 것이다. 현대시가 공간예술로 대체되는 연유가 이것에서 기인한다.

현대시의 존재 탐구란 존재의 해석이 아니라 존재의 현현을 말한다. 현현이라 함은 현상학적인 면만 강조하는 과학적 태도가 아니라 그 존재 자체를 대자적 존재로 드러냄인데, 그 드러냄을 통해 존재의 필연성을 획득하고자 함에 목적이 있는 것이다. 단순히 사물화시키는 것이 아니라 창조적 기전을 통해 새로운 존재로 태어나게 하는 창조의 일환인 것이다.

이것은 '정서로부터 도피'라는 엘리엇의 말과도 일맥상통한다. 문학의 기본적인 요소가 정서인 것이다. 이 정서적 요소를 제외하면 문학은 존재하지 않는다. 그럼 도피라는 의미가 무엇을 가리키는가. 그것은 배제나 무시를 뜻하지 않는다. 이것은 정서의 객관화를 의미한다. 정서를 그대로 표현하지 않고 그 정서와 사상에 상응하는 사물의 이미지나 상황을 들어 표현해야 한다는 뜻이다. 정서까지도 객관적상관물을 빌어 나타내어야 한다는 것으로 관념의 사물화와 같은 이론이다. 정서의 객관화를 위해 정서를 물화시켜 형상화를 만드는 것이 현대시의 중요한 특성 중 하나다. 이것은 주정적인 낭만주의 사조를 극복하고자 하는 의도에서 생긴 신고전주의나 모더니즘이라는 사조와 불가분의 관련성이 있다.

시어가 사물자체이며 수단이 아니라 곧 목적이라는 생각은 카시러로부터 오래된 역사적 배경을 가진다. 원시인의 언어는 인간들만의 언어가 아니라 자연과 신과 인간이 함께 공유한 언어라고 말하였다. 비인격적인 사물과 소통하는 원초적 언어가 사물을 지시하고 상징하는 것이 아니라 언어 자체가 사물이었다는 것이다. 따라서 인간과 사물과는 분리할 수 없는 물아일체가 되어 있었다는 논리다. 이것이 언어의 즉자성이다. 그러나 인간의 의식이 발달할수록 사물과의 거리가 생기면서 사물과 분리되어 대상으로서 인식하게 된다. 분리의 거리가 멀리 갈수록 그 대상과 거리가 생기게 되어 인간은 소외의식이 커진다. 이 소외의식에 의하여 인간은 다시 그 사물이라는 대상으로 귀의하려고 한다. 즉 다시 사물로 다가가는 즉자적 지향성에서 언어가 사물화 되기를 원하는 것이다. 사물로 하나가 되는 것을 시에서 영감(inspiration)이나 직관(intuition)이라고 표현한다. 사물화란 언어의 사물화를 지칭하는 것으로 존재의 사물화라는 말과 같다. 시인은 언어를 기호가 아닌 사물로 드러내야 함이 그런 연유에서다.

하이데거의 존재론적 현상학이 그 이론적 배경을 튼튼히 해준다. 인간은 존재(sein)에 관심을 가지고 있는데 그 존재는 역사과정속에 변질되어 은폐되어 있다고 한다. 철학이나 시인은 그 존재를 만나기 위하여 과학적인 언어로는 설명되거나 표현할 수 없어 만날 수 없다는 것이다. 본질적인 존재인 신은 은폐되어 있지만 어떤 계시성을 가지고 존재한다는 것이다. 이 계시성은 어떤 사물을 통해서 이루어진다고 한다. 시어의 사물성은 바로 존재의 현현을 위한 '존재의 집'으로 제기되는 불가피성을 가진 존재체라는 것이다.

소위 전경화(前景化)라는 것도 관념을 사물로 배치하는, 의식과 사물이 하나로 되는 것을 의미한다. 이 하나가 되게 하는 시인의 의도된 행위를 '폭력적 결합'이라고 부르는데 이것은 원래 즉자존재인 사물과 인간의 의식의 거리를 좁혀 관념이 사물로 통일되게 함을 말하는 것이다.

성서는 종교의 영역인 초월적이며 절대적인 존재에 대한 탐구가 당연히 담겨있다. 그런 존재를 객관화 시키는 양상을 성서의 일부 내용 중에서 찾아 확인해보기로 한다.

> 태초에 말씀이 계시니라. 이 말씀이 하나님과 함께 계셨으니, 이 말씀이 곧 하나님이시니라.(요한복음, 1장 1절)
>
> (중간 생략)
>
> 말씀이 육신이 되어 우리 가운데 거하시매, 우리가 그 영광을 보니 아버지의 영광이요, 은혜와 진리가 충만하더라.(요한복음, 1장 14절)
>
> (중간 생략)
>
> 본래 하나님을 본 사람이 없으되 아버지 품 속에 있는 독생하신 하나님이 나타내셨느니라. (요한복음, 1장 18절)

여기서 말하는 말씀은 그리스 말인 로고스(rogos)이다. 이 말의 본 뜻은 이성(理性) 또는 계산(計算)이라는 말이다. 그러나 여기서는 신이라는 의미로 사용하고 있다. 구약에서 하나님이 말씀으로 계시하는 것으로 인해서 말씀이라는 관념적인 단어로 번역된 것에 대하여 이해가 간다.

그러나 원래 이 말은 그리스인들에게는 매우 본질(essense)적인 영역에 속하는 관념의 언어다. 그러나 이 성서가 말하고자 하는 독생자로 나타날 때는 그 본질이 실체(substance)로 존재의 모습을 가진 것으로 말하고 있다. 즉 신의 존재를 관념적인 로고스에서 실체적인 그리스도의 출현으로 보여주는 성서의 진술에서 존재탐구의 전형을 찾아 볼 수 있게 한다. 성서에서는 신은 영적인 존재로 볼 수 없는 불가시적 존재다. 그래서 사람들은 그 신을 볼 수 없었다. 처음으로 독생자로 인간 세상에 나타나심으로 인간이 그 존재를 가시적으로 인정할 수 있게 된다. 신의 존재 탐구가 그리스도의 탄생으로 말미암아 육신을 가진 존재로 설명되어지는 것이다. 이처럼 세상에서는 관념이라는 본질이나 정서라는 감성적인 요소가 가시적으로 나타내는 것을 사물화 시켰다고 하고 엘리엇식으로 객관적상관물을 차용했다고 한다. 즉 여기서는 신의 객관적상관물이 예수인 것이다. 하나님이 곧 사물화 된 예수인 것이다. 관념의 사물화나 객관적상관물의 이용이나 모두 가시적 존재로 드러냄의 기법인데, 이것은 단지 과학시대에 와서 효용성이 극대화되었을 뿐이지 인간의 지성적 사고에서는 수천 년 전에도 사용한 문학적 기법인 것이다. 로고스의 육화가 곧 예수다. 그래서 예수님을 본 사람은 곧 하나님을 본 사람이라는 성서의 논리가 타당성을 가진다. 시문학에서 이미지의 육화의 여부로 시의 성공 여부를 논하는 것을 미루어 보면 아마도 로고스의 육화(incarnation)에서 기인된 단어가 아닌가 생각된다. 단 신학적으로 예수가 실체라는 의미에서 서브스탠스(substance)보다는 hypostases 라고 말하는 것이 더욱 확실한 표현임을 부연하여 지적해둔다.

요한은 그런 예수의 모습을 '보라 세상 죄를 지고 가는 어린 양이로다.'(요한복음, 1장 29절)라고 말하는 것을 보아 신의 육화의 목적이라는 관념을 어린 양이라는 사물을 들어 객관화시켜주고 있다. 즉 인간의 죄를 대신 죽어 갚아주는 희생의 동물인 어린 양으로 드러내는 세례 요한의 표현이야 말로 아주 효과적인 시어를 사용하고 있음을 알게 한다. 굳이 죄라는 말이나 구원이란 말을 들어서 설명하지 않고 어린 양이라는 단순한 언어가 주는 이미지를 사용함으로 그 이미지가 주는 각종 상상을 가능케 하는 미적 감동의 수단을 사용하고 있다. 이 구절은 '우리가 종일 주를 위하여 죽임을 당하게 되며 도살할 양같이 여김을 받았나이다.'(시편, 44장 22절)에서 유래된 이미지다. 이것으로 미루어 보면 이 어린 양은 이미 이스라엘 사람들의 심상에 그림처럼 형상화 된 사물이었기에 더욱 선명한 이미지로 지니게 된 것으로 볼 수 있다. 어린 양은 유월절에서 유래된 희생제사의 이미지를 가지고 있다. 어린 양에 의해서 이스라엘 민족이 구원을 받게 된 출애굽기의 사건을 통해 성서가 말하려는 사연이 이 한 마디의 사물의 언어에서 다 충족되고 있다는 것을 알게 된다. 이것은 시가 설명하는 것을 지양하고 오히려 보여주는 시각화의 기능을 중요시 하는 현대시의 이론과 다름이 없다. 그런 면에서 세례요한은 훌륭한 시인임에 틀림이 없다. 시인은 표현하고자 하는 바를 직정에 의하지 않는다. 객관적상관물을 발견, 드러냄으로 암시성을 가지게 한다. 이 암시성에서 읽는 사람으로 하여금 시인의 의도했던 세계로 유도함으로 공감대를 형성하여 새로운 감동을 형성하게 해준다.

엘리엇에 의하면 시는 정서적 환기를 발상으로 하나 단순히 정서의 회상을 통한 미적 구성이나 노출이 아니라 한다. 객관적상관물에 상응, 의탁시켜 재창조하는 정서의 이미지화라고 말할 수 있다. 위 본문처럼 인간의 내면세계나 종교의 초월성을 가진 주제까지도 상관물로 객관화시켜야 효과적이라 함을 현대시뿐만이 아니라는 것을 성서가 변증해 주고 있다.

여기서 신학적인 입장에서 부연해 말하는 것은 문학에서 상징이라고 하는 것은 그 대상이 끝까지 노출되지 않는 성격을 가졌지만 어린양은 그 본질이 예수님이라고 구체화 되어 노출된다. 여기서처럼 어린 양이 예수님이라는 것이 마침내 노출되는 것을 볼 때 이 어린 양은 상징 언어가 아닌 예표라는 것을 알게 된다. 본질에 대한 모형이나 그림자(shadow)라고 표현함이 더 정확하다.(히브리서, 8장 5절)

3. 나가는 말

문학의 영원히 변하지 않는 주제(오브제)는 존재와 사랑이라는 두 영역이라는 것을 문학사가 여실히 보여주고 있다. 시대마다 주요 관심사가 달라질 수밖에 없으나 그것은 그 시대가 지나면 중요하게 차지하던 자리를 내주거나 변하게 된다. 일제강점기에는 민족의 독립에 대한 작품이 영향력이 컸던 것이고, 독재시대는 민주화에 대한 욕구가 그 주류를 이루었던 것과 같은 이치다. 그러나 어느 시대나 인간의 정서의 내면의 의식 속에는 존재와 사랑의 두 주제가 끊임없는 고뇌와 관심을 가지고 이어져 내려오고 계속 그리하고 있다. 사랑이란 말도 진정한 의미에서 인간의 존재의 값어치에 대한 의식인 것이다. 특히 종교는 더욱 그럴 수밖에 없다. 현존의 존재만이 아닌 미래에 대한 불확실성에서 도피하고자 하는 영원에 대한 갈구는 죽음이라는 의식에 대한 인간의 처절한 몸부림을 통한 구원을 이루고자 노력한다. 그것이 철학이든 선행이든 어떤 인간의 노력도 불가능하다는 것이 다른 종교와 성서의 가르침의 차이다. 성서는 철저히 존재자체를 신과의 관계회복으로 구원을 이룬다고 말하고 있는데(요한복음, 15장 참조) 그것은 곧 신과 인간의 대비를 통해 그는 거룩하시고 완전하신 반면 그로 지으심을 받은 인간은 죄인이라는 전제를 통해 자력구원이 아닌 신을 통한 타력구원을 철저하게 견지한다. 따라서 인간은 죄인으로 완전한 신의 도움만이 진정한 인간의 회복을 이루는데 이것은 곧 신과의 회복이다. 이 신과의 회복은 예수그리스도의 십자가를 통해서만 가능하다. 문학적 표현으로 말한다면 신과 인간과의 단애를 십자가라는 다리로 서로 연결하여 신 앞으로 나아가 인간의 원초적 행복을 찾아 풍성한 삶을 회복하는 것이 된다. 곧 죄인인 인간이 죄의 삯인 사망에서의 탈출이 곧 구원이다. 이것의 대표적인 서사시가 출애굽기라고 할 수 있으며, 그것의 완전한 노출이 어린 양의 십자가와 빈 무덤 사건이 되는 것이다.

그런 존재에 대한 드러냄은 죽은 나사로의 사건을 통해 죽음으로부터 해방을 예시하고 있음을 알게 된다.(요한복음, 11장 참조) 결론적으로 인간은 신 앞에서 대자적 존재로 서 있을 때만이 인간 존재에 대한 질문에 대해서 해답을 얻게 되는 것이고, 그것이 곧 구원이라는 말로 대치된 것이다. 존재의 다른 말도 곧 영생이다. 이 영생도 시간적인 개념이 아니고 관계의 상태를 지적하고 있다.

불신자도 암흑의 세계에서 영원히 존재하기 때문이다.

존재라는 주제의 양태나 내용이 그럴지라도 문학에서 말하는 존재의 탐구는 그 존재의 드러냄의 양식을 말한다. 존재를 어떻게 드러내느냐 함이다. 존재의 유무를 철학적으로 규명하는 것이 아니다. 시가 그런 면을 다루고 있다손 치더라도 철학과 종교의 면이지 그것은 문학의 영역이 아니기 때문이다. 간혹 문학방법론을 통한 도전은 가능하지만 순수문학에서는 어디까지나 문학적 감명(감화)을 위한 방편일 뿐이다. 성서도 마찬가지다. 신의 존재를 설명하거나 규명하지를 않는다. 다만 성서 안에 있는 언어를 통해 드러냄이라는 계시가 있을 뿐이다. 성서가 구속사적 계시라고 함도 그런 의미에서 매우 정확한 표현이라고 말하게 된다. 왜 수 천년을 통해 선지자들과 예언자들을 통한 신의 말씀(현재의 성경)이 인간의 존재와 그 존재의 완전한 회복을 위해서 설명하지 않고 어린 양의 모습이거나 놋뱀을 통하거나 요나의 큰 물고기를 통한 변용으로 드러내고자 했는지가 문학과 신학의 연결점이 된다. 만일 그 사건을 문자 그대로만 설명이나 해석하려 한다면 많은 부분이 모순에 빠진다. 그러나 문학적 방법론에서 신과 인간의 소통을 이해하려 한다면 구체성을 가지고 확실한 의도(계시)가 노출될 수 있다. 이것이 성서 안에 수많이 등장하는 문학 방법론을 통한 계시의 방편이라고 말할 수 있다.우주의 존재 속에 그 우주를 만든 분의 가장 관심거리인 인간의 존재는 마치 부모 앞의 자식과 같다. 그래서 신과 인간의 관계를 예수님에 와서야 자녀관계인 것을 극명하게 보여주고 있는데 이것이 바로 주기도문이다. 주기도문은 시작부터 '우리'라는 인간의 공동체를 아버지와 형제들의 관계로 말해 주고 있다. 그래서 내 죄와 내 양식뿐만 아닌 '우리 죄' 와 '우리의 양식'에 대한 삶의 추구를 기도를 통해 제시하고 있기에 결국 인간이 회복하여야 할 하나님의 나라에서 신의 자녀인 '우리'는 곧 그 나라이며 권세이며 영광이 되는 것이다.

"너희는 이렇게 기도하라" 하신 말씀은 다른 종교의 기도문과 달리 우리의 행동지침인 것이다.

성서가 신의 계시(존재의 드러냄)하는 주제가 내용이라 하면 그 계시의 기법이 문학의 표현 기법과 어떤 양상을 가지고 있는가를 살펴보았다. 그것은 매우 동일한 양상을 가지고 있음을 알게 되었다. 즉 신의 존재를 드러냄에서 천상적 존재인 신이 지상적인 이미지를 가지고 다루고 있음을 알게 될 때 성서는 거룩한 문학서로 가장 규범적인 작품이라고 말할 수도 있겠다. 그래서 영구성을 가진 생명력의 작품이라는 것의 이유를 짐작하게 된다.

성서 안에서 가장 중요한 신의 존재를 사물로 구체화시키고 있음은 성서가 언어로 구성되었기에 당연히 문학이 가지는 불가피성을 보여주고 있다. 언어의 본질인 의식과 사물이 하나가 되려는 원시언어의 회귀가 현대시에서도 다시 추구하고 있음을 역설적으로 성서가 말해주고 있는 것이다.

따라서 현대시의 창작이론의 대부분이 성서 내에서 이미 사용된 방법론임을 알게 된다. 따라서 그 방법론을 통해 존재를 밝히고 있는 성서의 모습에서나 현대시의 기법이나 타당성이 있는 이론임을 인정받게 되는 것이다. 성서가 역사적으로 권위를 받고 있는 것만큼 현대시의 창작이론도 당위성을 가지고 있다고 역설적으로 말할 수 있겠다.

현대시 창작기법과 계시방법의 상관성

1. 들어가는 말

계시(啓示)라는 말뜻은 사전에서 '깨우쳐 보여주는 것이나 사람의 지혜로는 알 수 없는 진리를 신이 가르쳐 알게 함'이라고 정의하고 있다.

그러나 성서에서는 구속사를 보여주는 우주적 대하소설이나 서사시로, 그 속에 신이 구원의 뜻과 방법을 점진적으로 드러내 보여주고 있는 양태를 계시라고 말한다. 특히 성서 자체가 계시이기 때문에 성서의 내용을 특별한 사람 즉 구원을 이루려고 마음을 먹은 사람에게 특별히 해당하는 특별한 경우의 계시라는 의미에서 성서를 특별계시라고 한다. 반대로 누구나 신의식(神意識)을 가지게 하는 우주가 가지고 있는 만물의 신비성과 장대함과 위엄을 통해 보여주는 계시를 일반계시라고 한다. 계시라는 성서의 낱말(revelation)은 덮은 보자기를 들어서 보여준다는 의미를 가진 단어다. 그래서 그 계시는 그 행위가 이루어지기(노출되기)까지는 숨겨져 있는 진리가 있다는 것을 내포하고 있다. 숨겨진 진리, 다른 말로 한다면 은폐된 진리를 노출시키는 것을 계시라고 말하는 것이다.

현대시의 특징도 은폐와 노출의 순환을 통해 이루어지는 것이기에 시인은 본질을 드러냄에 있어 마치 계시를 하는 존재와 같은 역할을 한다. 그래서 고대 원시시대에 시인은 제의(祭儀, ritual)에서 말을 담당한 제사장의 역할을 한 사람이라는 주장에 동의하게 된다. 이 장에서는 현대시의 표현기법 중 중요한 부분인 은폐와 노출, 그리고 메타언어로 드러내는 현대시 기법과 성서의 계시 양태를 비교하여 검토해 보려고 한다.

인간의 언어로 기록된 성서도 신의 진정한 의도와 목적을 분명히 전달하거나 감동을 극대화시키기 위해서는 인간의 언어의 한계를 극복하려는 문학적 방법론을 활용할 수밖에 없다는 전제를 밝히는데 의도가 있는 것이다.

이 의도를 실현하기 위해서는 현대시가 가지는 특징을 설명하여야 한다. 여기서는 계시 행위의 효율성을 위한 성서의 특징적 태도를 밝히고, 성서 안에서 볼 수 있는 상관성을 제시하여 현대시가 품고 있는 기법의 논리에 대하여 확인함이 필요하다.

구약이 오실 예수님에 대한 계시의 말씀이라면, 신약은 오신 예수님의 말씀을 통해서 현존하시며 계시하시는 것을 말함이고, 신약 마지막 책인 요한계시록은 장차 다가 올 미래에 대한 계시다. 이런 계시의 모습이 시문학의 방법론과 어떤 유사성이 있는지를 살피고자 한다.

2. 현대시 창작에서 추구하는 은폐와 노출

낭만주의 시대까지는 시는 노출의 미학이었다. 시인이 자기의 사상이나 감정을 토로하면서 관념과 직정에 의탁하여 의미를 전달하였다. 시가 주아주의(主我主義)나 열광주의나 동경(憧憬)의 미학(美學)이었기에 관념을 생경하게 노출시켜 이상을 천상적인 이미지로 청각적인 방법을 동원하여 발표하였다.

그러나 현대시 소위 모더니즘의 시대에서는 노출이 은폐의 미학으로 대체되어 새로운 양식을 가지게 된다. 그러나 은폐와 노출은 서로 모순이 되는 행위처럼 보이나 실은 은폐를 통한 새로운 의미의 노출을 위한 것이다. 이것은 직접 노출시키는 것보다는 더 견고하고 확실한 이미지로 보여주려는 태도로 시대적 요청을 따른 것이다. 관념이나 정서를 직접 서술하여 드러내지 않고 철저히 육화된 이미지로 감각화를 시킨다. 직접 드러내던 것을 다른 수단을 통하여 가시화시키는데 곧 위장과 은폐를 동원하려는 현대가 요구하는 문학적 기획을 하게 된다. 은폐를 통한 노출이라는 것이다.

낭만주의에서 보여주던 직접 노출이 아닌 은폐의 과정을 통하여 변용과 치환, 왜곡과 변장, 비틀기와 낯설게 만들기, 역설과 반어, 풍자와 언어유희 등을 하는데, 이것은 모든 가치를 물화나 도량화시키는 현대의 요청에 예술에서도 순응하는 수단으로 받았기 때문이다.

은폐란 노출을 위한 예술적 창조행위의 과정이 되어 현대시를

'의도된 기획물'이라고 부르는 연유가 이에서 시작하는 것이다. 천재성(천부적 은사)과 함께 전문적 기술(예술적 작업)이 동시에 요구되는 것이다.

그럼 현대시가 추구하는 그런 은폐의 과정의 몇 가지 특징적 방법을 찾아 성서 안에서 상응하는 상관성의 부분을 검토하여 왜 그것이 현대시나 성서가 가지는 문학방법론이어야 하는가를 귀납적으로 확인하고자 한다.

우선 첫 번째로 검토할 사항은 현대시의 은폐를 특성적으로 보여주는 기법인 변용에 대해서다. 변용(變容)이라는 단어의 직접적인 의미는 '얼굴 바꾸기' 정도가 된다. 본체의 본질은 변하지 않고 겉모습만 변화를 주어 위장시키는 행위를 뜻한다.

본래 것을 다른 것으로 바꾼다는 것이다. 어떤 사물을 말하고자 할 때 그 사물을 들어 진술하지 않고 다른 사물로 바꾸어 대신 보여준다는 의미다. 이것은 쉬클로브스키가 말한 언어의 친숙성을 비친숙성의 것으로 만들어 새롭게 하는 즉 낯설게 하기와 같은 것이다. 본체를 숨겨 은폐시키고 다른 사물을 보조적으로 제시하여 그 본체의 의미를 전달하는 것을 말한다.

예를 든다면 하나님 앞에서 인간의 존재의 모습을 '나는 주의 양이다.' 라고 함과 같다. 사람이 양이 되어 양의 신분과 성격과 위치를 설정하여 줌과 같다. 양이 주는 여러 가지 이미지를 통해 양으로 변용하여 은폐했던 화자의 다양한 의도를 짐작하게 할 수 있다. 목자 앞에서 양의 특징적 성품, 즉 그 목자의 소리에 순종하며 따라가는 모습을 보여 줌으로 절대 신앙의 모습을 대신 말해준다거나, 목자의 돌보심의 이미지를 동원하여 양이라는 존재가 가지게 되는 안위의 양태까지도 확장하여 보여주는 이미지의 기능과 마찬가지다.

정서나 관념도 마찬가지다. '내 마음은 호수요.'라고 했다면 화자의 마음의 심리 상태를 호수라는 사물을 통해 드러내는 것이다. 내 마음은 원래의 자기의 관념이다. 그러나 호수는 그 원래의 관념을 보조적으로 드러내 주는 같은 동일성의 관념을 제시하는 사물이 된다. 문학에서는 이 원래 관념을 '원관념'이라 하고, 보조적으로 들어 앞에 세우는 사물에서 얻게 되는 관념을 '보조관념'이라고 부른다. 원관념은 숨기고 보조관념으로 노출시키는 현대시의 특징적 예술행위의 기법에서 은폐는 노출을 위한 행위임을 알게 된다. 노출로만으로는 안 되는 것을 오히려 은폐시켜 다른 모습으로 드러내야만 진정한 의미 전달이 가능하게 되는 역설적이고 아이러니한 태도가 현대시의 자세다. 변용은 사실 쪽에서 보면 허구이고, 시적 창조 쪽에서 보면 진실의 사실을 은폐시켜 픽션으로 말해주고 있다. 이런 자세는 현대시가 품고 있는 아이러니한 문학적 태도를 가지고 있음을 발견하게 된다.

변용은 하나의 사실을 다른 사실로 바꾸어 놓는 것이다. 바꾸는 행위에서 시는 새로움을 탄생시키고, 이 새로움에서 신선감과 신비감을 주며 언어는 활력을 가지게 된다. 변용은 창조적 역할을 하게 하는 요소가 된다.

항상 원관념은 뒤의 배경에 감추기 때문에 원경(遠景)이 되고 변용시켜 전면에 드러내어 보여주는 보조물은 전경(前景)을 이룬다. 이것을 문학 용어로 '전경화 작업'이라 말한다. 즉 전경화 작업이란 배경들에 의해서 해석되어야 하는 것이다.

그래서 전경화 작업의 반대는 후경화라고 하기보다는 원경화(遠景化)라고 말할 수 있다. 이 전경화와 원경화에서 작품 속에 나타나는 이미지는 원근법을 가지는 입체적 감각을 이루어 시각화의 견고성을 가지게 된다.

은폐와 노출의 두 번째의 태도는 왜곡이다.

앞에서 말한 시적 변용이 형태의 변화를 통한 형상화 작업이라면 왜곡은 의미의 전도(顚倒)다. 이것은 정서의 자리 바뀜이나 사물의 곱새김과 같은 정서의 의미 변화와 함께 자리의 이동을 말하는 것이다. 변용이 병치(竝置)의 구조라면 왜곡은 치환(置換)의 형태다. 즉 필연적으로 아이러니를 가지고 오게 한다. 내용을 왜곡시키는 것이 아니라 표현 구조를 왜곡시키는 것을 말한다. 이 왜곡은 사실을 위장하거나 은폐시켜 기존의 것에서 벗어나고자 하는 것인데, 기존의 틀에 구속되어 있다는 친숙성을 새로운 쾌감을 얻게 하기 위한 전이(轉移)의 작업을 말한다. 이 치환과 전이를 위해 사실을 다른 사실로 전이시키기 위해서 역설이나 반어를 동원한다. 역설과 반어라 함은 모순을 통하여 진리를 간접적으로 발견하는 것을 말한다. 즉 역설과 반어가 왜곡을 만드는 구조적 원리가 된다.

이미 고유한 의미를 가지고 있는 어휘에 다른 의미를 부여하고자 치환시키면 의미상에서 전이가 발생한다. 즉 단순한 언어가 허구(fiction)라는 창조를 만들어 실재로의 회복과 증폭으로 의미가 확장된다. 의미의 변화와 이동을 하는 치환이라는 것은 심원(深遠)한 진실을 구현하는 기능을 가지고 온다. 이것은 기존의 것을 극복하려는 것으로 여전히 비친숙성의 가치를 인정하고 있음이다.

나 보기가 역겨워/ 가실 때에는/ 말없이 고이 보내드리우리다//
영변에 약산/ 진달래꽃/ 아름 따다 가실 길에 뿌리우리다//
가시는 걸음걸음/ 놓인 그 꽃을/ 사뿐히 즈려밟고 가시옵소서//
나 보기가 역겨워/ 가실 때에는 /죽어도 아니 눈물 흘리우리다//

- 김소월「진달래꽃」

이 시는 누구나 다 아는 우리나라 명시 중 하나다. 더욱이 이별을 아름답게 미화함으로 이별의 슬픔을 미화시키는 위 시는 역설의 미학으로 잘 알려진 시다. 슬픔을 뒤로 숨기고 전면에 노출하는 것은 아름다움으로 대신 그려내는 것, 그리고 이별을 이별로 받지 않고 사랑의 영원성을 신뢰하는 화자의 이중적 정서가 한 편의 시 속에 은폐와 노출의 기전을 통해 서로 엉겨 있음을 알게 하는 시다.

이별의 어떤 보상심리를 위해 한탄하는 것도 아니다. 오히려 마지막 연처럼 역겨워 간다고 말하지만 실은 어쩔 수 없이 떠나는 님의 심정을 헤아리고 있다. 누가 싫어서 떠나는 사람에게 이처럼 아름다운 꽃길을 만들어 줄 수 있는 사람이 있단 말인가. 이것의 진정한 속내는 떠나지도 않고 떠나보내지도 않는 진정한 사랑의 관계와 정서를 말하고 있음이다. 사랑의 영원성에 대한 애절함 속에 가려진 순수 사랑의 내면의 모습, 이것을 미루어 보면 글을 읽고 있는 순간까지 언제나 사랑의 감성은 현재성으로 존재하고 있다. 곧 지금까지 화자와 님은 떠나지 않고 있음을 감지하게 된다. 만약 떠나는 경우가 있어도 미워하지 못하는 님. 그러나 떠날 경우를 가정하여 생각하는 화자의 이별이 주는 슬픔의 미학이야말로 별리의 아픔과 그 아픔 안에 뭉쳐있는 결코 헤어질 수 없는 아이러니라 할 수 있는데, 그 원인은 왜곡된 화자의 표현에서 찾을 수 있다. 미워해야 할 사람을 오히려 사랑할 수밖에 없는 관계를 모순이라고 말할 수밖에 없다. 떠나라고 권유하는 것도 아니다. 떠날 것을 미리 상정하여 애달파 하게 하면서도, 상대의 변절에도 자기의 사랑의 불변성을 통해 그 사정을 미리 예측하는 사람들이 자기의 입장에서 더 애달파하게 하는 동질성의 정서를 가지도록 만들어 준다.

표면에는 이별이지만 은폐된 내면의 세계는 영원한 사랑의 순수한 속성인 희생과 절제와 자기 극복을 통해 승화된 사랑의 모습으로 일반 행동과 다르게 치환시키는 것을 왜곡이라고 하는 것이다.

이처럼 왜곡은 논리적으로 일반적인 설명이 가능하지 않지만 진실이나 사실을 왜곡함으로 왜곡된 진실과 사실이 가져오는 긴장이나 충격으로 미적이고 심리적인 감동을 획득하고자 하는 충격요법의 목적을 위해 사용하는데 효용성을 가진다.

은폐와 노출의 기전이 언뜻 보면 모순 같지만 실은 왜곡의 구조를 만들어 더 강렬한 감성 즉 본의(本意)를 읽는 사람으로 하여금 충격적으로 받아들이게 강요하는 것이다.

3. 계시에서 보는 은폐와 노출과 왜곡의 기전

성서의 계시와 문학에서 말하는 은폐와 노출이 같은 것인가를 논하는 데는 그 성격상 차이가 있다. 왜냐면 성서에서는 대상을 마침내 노출을 위한 은폐이지만 문학에서는 암시성을 통해 의미의 확장을 꾀하려고 마지막까지 그 대상을 노출시키지 않는 상징성을 추구하기 때문이다. 그러나 그 대상이 노출이 불가능하게 하는 시도는 대상의 진술이 언어로 불가능하기 때문이다. 그러나 성서는 결국 그 대상을 점점 노출되게 하여 그 대상이 실체를 가지고 나타나게 하는데 그것을 신학에서는 소위 점진적 계시라고 말한다. 그 점진적인 시간의 토막까지 즉 완전한 노출을 가져오기 전까지는 은폐와 노출이 이중적으로 동시에 존재할 수밖에 없다. 시작은 철저한 은폐이지만 시간이 갈수록 그 대상의 본질이 드러나게 하거나 확장되게 하는 기전을 가진 것은 그 계시가 시간의 흐름이라는 역사성을 가지고 있기 때문이다. 시에서도 시간의 단면 혹은 장면의 찰나를 그려내기에 은폐와 노출이 동시적으로 존재하는 것이다. 그런 계시의 특성을 전제하고 사건의 단면에서 존재하는 문학으로 보는 계시의 특성을 보고자 한다. 성서의 계시란 매우 단순하다.

그 중심에 구속의 의미와 그 구속의 주체가 중요한 주제를 가지고 있기 때문이다. 그러나 계시의 순간순간마다는 은폐와 노출이 반복적이며 순환적인 양상을 가지고 있음을 확인하며 살피는 것으로 그 한계성을 두고자 한다.

성서의 한 예를 들어보자.

자기의 구원 실패처럼 보여 지는 장면에서 오히려 전 인류를 구원하고자 하는 깊은 의미를 가지는 십자기의 예수님의 실패의 모습이 그런 것이다.

> 저가 남은 구원하였으되 자기는 구원할 수 없도다. 저가 아스라엘 왕이로다. 지금 십자가에서 내려올지어다. 그러면 우리가 믿겠노라.
>
> — 마태복음, 27장 42절

> 지나가는 자들은 자기 머리를 흔들며 예수를 모욕하여 이르되 아하 성전을 헐고 사흘에 짓는다는 자여 네가 너를 구원하여 십자가에서 내려오라 하여 그와 같이 대제사장들과 서기관들과 함께 희롱하여 서로 말하되 그가 남은 구원하였으되 자기는 구원할 수 없도다.
>
> — 마가복음, 15장 29~31절

> 이에 예수께서 가라사대 아버지여 저희를 사하여 주옵소서. 자기의 하는 것을 알지 못하나이다.
>
> — 누가복음, 23장 34절

예수님은 저주와 같은 처형을 통해 철저히 실패자로 나타나는 죽음의 모습은 곧 극적 반전을 이루려는 아이러니의 모습이다. 끝까지 침묵으로 은폐하고 있는 죽음이라는 장면을 통해 부활이라는 죽음의 승리의 감격을 가져 오게 한다. 예수님의 삶은 보편적인 인간의 삶과 전혀 다른 모습이다. 신의 독생자로 누려야할 복이 아닌, 가장 비천한 사람들도 감당할 수 없는 고난과 박해가 그분의 인생이었다. 창조자의 신분이 철저히 비천한 모습으로 은폐되는 것과 메시아의 능력이 실패와 같은 왜곡이라는 역설로 나타나는 현상을 보면 성서가 가지는 표현기법이 현대시의 이론을 확증시켜주고 있다. 자기 구원이 불가능하면 그 능력의 한계가 있음이다. 전 인류의 구원을 위해 자기의 구원을 은폐시키는 행위는 곧 부활이라는 사건으로 반전을 하지만 곧고다 사건의 당시에는 아무도 알아차리지 못하고 있다. 그래서 예수는 자기를 죽이는 사람들을 향해 무지에 대한 용서를 신에게 부탁한다. 이 무지는 예수의 죽음의 의미가 철저히 은폐되었기 때문이다. 심지어 자기 지척에서 제자로 훈련된 사람들까지도 전혀 눈치를 채지 못하고 죽을 수 없게 하겠다고 장담한 일이 있다.(마태복음, 16장 22절)이 장담은 비록 바로 앞(마가복음, 16장 16절)에서 위대한 신앙고백을 했다 하더라도 마지막 부활까지는 철저하게 은폐시킨 탓이 있는 것이다. 왜냐면 베드로의 신앙고백 자체가 자기의 지식이 아닌 신적 감동이라는 전제를 예수님께서 친히 말씀하신 것을 보면 그 은폐는 분명히 신의 의도였음이 분명하다. 심지어 자기가 그리스도인 것이 노출되는 것을 꺼리셨던 것이 자주 나온다.(마태복음, 16장 20절. 누가복음, 9장 21절)

자기의 육체적 고난에 대한 은폐된 진리는 결국 그의 제자들에게도 유전되어지는 것을 알게 된다.

> 나는 이제 너희를 위하여 받는 괴로움을 기뻐하고 그리스도의 남은 고난을 그의 몸 된 교회를 위하여 내 육체에 채우노라. (24)
> 내가 교회의 일꾼 된 것은 하나님이 너희를 위하여 내게 주신 직분을 따라 하나님의 말씀을 이루려 함이니라. (25)
> 이 비밀은 만세와 만대로부터 옴으로 감추어졌던 것인데, 이제는 그의 성도들에게 나타났고, (26)
> 하나님이 그들로 하여금 이 비밀의 영광이 이방인 가운데 어떻게 풍성한 지를 알게 하려 하심이라. 이 비밀은 너희 안에 계신 그리스도시니 곧 영광의 소망이니라.(27)
>
> \- 골로새서, 1장 24~27절

이 말은 바울의 말인데 바울이 전능한 신의 사역자로 예수와 같은 고난을 친히 감당해야 할 비밀(은폐된 사실)을 체휼하는 당위성에 대한 고백이다. 당위성이란 면에서 볼 때 폴 발레리가 '시는 과일의 영양가처럼 숨겨져 있다'라고 말한 지적처럼 시의 기본구조 자체에서 고려한다면 은폐라는 시의 속성은 필수 조건이며, 그 생명의 본질일 수 있다. 다만 그 영양가라는 것은 추후 몸에서 느끼는 것이지 눈으로나 감각으로는 감각할 수 없도록 숨겨져 있는 것이다.

26절의 '비밀'이라 함은 만세 전(태초)부터 감추어 왔던(은폐되어 왔던) 진리라는 뜻을 말한다. 그 숨겨져 오던 진리가 드디어 성도들에게 노출되었다는 것인데, 본문에서는 이방인에게 나타난 하나님의 영광의 부요함이다. 이것은 즉 27절에서 직접 노출된 '그리스도'라는 의미로 노출하고 있음이다. 성서의 계시의 결론을 한 마디로 말한다면 그리스도라는 것이다. 성서 안에 담겨진 모든 내용의 초점이 예수님이 그리스도라는 말로 귀결되는 것이다. 그런 결론을 사전에 합의가 된다면 구약과 신약에 담겨진 은폐(미성숙)된 계시는 그리스도의 표징을 숨겨둔 것이라고 말할 수 있다.

구약에 여러 가지 꿈 이야기가 나온다. 야곱이 벧엘에서 사닥다리 꿈은 꾼다.(창세기, 28장 10~15절) 구약에 나오는 초기의 대표적인 계시의 꿈으로 나온다. 이것의 진정한 해석(노출)은 요한복음 1장 51절에서 '하늘이 열리고 하나님의 사자들이 인자 위에 오르락 내리락 하는 것을 보리라.'한 구절에서 수천년의 세월이 지나서야 그 은폐가 노출되는 것을 볼 수 있다. 야곱이 꿈에 보았던 사닥다리의 계시가 신약에 와서 예수님 자신이라는 것을 알게 된다. 은폐의 노출이 수천 년을 지나서 확정되는 것이다. 왜 그랬을까.

성서의 계시는 꿈과 예언과 환상을 통하여 나타나는데 요엘의 예언(요엘서, 2장 28절)이 사도행전, 2장 16절 이후의 말씀에서 이루어짐이 확인되고 있다.

한국교회의 신학적으로 혼란을 초래하고 있는 불건전한 신비주의 현상은 이 요엘의 계시의 구절이 잘못 해석되고 있기 때문이다. 신학적 내용을 말하려 함이 아니고 그 표현기법의 문학적 태도를 빌어 말하면 아주 큰 오류를 범하고 있다 하겠다.

> 하나님이 말씀하시기를 말세에 내가 내 영을 모든 육체에 부어 주리니, 너희 자녀들은 예언할 것이요, 너희 젊은이들은 환상을 보고 너희의 늙은이들은 꿈을 꾸리라.
>
> — 사도행전, 2장 17절

이 구절을 그대로 (노출된 채로) 받는다면 말세라는 신약의 시대의 신앙인 모두는 성령을 받아 예언(미래를 말함)을 하고 환상을 보고, 꿈을 꾸어야 할 것이다. 마치 야곱의 꿈이나 요셉의 꿈이나 다니엘과 같은 꿈을 꾸거나 예레미야와 같은 미래를 예측하는 신비적 예견자가 되어야 할 것이다. 위 계시에 대한 부정확한 이해로 마치 박수무당처럼 기독교가 가장 멀리 해야하는 혹세무민의 부작용이 기독교 내에서 역으로 신령한 사람으로 둔갑하는 경우가 매우 많다. 이것은 노출되기 전에 은폐된 진리의 의미를 오해 한 탓이기에 한국교회의 여러 곳에서 심각한 신학과 목회의 탈선이 생기게 됨을 알게 된다. 위 사도행전의 말은 요엘 선지자에게 준 계시가 초대교회 이후에 와서 나타난다는 것인데, 과연 구약시대에 은폐되었던 내용을 밝힐 필요가 있다. 구약에는 예언이나 환상이나 꿈을 꾸는 사람은 바로 선지자였다. 다른 말로는 신이 선지자들에게 그의 계시를 나타날 때 예언이나 환상이나 꿈으로 계시의 방편을 삼았던 것이다.

예수님에 대한 주제로 한정하여 그 예를 들어 과연 사도행전에서 말하는 예언이 점쟁이 같은 것을 말하고 있는가를 찾아본다.

우선 예수님의 탄생을 말한 '주께서 친히 징조를 너희에게 주실 것이라, 보라 처녀가 잉태하여 아들을 낳을 것이요 그 이름을 임마누엘이라 하리라.'(이사야, 7장 14절)에서 마태복음, 1장 18절, 22, 23절의 예언임을 알게 된다.

또한 예수님의 탄생지는 '베들레헴 에브라다야! 너는 유다 족속 중에 작을지라도, 이스라엘을 다스리는 자가 네게서 내게로 나올 것이라.'(미가서, 5장 2절)에서 선지자의 말이 적중되고 있음을 알게 된다. 이것은 누가복음, 2장 4, 6, 7절에서 성취된다.

예수님이 애굽에서 유년기를 보낼 것을 예언하기를 '이스라엘이 어렸을 때에 내가 사랑하여 애굽에서 불러냈거늘'(호세아, 11장 1절)에서 확인된다. 이 성취는 마태복음 2장 14, 15절에서 이루어진다.

예수님의 죽으신 목적을 이사야 53장 4~6절에서 '그는 실로 우리의 질고를 지고, 우리의 슬픔을 당하였거늘, 우리는 생각하기를 그는 징벌을 받아 하나님께 맞으며 고난을 당한다 하였노라. 그가 찔림은 우리의 허물 대문이요, 그가 상함은 우리의 죄악 때문이라. 그가 징계를 받으므로 우리는 평화를 누리고, 그가 채찍에 맞으므로 우리는 나음을 받았도다. 우리는 다 양같아서 그릇 행하여 각기 제 길로 갔거늘 여호와께서는 우리 모두의 죄악을 그에게 담당시키셨도다.'라는 예언이 고린도후서, 5장 21절과 베드로전서 2장 24절에서 그대로 이루어는 것을 알게 된다.

예수님이 배반당하는 일은 스가랴서 11장 12~13절에서 예언된다. '그들이 은 삼십 개를 달아서 내 품삯을 삼은지라 (중간 생략)

그 삯을 토기장이에게 던지라.'는 성취는 마태복음 26장 14~16, 27장 3~10절을 찾으면 그 예언의 신빙성을 알게 된다.

가장 중요한 사건인 십자가 사건의 예언은 '내 하나님이여 내 하나님이여 어찌 나를 버리셨나이까? 어찌 나를 멀리하여 돕지 아니하시오며 내 신음 소리를 듣지 아니하시니까?'로 시작하는 시편 22장 전체가 그것을 말해주는데, 형편상 여기에 다시 기록하는 것을 생략한다. 그 성취는 마태복음 27장에서 이루어지는데, 마치 예언 장면을 보는 듯한 구체성이 특이하다.

부활 사건은 이미 시편 16장 10절에서 예언됨을 읽을 수 있다. '이는 주께서 내 영혼을 스올에 버리지 않으시며 주의 거룩한 자를 멸망시키지 않을 것임이니다.' 사도행전 2장 31~32절에서 완성되는 예언임을 확인할 수 있다.

성서는 창세기부터 계시록까지 처음부터 마지막이 모두 예수님이 구속자로 오시고 오셨고 오실 것이라는 과거, 현재, 미래에 대한 예수님이라는 주인공을 옴니버스와 같이 편집된 문학서라고 말해도 신학적으로 그리 틀림이 없다. 각 편의 책들은 모세가 되었든 다윗이 되었든 에스더가 되었든 모두 예수그리스도를 계시하는 배역을 맡은 사람들일 뿐이다.

세례요한이 역사상 가장 큰 인물이라 함과 함께 그가 천국에서는 가장 작은 자(마태복음, 11장 11절)라고 함은 세례 요한이 선지자로 예언의 본체를 환상이나 꿈으로 보지 않고 직접 눈으로 보고 예언 한 구약의 마지막 선지자가 되기 때문에 가장 큰 자요, 천국에서는 예수님의 하신 일을 전부 못 보고 죽었기에 예수님을 직접 하신 일들을 본 천구에 있는 사람들 보다 작은 자가 된다는 말뜻이다. 그의 탄생의 이야기가 누가복음 1장에 자세히 기록이 되어 있는데, 예수님의 탄생과 아주 흡사한 모습이 많다. 특히 요한의 부친이 환상을 본 것으로 착각하는 기록(누가복음, 1장 22절)에서 선지자들은 환상과 꿈을 통해 계시가 이루어지기 때문에 제사장인 요한의 아버지인 사가랴가 벙어리가 되어 침묵하며 말 못하는 일을 그리 여기게 됨에서 요엘의 예언이 선지자들의 방편임을 알 수 있다. 여기서는 그런 예, 즉 환상과 꿈으로 선지자들의 계시방편의 예를 다 들 수 없는 일이다. 그것은 성서의 기본 패턴이기 때문이다.

위와 같이 예수님의 생애를 오래 전에 이미 예언함은 계시의 은폐와 노출이라는 방법에서 선지자들의 말씀을 이루려함이라고 성서의 여러 곳에서 말하고 있다. 그러나 구약적인 전통적인 선지자는 세례요한 때까지라고 못 박고 있다.(마태복음, 12장 13절, 누가복음, 16장 16절) 예수님이 친히 자기를 나타내신 것도 세례요한이 잡힌 후 바로 사역하시는 것(마태복음, 4장 12~17절)을 볼 때 구약은 선지자들을 통해 그리스도를 보여주고 있음을 깨닫게 된다. 이것은 구약 선지자들이 말한 모든 예언이 예수님의 현현으로 완성되었다는 말이다. 그 이후는 요엘 선지자가 말한 그 예언 곧 그리스도의 남은 구속사적인 예언이 구약의 선지자적인 역할을 남녀노소를 구별치 않고 성령이 직접 역사하는 사람들에게 그 기능을 감당케 한다는 것이다.

그렇다면 신약시대의 선지자는 누구일까. 앞서 지적한 대로 이미 예수님이 그리스도라는 것이 밝혀진 이상 그 사실을 말하는 자를 선지자라고 말할 수 있다. 예수님의 부활 후 승천하셨다가 종말론적으로 재림하심을 믿고 그 말을 남에게 전하는 초대교회 이후 그 역할을 감당하는 사람, 즉 현대판 선지자들을 일컫는 것이다. 신약에 노출된 일은 곧 구약에 미리 희미한 그림자로 숨겨 둔 사실(은폐)의 진정한 뜻에서 사고를 하여야 마땅한데 마치 새로운 계시인양 문자적으로 그대로(노출) 받아 해석하는 데서 한국교회의 무질서가 초래됐던 것이다. 초대교회 이후 시대(말세)의 기독인이라면 누구나 영(성령)을 받았을 것이다. 이것은 구원론과 직결되기에 아무도 부정하지 못한다. 누구나 구약에서 선지자들에게 맡겼던 은폐된 신령한 현상의 책임을 맡긴 복음전도를 감당해야 할 모든 기독인에게는 누구나 선지자의 역할을 감당하고 있다고 해석하는 것은 매우 타당한 이론이다.

구약 시대의 선지자들의 예언이 하나님의 감동에 의해서 예언, 환상, 꿈이라는 방편을 통해 선지자의 역할을 하였던 역사가 예수님 이후 시대는 성령에 의해 개인에게가 아닌 각 교회들에게 보낸 서신의 방법을 통해 장래의 일을 말해 주고 있다. 이런 일을 통해 제자들이 곧 선지자들과 같은 기능을 할 것이라는 예언의 성취가 요엘에게 보여준 말씀이었다. 계속적으로 제자들로부터 이어지는 후세 기독인들이 바로 그런 선지자이다. 이들은 성령을 받아 예수님에 대한 예언을 종말 때까지 계속 수행하는 선지자가 되어 그 역할을 할 것임을 의미하는 것이다. 구약은 오실 예수님이 중심이고 신약 이후는 오실 예수님이 남은 때의 예언을 이루어 나갈 주인공임을 성령을 받은 사람들의 사명인 것을 말하고 있는 것이다. 은폐된 구약의 의미가 신약에 와서 노출이 되었고, 장래에는 예언으로 남는다는 것을 성서를 통해 알 수 있는 것이다.

모든 계시의 특성은 은폐와 노출이 존재한다. 동시적일 수도 있으나 순차적인 면이 성서 안에서는 특징적으로 나타난다. 이것은 가장 초기 계시라고 말하는 창세기, 3장 15절에서도 마찬가지다. '여자의 후손'이라는 구원자의 언약도 마찬가지다. 매우 단순하지만 그만큼 해석이 어려운 계시다. 여자는 하와를 지칭할 수 있다. 그러나 이 여자의 후손이 아닌 사람은 지구상에 없다. 아담 이외는 여자의 흔적, 곧 배꼽의 흔적(어머니 유전자의 계통)을 가진 사람은 모두 여자의 후손일 수밖에 없다. 그럼 모든 인류가 그 구원자가 될 수 있다는 말인가. 그 말에 내포된 의미는 과연 무엇일까. 이것도 신약에 와서 노출된다. 예수님의 독생자 탄생이 바로 그 해답이요, 은폐된 계시에 대한 노출된 실증이다. 즉 은폐는 노출과 연결되어 있음으로 신약은 구약의 사건에 의해서 해석 되어야 한다. 이것을 특별계시의 해석은 특별계시(성서)에 의해서만 가능하다는 신학의 논리가 정당하다는 것을 인정받게 된다.

누가복음 15장에 나온 각종 비유들(잃어버린 한 마리 양의 비유, 잃어버린 드라크마 비유, 탕자의 비유)도 예수님이 그 노출된 실증의 중심이라는 신학적 해석으로만 그 비유 속에 은폐된 깊은 의미의 해석이 가능하게 된다.

구약은 신약과 불가분하게 서로 해석의 빌미를 제공하고 있다 하겠다. 그러나 요한계시록은 시대적 해석이 이미 이루어진 신약의 해석에 의존할 수밖에 없다. 그래야 미래의 사건들이 조금이라도 타당한 이론을 가지게 된다.

예를 들어보자.

> 그 열두 문은 열두 진주니 각 문마다 한 개의 진주로 되어 있고 성의 길은 맑은 유리 같은 정금이더라.
>
> — 계시록, 21장 21절

이 말씀은 우주의 종말에 대한 계시 중에서도 가장 마지막 부분인 새 하늘과 새 땅에 관한 정황적 묘사이다. 여기의 열두 문이라 함은 새 예루살렘의 출입문을 말한다. 마치 구약의 이스라엘 12지파를 뜻하는 것으로 구원받은 새로운 선민으로 구분된 영적 이스라엘 전부를 말하고 있다. 각 문마다 진주가 있다. 소위 진주문인 것이다. 진주는 조개의 살이 상처를 입어 자기 즙의 응축으로 생기는 보석이다. 즉 그 새로운 성은 자기 고난을 통해서만 들어가는 문이라는 것을 성서 그중 신약에서 해석을 끌고 와야 한다. 예수님의 첫 설교의 내용 중에 나오는 좁은 문에 은폐된 진리가 은폐의 성격인 계시록에 오히려 노출된 의미로 설정되어 있다.

성의 길인 정금(正金)길도 마찬가지다. 정금이란 성서에서 은폐된 의미는 믿음을 말하고 있다. 새 예루살렘성을 걷는 사람은 순수한 금과 같은 순수한 믿음을 가진 사람들이 다니는 행로라는 것을 그 단어 속에 은폐시킨 것임을 쉽게 짐작하게 된다.

만일 단수한 언어라고 한다면 그 성에 모든 길의 재료가 금인데 그것은 금이 흔해서 크게 의미가 있지 않다. 금이 귀한 것은 그 소재의 희귀성에 있는 것이다. 순수한 믿음이란 흔한 일이 아니라는 것을 은폐시킨 것이다.

더욱이 그 금이 '유리 같은' 금이라 함은 아주 특이한 표현이다. 김승곤 박사는 저서 『계시록 강해』에서 아름다운 경치를 표현할 길 없어 한 폭의 그림처럼 아름답다 말하듯이 새 예루살렘 성의 아름다움을 보석들로 비유하여 말하고 있음이라고 지적하고 있다. 이 지적은 신학자의 견해이자 문학가의 타당한 이해라고 말할 수 있는 것이다. 여기 '유리 같은' 정금이라는 직유는 세상에 존재할 수 없는 초월적 순수함을 말함인데, 그 성이 초월적 존재인 영화(靈化)된 영계의 모습이라는 것을 미루어 짐작케 함은 현세에서는 여전히 이해되지 않는 은폐된 계시로 존재하고 있음을 짐작할 수 있다.

> 좁은 문으로 들어가라 .멸망으로 인도하는 문은 크고 그 길이 넓어 그리 들어가는 자가 많고 생명으로 인도하는 문은 좁고 길이 협착하여 찾는 자가 적음이라.
>
> — 마태복음, 7장 13~14절

앞의 예문의 각문에 진주가 하나 밖에 없음이 바로 그리 들어가는 자가 적기 때문임을 말해주고 있다. 생명의 문은 힘들게 들어가는 문이다. 즉 진주를 만드는 조개의 고통을 겪지 않고는 그 문의 출입이 불가능하다는 것을 은폐시킨 것을 알게 된다. 기독인의 삶의 모습을 이 한 마디가 다 정리하여 보여 준다고 말할 수 있다. 다음 구절을 보면 이 고난은 인간의 단순한 고통을 말하고 있는 것은 아니다.

> 예수께서 이르시되 내가 진리요 생명이니 나로 말미암지 않고는 아버지께로 올 자가없느니라.
>
> — 요한복음, 14장 6절

계시록에 나오는 진주문의 출입이 단순한 인간의 고난을 의미하는 것이 아니라는 해석의 단초를 제공해준다. 이 예문도 마찬가지다. 앞의 두 곳에 제시한 구절들과 맥을 같이 하여야 그 정체가 드러나게 된다. 그 고난은 곧 그리스도와 관계된 특정된 고난을 말하고 있음이다. 그리스도의 말씀에 관계된 여러 가지 진리를 위한 행동을 통한 아픔에서 생기는 인간의 깊은 심령 속에서 생기는 진주가 곧 그 문을 상징한다고 볼 수 있다. 이와 같은 논리들을 은폐시켰음을 추측할 수 있다.

이렇듯 은폐도 비유를 통해서 이루어지고 있다. 단순하고 막연하게 은폐하는 것이 아니라 문학적인 수사학을 동원하여 상상의 이미지로 묘사하고 있음을 성서의 계시성의 특징을 빌어 알게 된다. 비유는 매우 당연한 추론이 가능하게 하는 개연성을 가진 상관물을 들어 만들어 낸다. 종교라고 해서 초월적인 대상을 개연성이 없는 환상적인 면을 구사하는 것이 아니다. 이것은 체험에서 이루어지는 상상의 이미지를 차용하고 있음을 알 수 있다. 특히 기독교 경전인 성경이라는 문서는 종교가 가지는 환상성 보다는 개연성에 염두를 두고 있다. 그래서 논리적으로 난해하지 않고 분명하며 구체적인 이미지를 구성하고 있음이 그 특성 중 하나다.

시라는 장르의 예술 분야에도 문학이라는 이론이 있듯이 신앙이라는 성서의 내용에도 구체적이고 체계적인 이론이 있다. 이 이론을 신학이라고 부르는 것이다. 그런 면에서 문학과 신학은 깊은 관련이 있고 그 해석의 방법에 서로 의탁할 근거가 많이 있다는 것을 알게 된다.

한 가지 더 첨가하려 함은 성서의 처음(창세기, 1장 1절)과 마지막(요한계시록, 22장 21절)을 연결하면 하나님이 곧 예수님이라는 하나의 주제이며, 그것은 여러 저자들을 통해 유기적으로 편집되어 은폐와 노출을 통해 일목정연하게 제시하고 있음을 확인할 수 있다. 곧 성서의 은폐된 계시의 내용은 예수님이 하나님이라는 주제가 점진적으로 노출되는 과정이라고 말할 수 있다. 달리 말하면 앞의 주제를 다룸에 있어 문학적으로 은폐와 노출의 기법을 동원하여 계시라는 이름으로 치환하여 구성한 문서가 곧 성서라고 말할 수 있다는 것이다.

4. 나가는 말

성서는 기독교(그리스도교)라는 종교의 경전이다. 기독교라는 의미에서 이미 예언으로 계시된 메시아사상이 근본을 이루고 있음을 알 수 있다. 이 메시아는 이스라엘 민족이 기다리는 구세주를 말하는 것으로 그리스말로 그리스도라 함에서 연유되었다. 이 메시아는 구약 시대의 계시의 주제였다. 신약의 초대교회에서 오신 그리스도가 예수님이라는 내용과 현재에 와서도 그 예수님이 종말론적인 시점에서 재림하신다는 계시다. 그것을 여전히 기다리는 계시 종교라고 변증할 수 있다.

이런 면에서 성서의 계시는 인간의 존재 시점에서 볼 때 항상 은폐와 노출이라는 양면성을 가지고 있음을 알게 된다. 그래서 계시는 과거는 노출을, 미래는 은폐를 통해 이해되는 성격을 가지고 있다. 예수가 오셨던 당시에도 그의 현현을 아무도 알지 못하여 마침내 십자가 사건을 인간은 자초하고 만다. 그러나 그 십자가의 사건까지도 계시의 순환적 노출이 되고 있음을 알게 된다. 지면상 다 예문을 들 수 없지만 창세기부터 요한계시록 말미까지 모두가 은폐와 노출로 구성된 계시문서라고 단정해도 틀림이 없는 것을 알게 된다. 문학적 방법론과 다른 점은 하나의 큰 주제가 점점 확대되어나가는 과정에 매 순간마다 언제나 은폐와 노출이 동시에 존재하고 있다는 것이다. 이런 면에서는 항상 계시가 암시성을 가지고 있는데, 요한계시록의 종말론적 역사 시점에 가서야 완전한 노출을 이루는 것을 기대하는 계시의 특성을 가진다. 그래서 소위 완전하고 궁극적인 구원은 계시의 완전한 현현인 재림 시에 가능하다는 기독교의 특성을 가지고 있다. 이 역사관은 은폐와 노출이 반복적인 순환의 원을 그리고 있으나 이 작은 원들이 구성한 선(線)이 종말이라는 시점으로 직선으로 그어지는 한 점을 향한 역사의식을 가지게 한다.

이런 반복적인 은폐와 노출을 통해 다른 위치인 왜곡을 통한 한 단계 높은 은폐를 통해 계시가 더욱 충격적으로 심령에 깊이 못 박히고 있다.

특히 계시록은 진리를 설파함에 사물을 들어 변용함으로 의미를 확장하고 구체화하여 더 분명하게 설득하고 있음을 파악할 수 있다. 계시가 변용미학으로 보더라도 현대시의 방법을 포함하고 있음은 극히 일부분에 지나지 않는 본문에 제시된 짧은 예문을 통해서도 극명하게 확인되어 지는 것이다.

역사는 픽션이 아니다. 구속사적 우주의 역사 진행을 보여주는 종교서인 성서가 픽션일 수는 없다 그러나 표현 기법에서는 문학에서 추구하는 픽션의 기법을 차용하고 있다. 그것은 넌픽션이라도 수사학적으로는 같은 기전을 가져야 효과적으로 진리를 전달하는 방법이 되기 때문이라고 여겨진다.

결론적으로 말하면 성서가 문학적 기교를 사용하여 만들어진 창작이라는 것은 아니다. 오히려 역사적 진실이라는 것이 노출이라는 계시의 면에서 신앙을 고백하는 것이다. 이해와 믿음이라는 두 양면성이 노출과 은폐의 반복 고리의 구조에서 끊임없이 발생하는 과정을 걷고 있다. 그래서 기독교 신앙은 믿어야 알게 되는 이율배반적인 아이러니의 구조의 틀에 존재한다고 말하게 된다. 곧 전제가 결론이 되는 것과 마찬가지다.

언어로 만들어진 모든 문서, 특히 기독교라는 종교적 진리를 인격적인 존재인 사람에게 전달함에 있어서는 성서는 이성의 영역뿐 아니라 감성의 면에도 호소하여야 하기 때문이다. 그런 이성과 감성이 어우러진 지성적 행동의 결단을 요구하는 기독교라는 종교서인 성서는 분명히 문학에서 요구하는 미적 감동을 가지고 오게 하는 각종 수사학적 수단을 차용하고 있다는 점을 계시라는 측면에서 살피면서 확인할 수 있었다. 일반 역사와 달리 인간의 구원을 말하는 구속사적 보고서로 기록되는 성서 안에는 시간과 공간을 초월해 특별한 위치에 있음을 모두 인정하지 않을 수 없다. 우주의 존재 원인과 목적을 사고하고 논증하는 성서에서 시적 창작 기법이 역시 성서 안에서도 큰 맥을 이루고 있음을 계시라는 측면에서도 확인할 수 있다는 것이다. 그래서 성서는 여전히 신비의 영역으로 존재하고 그 신비는 사실을 증명하는 이중적인 고리로 엮어 있다는 것을 인정하게 된다. 종교의 생명이 신비일 수밖에 없음이다. 계시가 곧 신비이자 확실한 사실(reality)임이 성서의 생명이라는 것은 은폐와 노출의 연속적 구조를 가지고 있음이다.

한걸음 더 나아가면서 말하려 함은 종말론적인 삶을 사는 사람은 누구나 선지자적인 역할을 함인데 그 선지자라 함은 요엘서의 오해로 생기는 개인이 중심 되는 예언이나 환상이나 꿈이 아니라 예수님이 중심이 되는 성서를 이해하고, 신뢰하고, 그 가르침에 순종하여 예수님이 십자가 사건과 부활로 그리스도가 되신 것과 장차 왕중왕으로 오실 예수님이 재림주가 되실 것을 선포하는 선지자적인 삶을 살아야 하는 것을 인정해야 한다.(요엘서, 2장 28절 이하와 사도행전 2장) 왜냐면 성서에서 말하는 주제는 개인에게 있는 것이 아니다. 어린양 예수에 대한 단일 주제에 중점을 두고 있기 때문이다.

성서 안에 이중적으로 내포된 의미를 알게 되면 기독인은 누구나 성서 안에 은폐된 진리를 노출 시켜야 할 당위성을 가진다. 하루하루 변경하는 시간처럼 기독인은 여전히 은폐와 노출을 통한 그리스도의 계시적 삶을 문학 방법론으로 이해함도 큰 의미가 있다고 생각한다.

체험과 상상을 통한 신앙고백의 성서문학

1. 들어가는 말

성서는 신과 인간의 무한한 사랑의 내용을 다룬, 여러 형태의 고백들로 이루어진 신앙의 문학이라고 할 수 있다. 따라서 신앙의 대상은 허구의 존재가 아니다. 실재하는 우주의 본질과 원리와 형태에 대한 존재탐구이자 인간이 우주에 대한 여러 가지 반응에 대해서 고백하는 신앙양태를 기록한 작품이다.

신앙이란 인간이 신에 대한 영적 체험에서 출발한다. 마찬가지로 시도 인간의 체험에서 시작한다. 릴케가 시를 체험의 산물로 본 것이나 성서가 여러 신실한 신앙인들의 자기 신앙고백에서 기록된 문서라는 데는 합리된 견해를 가진다. 체험이란 그 단어가 품은 내용의 성격은 몸소 겪은 경험으로 해석된다. 이 체험이란 직접체험일 수 있고 간접체험일 수 있다. 그런 체험은 감각적 기능을 통해 이루어진다. 듣고, 보고, 맡아보고, 맛보고, 만져 봄으로 생기는 감각에 의한 체험을 통해 이해와 해석이 가능해지는데 신앙도 망상과 달리 체험을 통해 이루어지는 것으로 그 표현에는 문학에서 취하는 방법론에서 같은 궤도를 가진다고 말 할 수 있다. 성서의 저자들도 환상적인 대상을 대하는 것이 아닌 실재하는 존재에 대한 자기 체험의 고백을 인간의 언어로 기록한 작가들이다.

물론 성서의 저자들이 유기적 영감에 의해 저술했다고 하는 신학의 기본을 무시하는 것은 아니다. 오히려 그런 유기적 영감의 신학의 주장을 문학에서도 충분히 이해할 뿐만 아니라 비록 다른 영역의 개념이지만 비신앙인들도 작가의 천부적 천재성이라고 말하는 의미와 영감이라는 의미가 그리 차이가 나지 않는 유사성을 가지고 있는 면에서 신적 영감에 대해 납득하고 있다.

시는 다른 장르와 달리 언어를 수단으로 하고 매개체로 하여 성립하기에 체험을 바탕으로 한 상상의 언어 즉 이미지로 대상을 그려 감각화하는 소위 형상화의 과정을 통해 의미를 전달하려 한다. 이 형상화란 의미를 전달할 때 마음속에 떠올리게 하는 대상 즉 상상의 기전을 통해 이루어지는 것이다. 특히 현대시는 정신적이고, 심리적이며, 내면적인 일들을 상상력에 의해서 구체적으로 심적 그림을 그려서 감각하는데 그것은 체험을 바탕으로 한다.

왜 현대시가 형상화를 추구하는가는 현대의 사상적 특성에 기인한다. 현대는 실증철학 및 실존주의 사상에 주도된 시대적 요청에 의한 배경을 가지고 있다. 실증철학이란 경험적 사실에 기초하여 사고하는 태도이다. 그래서 절대적이고 초월적인 대상을 실존적이고 실재적이며 실체를 가진 대상으로 인식하기를 원한다. 신의 존재도 관념적인 인식이 아닌 실체의 존재로 파악하고자 하는 것은 인격적 관계로 파악하고자 하는 기독교 신앙원리와 부조화를 이루는 것은 아니다. 성서 안에 나타나는 신은 철학이나 일반종교가 다루는 관념적 존재가 아니다. 그 신은 인간의 삶 속에 구체적으로 임재하신다. 피조물인 인간과 심령적으로 교제하며, 삶의 현장에 나타나시는 종교적 체험을 신앙의 대상으로 고백하고 있는 것이다.

성서 안에서 고백되어지는 인물들의 뭇 사건들은 현대인들에게도 마찬가지다. 이곳에서는 체험이 곧 신앙이며 그 삶의 고백이 신앙 가운데서 문학적으로 표현되는 성서와 현대시 기법의 기전을 비교해 보려 한다.

물론 인간이 겪는 경험의 인식은 다양성이 있다. 그것을 공용의 언어를 가지고 표현함에는 공용이라는 의미에서 객관성을 가져야 한다. 이 객관성이 성서와 조화를 이루는지, 아니면 모순을 이루는지는 신학의 범주이기에 다만 문학의 표현기법의 의미에 한정해서 다루고자 한다.

2. 체험의 의미와 중요성

앞서 말한 체험의 중요성을 강조하는 것은 시대적 배경이 있음을 간략하게 언급했다. 즉 실증주의라는 사상적 배경의 뒤에는 과학정신이 있다. 그것은 보편적 법칙에 의한 객관적 진리를 신뢰하여 중요시하고, 그 체계를 응용하여 발전시키는 학문적 태도다. 과학이 진리는 아니다. 단지 이성을 바탕으로 객관화 시키는 방법론일 뿐이다. 이 방법론에서는 합리성을 중요시하여 모든 대상의 파악을 하는 인식 수단을 객관적 감각에 의탁하고 있다. 감각이 곧 인식의 도구인 것이다. 이 인식의 수용체인 감각을 통해 감각적인 객관화를 이루어 심리적 안정성을 가지는 현대인은 관념이나 초월적인 형이상학적인 것은 모두 배제하려고 한다. 관념을 배제한다는 것은 거부한다는 의미가 아니다. 그것들을 인식하는 기전을 객관성을 가진 이론으로 대체시킨다는 것이다. 내면적이고 정신적인 것을 객관적 이론으로 만들어 인식하는 기전 즉 감각적 형상화를 시도하는 것이다. 즉 현대시의 특징 중 하나는 형상화 작업이라고 말할 수 있다. 현대 이전에는 관념과 정서의 주관적 미학이었으나 현대에 와서는 객관적 미학으로 대체되었음이다. 문학에서는 관념과 정서를 사물화 하여 객관성의 실체로 드러내는 것을 형상화라고도 하고, 그 실체로 만든 사물이나 사건을 엘리엇은 객관적상관물이라고 말했다.

현대시에서 형상화란 작업, 곧 관념이나 정서의 물화(物化)의 시도는 그 물체에 대한 감각적 경험이 전제되어야 한다. 이 경험은 직접경험과 간접경험으로 구분할 수 있으나 간접경험은 본인이 직접 체험한 강도와 그 강렬함에 차이가 있다. 경험이 직접적일 때 좁은 의미로 체험이라고 하는데, 이것에서 공감대의 확장과 구체성을 가지게 된다. 신앙인의 천국개념이 일반적으로 초월적인 관념으로 이해되고 있으나 예수님이 말씀하실 때는 구체적으로 삶의 현장에 존재함을 말하면서 그것은 체득할 수 있는 현실이고 실체라고 함과 같다. 천국이 너희 안에 있다는 말씀(누가복음, 17장 21절)

은 예수님의 말씀이 신앙인이라면 진리라고 믿는데 천국은 지상에서 체험할 수 있는 것이고, 나아가 체험해야만 하는 것이다. 기독교는 관념이라 할 수 있는 절대적이고 초월적인 사건들을 믿는다. 그러나 그런 것은 허상이 아닌 실체로 존재한다고 믿기에 현대시에서 추구하는 실증주의를 무조건 배척해서는 자기모순에 빠지는 경우가 생길 수도 있다.

체험은 시를 만드는 시의 자료이다. 이 체험에서 이미지를 생산하여 형상화함으로 전달 할 수 있기에 체험은 시창작의 출발점이 된다는 것이다. 그러나 체험이 곧 시가 되는 것은 아니다. 체험이 이미지를 만들어준다 해도 체험을 이미지로 묶는 힘이 필요하다. 이 힘은 상상에 의해서 생기는 것이다. 체험과 이미지를 중간에서 묶어 형상화 시키는 정신적이고 내면적인 힘이 곧 상상력이다. 역으로 말하면 상상력을 동원하여 체험을 이미지로 결부시키는 언어 작업을 현대시라고 부른다고 정의 할 수 있다.

그럼 상상력의 성격을 살펴본다. 이미지를 만드는 형상화, 또는 심상(心象)화시키는 힘인 상상은 여러 가지로 나누어 구별하여 생각한다. 체험한 사실을 그대로 말하는 것을 기억이라는 뜻의 재생상상이라 하고 그 기억을 비슷한 다른 사물과 연결하는 것을 연상상상이라 하며, 그 연상상상을 무의식이나 초현실세계까지 확대하거나 끌어내어서 일종의 생산을 해내는 것을 창조적 상상 또는 생산적 상상이라고 한다. 여기서는 그 구분을 구체화 시키지 않고 체험과 상상을 단일화하여 말하고자 한다.

예술에 있어서 창조의 유일한 방법은 체험을 상상이라는 내면적 힘을 빌어 교직하는 것이다. 상상력이 곧 시의 힘, 진실을 창조하는 능력이 된다는 뜻이다. 체험은 과거적이고 상상은 현재적이어서 그것들을 고리로 연결한 것이 예술자품이다. 그래서 그 작품이 창작이라는 정의를 내리게 되는 것이다. 결국 상상력이 예술을 만드는 창조적 원리인 것이다. 체험은 기억을 동반하는데 이것은 과거를 회상하는 재현 또는 재생의 기능을 맡기에 용어로는 재생상상이라고 부른다. 단순한 기능이어서 단순상상, 일차상상으로 부르기도 한다. 단순히 과거의 경험을 드러내기에 이것은 시의 구성에서 원리의 자료일 뿐 그것 자체가 작품이 되는 것이 아니다.

이런 일차적인 기억되는 상상을 다른 사물과 연결하는 힘을 연상상상이라고 한다. 경험 재생물을 다른 경험된 상상과 연결하여 결구력을 가지게 하는 힘을 연상상상이라고 한다. 이때 비로소 기억된 단순한 이미지가 새로운 다른 이미지와 결합하는데 이 둘의 복합을 의미하여 복합(연합)상상 또는 일차적인 단순 기억 재생이라는 말과 달리 이차상상이라 한다. 복합상상이라는 말뜻이 의미하고 있듯이 재생된 기억을 해체하기도 하고 다른 상상과 결합하기도 하기에 그런 단어를 차용하여 일컫는다. 대상이나 관념이나 정서를 다른 유사한 상관물의 이미지로 치환하는 것을 말함이다.

이 치환이라는 의미는 시의 구조를 구체적으로 이루는 과정을 말한다. 즉 이 연상에 의하여 이미지를 만들고, 비유를 성립시키며, 결구력을 생성하게 한다. 이런 종합적이고 창조적인 기전을 이용하여 예술성을 가지는 작품으로 생산되는 것이다.

이 복합적인 일차적 기억을 새로운 대상으로 이끌어내어 새로운 이미지로 만들어 내는 이차적인 상상에 의한 힘 즉 직관의 힘으로 생기는 결구력에서 통합적이고 마술적인 상상력을 가질 수가 있다. 다른 체험을 직관의 대상으로 결부시키는 행위를 비유라고 칭한다. 이 비유 대상은 유사성을 가지거나 대립적이고 이질적일 수 있다. 이 통합적이고 마술적인 상상력을 창조적 상상력이라고 하는데 앞의 순번에 따라 3차적 상상이라고 한다. 이 창조적 상상은 후천적으로 체득한 체험산물에서 선험적으로 인간의 심리 안에 유전되어 오는 경험까지 동원해서 이루어지는 것을 말한다. 선험적 의미란 소위 원시원형이나 무의식의 세계의 반응을 뜻하는 것으로 원시시대 인간이 체험한 기억들의 잔재성을 말한다. 자기 자신의 체험에 연상할 수 있는 다른 체험과 더불어 인류의 공통적인 의식인 원형심상까지 동원하는 상상력을 말한다. 무의식의 세계라 함은 의식의 해체까지 시도를 함으로 의식의 통제를 벗어나게 해서 자유연상을 동원하는 고도의 상상을 말한다. 슈레알리즘의 시법인 자동기술법이 그 대표적 양태의 하나다.

이런 3차의, 창조적 상상은 정서의 도피라는 현대시의 중요한 기법을 설명하는 이론이 된다. 새로움을 창출하는 새로움의 새로운 시가 되는 것이다. 이것은 시인의 의도에 의한 기획이라는 것에서 한 단계를 초월하여 의식의 해방이나 해체를 통해 새로운 세계를 재구성하는 통합적이고 마술적이라고 부르는 상상력을 의미한다.

앞서 말한 원형심상은 융의 정신분석적 심리학에 근거한다. 이 초현실주의의 본질이 원형론의 본질적 핵심이 되는 것은 그런 연유에서다. 의식으로는 통제되지 않지만 태초 창조이전의 혼돈처럼 존재하는 무질서의 원초적 질서를 일컫는 것이다. 왜냐하면 이질적인 이미지의 통합으로 생기는 현상이다. 간혹 신앙의 세계의 언어인 성서가 설명되어지지 않는 이미지를 동원하고 있음도 다 그런 연유에서 해석되어 질 수 있다는 것을 의미한다.

3. 성서 안에서 보는 체험과 상상의 실제

성서는 신과 인간과 우주 창조물과의 존재에 대한 서사시다. 그것도 역사가 존재하는 기간 동안 끊임없이 되풀이되는 모순과 갈등에 대한 원인을 찾고 그 해결점을 추구하는 소위 구원에 대한 담론이다. 이런 유일한 목적을 가진 성서는 그 시대마다 인간이 깨달을 수 있는 여러 가지 수사학적인 방편으로 그 담론의 주제를 표현함에 해당하는 기법을 사용하고 있다. 점진적인 계시라는 과정을 거치지만 언제나 그때마다 모든 표현기법이 혼용되어 있음을 알 수 있다. 즉 성서가 수천 년 전의 작품이라고 해서 문학사적으로 오래된 문학 기법을 사용하는 것은 아니다.

여기서 시를 창작하는 시창작 기법을 말하려는데 목적이 있는 것은 아니다. 그러나 시를 창작하는 단계적 도식을 통해 체험이 성서에서 어떻게 작품으로 되어지는가를 실제화 함으로 확인한 후에 성서 안에서 그런 유사한 형태들을 살피고자 하는 것이다.

형편상 앞에서 말한 체험과 상상을 통한 재생단계와 연상단계와 창조적 단계가 어떻게 이루어지는 가를 현대시의 몇 예문을 통해 확인하려 한다.

첫째 재상단계를 말한다.

이것은 누구나 기억한 것을 재생하여 표현하면 되는 과정이다.

> 하나님
> 은혜와 감사의 능력자
>
> 출애굽을 도우시듯
> 늘 지켜주셨음과
> 보호해 주심과
> 어려울 때 도움이 되어주시고
> 늘 평안한 마음을 주시는 분

위와 같이 말한다면 이해는 쉽다. 그러나 은혜, 감사, 지켜주심, 보호, 평안한 마음이라는 불가시적인 관념의 단어만을 제시하고 있다. 머리로 애매하게 느끼는 관념이나 정서는 은혜가 무엇을 뜻하는지를 모르고, 지켜주시고 보호해 주시는 강도나 정도가 체험적인 감각으로 측정할 수 없는 정황이다. 도움이나 평안한 마음이라는 정서도 어떤 상태가 도움의 모습인지 평안한 심리상태인지 매우 애매한 지시어가 된다. 전혀 형상화가 되지 못하고 있다.

그러나 다음과 같이 시를 만든다면 앞의 단어들이 가지는 관념이 실물로 제시됨으로 그 관념이나 정서가 물화되고 있음을 알게 된다.

> 나의 힘이신 여호와여
> 내가 주를 사랑하나이다.
>
> 여호와는 나의 반석이시요
> 나의 요새시요
> 나를 건지시는 이시요, 나의 하나님이시요
> 내가 그 안에 피할 나의 바위시요
> 나의 방패시요
> 나의 구원의 뿔이시요
> 나의 산성이시로다

— 시편, 18편 1~2절

예시는 반석, 요새, 바위, 방패, 뿔, 산성이라는 가시적인 사물을 열거함으로 그것이 가지는 모습을 머릿속에 그려볼 수 있게 한다.

체험은 반석에 집을 지어 본 일이 있으면 반석이 얼마나 집의 안정에 도움을 주는지를 선험적으로 체득하고 있다. 또한 전쟁의 경험이 있는 사람은 요새의 중요성을 깨닫고 있을 것이다. 피할 필요가 있을시 자기 보호를 위해 바위라는 천연적인 지형지물이 얼마나 중요한지도 잘 알 것이다. 또한 전투 시에는 방패가 자기 보호에 얼마나 도움을 주는 것인지도 군사 경험이 있는 사람은 분명 그 방패의 기능을 잘 아고 있을 것이다. 뿔도 마찬가지다. 이스라엘 유목민들처럼 짐승을 치는 사람들은 짐승의 머리에 난 뿔이 위험한 대상 앞에서 공격용으로 얼마나 중요한 기능을 하는지도 알고 있다.

그와 같이 지켜주심이나 자기를 안전하게 지켜주는 사물로 요새나 바위나 방패나 뿔이나 산성이라는 것들은 화자가 말하려는 의도의 기능을 대신 전해주는 객관적인 의미상을 제시하고 있는 사물이 되는 것이다. 이런 객관적인 의미가 동일한 사물을 엘리엇이 객관적상관물이라고 했는데 성서의 시인들은 앞의 시편 15장처럼 모두 사물을 들어 분명한 이미지로 '돌보심'이라는 관념을 대신 그 기능을 치환하여 보여주고 있다.

여기서 열거한 사물들은 자체적으로는 정서를 가지고 있는 것은 아니다. 그 사물들이 가지는 이미지에서 독자는 그런 의미망을 상상함으로 소통하게 되는 것이다. 이같이 관념이나 정서를 무시하거나 거부하지 않지만 그것들을 표현함에는 관념적인 언어나 정서적인 단어를 들어 제시하고 있지 않다는 것이다. 이것을 '정서로부터 도피'라는 술어로 사용하고 있다. 이곳의 정서는 관념을 포함하고 있음인데 용어에는 정서라는 말만 나와 있다. 돌보시는 하나님의 모습을 다른 사물로 제시하는 수사학적 비유가 곧 변용이라는 말이다. 연상상상이란 앞의 시처럼 돌보시는 말을 생각하면서 그것에 해당하는 상관물을 빌어 드러내는 기전에서 직관적으로 상상해 내는 힘은 모두 자기 체험이 있어야 하는 것이다. 이런 체험은 단순히 기억에 그치는 것이 아니다. 체험된 다른 경험체로 보여줌으로 그 경험체의 언어가 말하는 기능을 형상언어 즉 모든 시작품은 마음속에 그려진 사물이 내적으로 의미하는 언어를 심리적으로 그려내서 그것의 언어로 소통을 하는 것이다. 즉 이런 언어를 형상언어라고 말할 수 있다.

이 형상언어는 인간이 가지고 있는 사전적 언어가 아닌 마음에 그림으로 존재하는 회화적 언어를 지칭하는 것으로 그 사물을 대하는 주체의 경험 여하에 따라 해석에 모두 다른 의미로 나올 수 있다. 그래서 형상언어는 그림처럼 감각하는 것이지 설명하는 기능을 의탁하지 않는다. 그림을 보면서 그 느낌에 대한 종류나 수준이 모두 다양하게 다가오듯이 형상언어로 제시하는 의미소통은 각각 서로 다르게 나타날 수 있다는 것을 내포하고 있다. 굳이 화자가 의도하는 정서를 관념적으로 드러내지 않고 사물로 제시함으로 그 사물에서 체험된 이미지를 마음속에 그려보게 된다. 그것은 곧 감각화를 시키는 행위로 사물로 언어를 대치하여 시각적 이미지로 제시하기에 마치 그림을 보는 것과 같다. 즉 언어의 회화화인 것이다. 현대시의 이런 모든 행위는 체험을 동반해야 이루어지는 것이다. 체험이 없는 것은 현대시에서는 존재하지 않는다고 말해도 그리 틀림이 없다

나중에 이어서 말하겠으나 신앙고백 같은 종교적인 언어도 강한 힘을 가지려면 분명하고 확실한 의미를 전해 줄 수 있는 사물들로 견고하게 제시해야 가장 효과적이 되는 것이다. 성서가 인간의 입

장에서 볼 때 신에 대한 사랑의 고백처럼 신에게 바치는 언어를 신앙고백이라고 하는데 그 신앙은 체험에서 비롯된 고백이 될 때 가장 강렬한 힘을 가지게 된다. 그러기 위해서는 신비성을 가진 종교라 할지라도 결국 사물에 의존하지 않으면 화자의 입장을 더군다나 독자의 입장에서는 입체적으로 감각할 수 없게 되어 그 고백이 확실한 언어망을 입지 못하게 된다는 것을 의미한다.

다른 예를 하나 더 들어본다.

> 율법은 장차 올 좋은 일의 그림자일 뿐이요, 참 형상이 아니므로 해마다 늘 드리는 제사로는 나오는 자들을 온전케 할 수 없느니라. (1절)
>
> (중간 생략)
>
> 이 뜻을 따라 예수 그리스도의 몸을 단번에 드리심으로 말미암아 우리가 거룩함을 얻었노라. (10절)
>
> (중간 생략)
>
> 오직 그리스도는 죄를 위하여 한 영원한 제사를 드리시고 하나님 우편에 앉으사, (12절)
>
> 그 후에 자기 원수들을 자기 발등상이 되게 하실 때까지 기다리시나니 (13절)
>
> 그가 거룩하게 된 자들을 한 번의 제사로 영원히 온전하게 하셨느니라. (14절)
>
> — 히브리서, 10장 1~14절 부분

위 예문은 예수 그리스도가 십자가를 지심으로 그동안 드린 제사들을 완성하셨다는 말이다. 그런 의미를 설명함에도 제생의 근거가 되는 율법을 그리스도의 그림자(넓은 의미의 상징이나 예표나 표징)로 설명한다. 그림자란 본체가 아니라는 것이다. 본질적인 실체의 허상일 뿐 그 자체는 아니라는 것이다. 이것은 기독론의 신학적 이론을 제시하는 아주 중요한 주제인데, 그런 아주 복잡하고 심오한 이론을 그림자라는 시각적인 비유 하나로 형상화 시켜 모든 것을 내포하여 짧은 말로 포괄적으로 의미를 전달해 주고 있다. 이같이 예수님이 십자가 지심의 의미를 영원한 제사로 말함으로 인류가 구원을 얻게 되는 구원론을 간단하게 보여준다. 그 그리스도의 십자가 사건은 죽음으로 끝나버린 실패의 사건이 아닌 승리의 모습으로 그림을 그리듯이 보여주고 있는데, 곧 하나님 우편에 앉으셨다는 말이나 원수를 자기 발등상이 되게 했다는 언어에서 그 승리의 모습을 그림으로 그려낼 수 있게 하는 상황적 묘사를 하고 있다. 하나님은 영적인 존재이기에 우편이나 좌편이 없다. 여기 하나님의 우편이라고 함은 당시 왕들의 가장 측근이며 실세가 왕의 오른편에 앉아 있었던 체험을 바탕으로 그려내는 승리자와 권세자의 관념적 위치를 실질적인 위치로 보여주고 있음이다. 그런 권능이 있어야 자기 백성을 단 한 번의 제사와 같은 십자가 사건으로 구원을 완성할 수 있는 자격이 갖추어진 모습을 보여줄 수 있기 때문이다.

이같이 기독론이나 구원론 등의 매우 어려운 교리적인 담론도 성서는 분명하게 그림으로 그려 보여 줌으로 그 진리에 대한 인간의 태도가 더욱 확실해 짐을 가능케 하는 문학적 기법을 이미 사용하고 있음을 알게 된다. 종교란 관념적일 수 있다. 그러나 그 관념을 실증적으로 보여주는 기법은 이같이 과학주의가 취하는 방법론을 가지고 있다 해도 그것이 진리를 구명함에 전혀 부정적이지 않게 된다. 오히려 화자의 고백을 확실하게 그려주어 더 강렬하게 의미를 체득하게 할 수 있다. 그래서 초월적이고 절대적인 세계에 대한 담론인 종교가 현세적으로 쉽게 이해되어지는 것을 가능케 함은 체험을 통한 언어사용 즉 체험과 상상의 연결을 통해 구체화된 이미지를 동원한 탓이다.

세 번째로 연상상상에서 창조적 상상을 말하기로 한다. 이것은 사실관계가 새로운 사실로 바뀌어 태어나는 것을 말한다. 사실로는 획득할 수 없는 감동을 획득하는 단계인데, 사실을 새로운 이미지로 창조하여 만드는 단계다. 즉 연상으로 만드는 단계가 아닌 오히려 연상이 배제된 원관념(원래의 의미)을 배제하고 상충되는 보조관념(비유로 제시된 사물의 의미)을 들어 만들어 질 때 새롭고 신선한 이미지가 쉽게 만들어진다. 아이러니나 역설이 현대시의 중심부에 존재하는 이유가 그런 연유에서다.

시는 체험을 통해 이미지를 만들고 이미지가 상상력을 구현하는 결구력을 가지는 힘이 되며 이 상상력에 의해 비유가 생성된다. 비유라는 수사학적인 능력도 실은 체험에 바탕을 두고 있음이다.

> 또 내가 새 하늘과 새 땅을 보니, 처음 하늘과 처음 땅이 없어졌고, 바다도 다시 있지 않더라.(1절)
>
> 또 내가 보매 거룩한 성 새 예루살렘이 하나님께로부터 하늘에서 내려오니, 그 준비한 것이 신부가 남편을 위하여 단장한 것 같더라.(2절)
>
> 내가 들으니 보좌에서 큰 음성이 나서 이르되, 보라! 하나님의 장막이 사람들과 함께 있으매, 하나님이 그들과 함께 계시리니, 그들은 하나님의 백성이 되고, 하나님은 친히 그들과 함께 계셔서,(3절)
>
> 모든 눈물을 그 눈에서 닦아 주시니, 다시는 사망이 없고, 애통하는 것이나 곡하는 것이나 아픈 것이 다시 있지 아니하리니, 처음 것들이 다 지나갔음 이러라.(4절)
>
> — 요한계시록, 21장 1~4절

위 예문은 아직 이루어진 일이 아니라 장차 이루어질 미래에 대한 예측을 말한 것이다. 미래란 과거같이 확실한 기억으로 되는 재생상상이 불가능하다. 다만 아직 경험하지 못한 것들이기에 체험으로 되는 상상력으로도 한계가 있을 것이다, 우리가 100년 전에 지금의 문화를 정확히 예측하거나 잡아당겨 체험한 사람이 없듯이 지금부터 100년 후의 미래상도 마찬가지가 될 것이다. 그러기에 미래에 대한 모든 언어는 상상으로도 한계가 있어 상징이나 비유로 그 소통의 기전을 이루어간다.

새 하늘과 새 땅의 모습을 본 사람이 아무도 없다. 그래서 아무리 미래학자라고 해도 그 정경을 마치 설계도와 같이 청사진이나 복사기로 그려내는 일은 거의 불가능하다. 그래서 비유로만 가능하게 된다. 미래에 관계되어 체험이 불가능한 일들은 체험에 바탕을 둔 상상을 통해 전답미문인 사건들을 밝히는 것은 전혀 불가능하다. 그런 미래에 관한 일이라 해도 성서 안에 기록된 계시의 시점은 이미 과거가 되었다. 미래의 일들이 계시되는 현장의 시간적인 시점은 이미 과거형이 되었다. 과거에 경험한 사실을 통해 미래를 말하는 것도 자기가 겪은 사건들 즉 자기 체험만이 그 비유를 생산해 낼 수 있는 것이다. 그래서 미래의 사건들은 이미지의 창출에 있어 비유라는 창조적 상상을 통해서 가능케 된다. 창조적이고 복합적인 상상은 곧 비유를 뜻한다고 말할 수 있다.

그럼 비유의 양상들을 들어 보자.

비유란 언어표현에서 잘 나타나게 하기 위한 강렬한 욕구에서 나온 수사적 수단이다. 그래서 비유에는 비교할 수 있는 두 개념인 원관념과 보조관념이 존재하여야 한다. 원관념이란 원래 가지고 있는 본의(本意,tenor)나 주된 생각이라는 주의(主意)를 말함이고 보조관념이란 유의(喩意, vehicle)를 말함이다.

이 둘을 위해 본의와 유의는 이질적이어야 하고 그럴 수밖에 없다. 이질적인 것을 상반된 개념으로 비교하여야 더 효과적으로 본의가 드러나기 때문이다. 비교란 더 선명히 의미를 표현하기 위한 목적이 있기 때문이다. 이질적이면서도 두 관념을 연결할 고리가 있어야 한다. 결구력을 의미한다. 이것은 이질적이고 상반되는 비교 속에 유사성이 존재하여야 하는데, 그 유사성에서 동질성을 발견하게 함으로 사고가 전이를 할 수 있기 때문이다.

비유를 여러 가지로 특성을 기초하여 구분하나 보통 크게 나눈다면 첫째는 직유와 은유의 특성으로 나누게 된다.

직유는 직접 드러내는 것이고 은유는 은폐하여 드러내는 방법이어서 전자를 ~같이, ~처럼이라는 연결어를 사용하여 분명하고 직접적인 비유이기에 명유(明喩)라 하는데 강렬함은 있으나 밀도가 약하고, 후자는 암유(暗喩) 또는 간유(間喩)라고도 하듯이 직접 드러내지 않고 숨겨 드러내는 비유이다. 한자의 내용에서 단어의 정의가 잘 풀이되고 있다.

둘째는 리처즈가 말한 언어의 비유에서 과학적 진술이나 의사(擬似)진술로 구분한다. 전자가 합리적, 사실적, 논리적인 언어방편인데 비해, 후자는 대립되고, 모순되고, 불합리적이고, 상충되는 상반적 요소를 끌어들이는 시적 언어를 지칭한다고 할 수 있다. 의사진술처럼 과학적 진술의 태도와 달리 시어이기에 철저히 원래의 진술의 의도와 목적에 실패하여야 좋은 시어가 된다고 사르트르가 말한 것처럼 은유의 궁극성은 바로 상충을 통한 상반됨의 균형을 획득하는 기능을 취함에 있다. 더욱이 은유는 언어의 긴장성을 가지고 온다. 비유의 상충성에서 언어의 긴장을 가지고 오는데, 여기서 현대시의 내재율의 존재근거가 마련된다.

현대시는 비유에서 언어긴장을 초래하기에 내재율이란 적절한 비유의 존재에서 느끼는 감동으로 오는 것이라고 말할 수 있다.

셋째는 언어가 문맥상 의미 확장의 이분법으로 보아 셋으로 구별한다. 우선 표현을 대신하는 대유론(代喩論)과 원관념과 보조관념으로 비교하는 비교론(比較論)과 원관념과 보조관념사이의 의미가 확장해 나간다는 상호작용론(相互作用論)으로 기능을 가지는 의미의 효과에서 구분한다.

우선 구분법에 의해 직유는 대화에서 설명이나 진술을 구체화시키는 데는 효과적이나 은유처럼 의미가 확장되지는 않는다. 시어에서는 의사진술로 되기 위해 은유를 사용함이 가장 빈번하게 사용되는 타당성을 가진다. 그 이유는 그 비유가 상호작용론적인 효용성을 가지기 때문이라고 정리하면 일단 각각의 연결 맥을 확인하기가 쉽다.

이번 주제가 체험과 상상이다. 그런 면에서는 체험을 날이미지로 그대로 고백하면 직유나 대유가 될 것이고 초월적이며 절대적인 존재에 대한 고백은 체험을 바탕으로 한 상상을 통한 의사진술이란 점에서 은유를 사용하여 상호작용론에 기울게 된다고 말할 수 있다.

그것은 체험을 직접 말하지 않고 속에 숨겨 말한다는 은유를 말하는 영어의 복합의미에서 잘 드러난다. 메타포(metaphor)의 메타는 영어의 오버(over)라는 뜻이다. 어떤 의미를 초월해서 옮겨 놓는다는 의미이기에 제자리가 아닌 상위 감각에 숨겨 놓는다는 의미를 가지고 있음을 알 수 있다. 옮긴다는 의미에서 의미의 전이(轉移)를 노리는 방법이라는 것을 내포하고 있음이다.

주께서 내 마음에 두신 기쁨은

그들의 곡식과 새 포도주가
풍성할 때보다 더 하나이다 (7절)

내가 평안히 눕고 자기도 하리니
나를 안전하게 살게 하시는 이는
오직 여호와이시니이다. (8절)

— 시편 4편, 7~8절

위 시에서 화자의 기쁨의 상태를 곡식과 포도주가 많을 때 보다 더 기쁘다고 하는 7절은 직유적인 비유다. 이 비유는 최소한 화자가 곡식과 포도주를 소유했던 기회의 체험이 있었음이다. 그의 기쁨의 결과는 편안히 눕고 자는 안식에 있음을 8절에서 표현 하는데 마지막 행처럼 그 원인을 신에게서 찾는 것이다. 즉 신에게서 오는 기쁨이 삶 속에서 얻게 되는 어느 기쁨보다 더 큰 것임을 내포하고 있다. 7절의 문맥으로는 직유이나 전체 문맥상의 원관념인 신으로부터의 기쁨은 보조관념인 곡식과 새 포도주의 풍성함을 통해 보여주고 있다.

흑암과 그늘에서 건져내시고
그들의 맨 줄을 끊으셨도다 (14절)

(중간생략)

그가 놋문을 깨뜨리시며
쇠빗장을 꺾으셨음이로다 (16절)

— 시편, 107편 부문

'흑암'은 어둠의 권세인 악을 말함이고 '그늘'이라 함은 그 지배를 말함이다. '맨 줄'은 악으로부터 속박된 부자유의 정신적 존재 양식이고 '놋문을 깨뜨린'다는 것은 당시 청동기 문물에서 최고의 강한 금속을 깨뜨릴 수가 없었듯이 불가능한 것을 가능케 했다는 의미다. '쇠빗장'은 그 지배로부터 해방을 뜻한다.

이처럼 화자는 악으로부터 구원의 체험을 통한 신앙고백을 함에 있어 관념적인 언어를 동원하지 않고 사물을 들어 비유함으로 사고의 상호작용에 의해 상상이 확장되는 것을 알게 하는 수사학적 태도를 가지고 있음이다.

위와 반대인 광명의 세계를 말함에 있어 다음과 같이 표현하고 있음도 지적하고자 한다.

> 낮에 성문들을 도무지 닫지 아니하리니 거기에는 밤이 없음이라(25절)
>
> (중간 생략)
>
> 무엇이든지 속된 것이나 가증한 일 또는 거짓말하는 자는 결코 그리로 들어가지 못하되 오직 어린 양의 생명책에 기록된 자들만 들어가리라.(27절)

— 요한계시록, 21장 부문

여기서 '성문'이라 함은 새 하늘과 새 땅의 새 예루살렘 성을 말한다.(요한계시록 21장 1절) 이 계시록에 기록 된 일들은 저자가 환상 중에 보았던 체험을 말하는 것이다. 그 체험했던 사실을 소통하기 위해서 저자는 이미 모든 사람들이 이해할 수 있는 모두의 경험 사실을 들어 말할 수밖에 없다. 이것은 환상의 세계 즉 초월적인 우주라 말할 수 있다. 그러기에 인간이 사용하는 언어로는 모든 표현이 불가능하다는 것은 당연한 일이다. 그래서 언어의 부족을 느끼기에 다른 사물을 들어 비유라는 방편으로 말할 수밖에 없다.

25절의 '성문이 없는 성'은 속박이 없는 자유의 세계에 존재함을 비유함이요, '밤이 없다'는 것은 악의 영향이 전혀 미치지 못한다는 것을 뜻함이다.

27절의 '어린 양의 생명책'은 이미 제자로 체험했던 예수의 십자가 사건으로 구원된 명단을 말함이다.

이같이 성문과 어린 양을 들어 신천지의 특성을 말하고 있는데 그것은 요한이 이미 체험한 것들을 들어 비유를 통해 장차 일어날 일들을 말하고 있다. 신천지의 속성을 인간의 언어학적 진술이기보다는 비유를 통해 상상할 수 있도록 하는 수사학적인 방법론을 성서도 취하고 있음을 알게 된다.

4. 나가는 말

성서는 우주의 기원과 종말을 말하고 있다. 그 중에 신과 인간의 존재 탐구를 위한 종교적 철학을 위한 거대 담론이 기록되어 있는데 그 기록물인 성서는 모든 저자들의 언어가 문학적인 면에서 살필 때 매우 현대시의 특성과 흡사함을 알게 된다.

그것은 초월적이고 절대적인 주제를 말함에 있어 체험을 통한 상상의 기능의 힘인 각종 비유를 사용하고 있다는 것이다.

성서의 저자는 신학적으로 신적 유기적 영감에 의해 40여명의 저자가 기록했다고 한다. 그 저자들의 인격과 상황을 각각 특성적으로 이용하고 사용하여 만든 성서는 신의 언어를 인간의 언어로 육화시킬 수밖에 없다. 이유는 독자가 인간이기 때문이다. 인간이 이해할 수 있어야 함의 목적에서 인간이 체험한 범위 내에서 표현하여야 할 당위성을 가진다. 신의 영감이라 함도 신의 언어를 인간의 언어로 변용함인데 이 변용함은 곧 비유를 통한 의미의 치환이라고 말 수 있다. 물론 신학적인 견해와 차이가 나는 경우가 있음을 인정하나, 인간 언어의 사용함에 있어 문학적 기법을 사용함에는 불가피한 것이다.

체험에서 이미지를 동원하고 그 이미지에서 상상을 동원하여 창조적인 이미지를 가능케 하는 문학 방법론을 통해 바치는 신에 대한 인간의 고백이야 말로 아름다운 신앙의 문학적 고백이라고 말할 수 있다. 반대로 신도 인간에게 대화를 시도할 때 마찬가지 방법을 통한다. 출애굽기가 인간의 죄악으로부터 해방을 말함은 예수 그리스도의 십자가를 통한 해방의 예표로 보여 준 대서사시인 역사이기에 예수님의 십자가는 이미 출애굽기에서 실증적으로 보여준 신의 사랑의 이야기이며 신앙인의 고난의 모습은 그에 상응하는 인간의 사랑의 고백이라 할 수 있다. 그런 성서 안의 고백들이 허구가 아닌 실제가 됨은 모두 체험과 체험을 바탕으로 이루어지는 상상력을 통한 이미지의 구성을 통해 강렬한 감동으로 제시하는 창조적인 문학 방법론을 현대시 창작 기법과 비교할 때 극명하게 밝혀짐을 확인할 수 있음이다.

예술사조로 본 현대시의 방향

— 기독시문학을 중심으로

1. 들어가는 말

인간은 살아 움직이는 생명체이다. 살아 있다는 말이나, 생명체라는 말이나, 그 뜻은 동일한 의미로 존재한다. 그래서 인간의 모든 삶의 형태의 하나인 문화나 예술은 그 사람의 산물이므로 정체하지 않고 변화할 수밖에 없는 것은 매우 당연한 일이고, 그 당연성은 과학적 의미의 학문의 모습으로 보여 질 수밖에 없다는 뜻이다.

역사란 그 인간의 과정을 목적을 가지고 서술하며 판단해보는 일이다. 예술사조라는 말도 일종의 예술의 역사에 대한 평가의 한 면이다. 사조라는 언어의 뜻이 사상이나 생각의 큰 조류를 나타내는 말로서, 당대의 특징을 한 단어로 표현하고자하는 노력이다.

세칭 현대를 특징하는 모더니즘과 후기모더니즘의 단어적 의미는 시대성을 배경하고 만들어진 특성을 가졌다. 고전주의에서부터 시작된 사조의 특징은 그 시대의 내용적 속성을 표현하고 있지만, 모더니즘은 근대나 현대라고 부르는 시대의 구분을 하는 뜻을 가진 단어이다. 이것은 현대라는 시대적 속성이 한마디로 말할 수 없는 아주 복잡하고 다양하기 때문이다. 이곳에서는 각 사조의 특성을 철학과 시대의 역사적인 배경 등을 고찰해 보면서 예술사조가 내포하는 특징을 시론의 입장에서 살펴보고자 한다. 이 시론의 배경 위에 소위 21세기의 시의 나갈 길도 무리하지만 예측해보는 시도를 하고자 한다. 한마디로 정의내릴 수 없는 여러 사조를 아주 간략하나마 정리해 보면 우리의 현 위치를 발견할 수 있을 것이다. 따라서 그 위치에서 전후좌우를 살피면 탈출구까지는 발견할 수 없어도 최소한 나아갈 방향정도는 감지할 수 있을 것이라는 의도를 가져본다.

2. 예술 사조의 변화의 배경과 특성

1) 고전주의

고전이란 말의 뜻은 옛날의 전서, 즉 세월이 오래 흐른 역사를 가진 저술이나 작품을 말하는 것으로, 고전주의란 말도 옛날의 법식이나 의식을 중요시하고, 고대의 전적(典籍)중 후세 사람들의 모범이 될 만한 가치를 지닌 작품, 특히 문예 작품의 내용과 형식을 차용하여 사용하는 예술형식을 말한다. 오래되었다는 것은 쉽게 말해서 그리스나 로마시대의 작품과 정신을 중요시하는 태도이다. 즉 플라톤, 아리스토텔레스의 사상을 중요시하는 예술 방법론이다. 문학을 위시한 예술의 형식은 간결, 우아, 고상의 형식미를 가져야 한다고 생각하고 내용은 고전이 뜻하는 것처럼 교훈적 내용을 작품에 담아야 한다고 여겼다. 이 고전주의란 서구의 예술사조로 한정되는 것을 미리 말한다.

시대적으로는 문예부흥이라는 중세종교시대에서 철학적 문예부흥과 종교개혁과 아주 밀접한 관계를 가진다. 중세종교시대란 소위 서로마제국의 멸망과 그레고리 1세부터 루터의 종교개혁시대까지를 말하는 것으로, 약 1000여년의 기간을 말한다. 즉 로마 가톨릭이 사상과 정치의 중심으로 활동한 시대를 뜻한다. 이때는 기독교가 모든 것의 기준이며 중심이었다. 인간의 사상이나 인간의 자리는 전혀 허락되지 않은 변질된 인간상실의 종교시대이며, 이 기간을 소위 암흑의 시대라고 말해진다. 이 암흑이란 당시 지도자급인 성직자의 타락과 지식인의 중심인 종교지도자의 정신적 부패와 무능으로 이미 사회적으로 불신을 받았다. 인문주의와 과학의 발달과 봉건주의의 퇴락으로 인한 세계 정세는 자연히 그 중심세력인 로마 가톨릭의 붕괴를 일으켰다. 물론 이때 자체적인 개혁운동으로 소위 반개혁운동으로 정화운동을 벌였지만 이미 세상의 흐름이라는 역사의 수레바퀴는 고갯마루를 넘어서 진행의 속도와 방향을 아무도 제어하지 못하게 되었다. 이런 사회적 정치적 철학적 영향에 의해 생기는 고전주의란 지난 시대를 거부하는 태도로 사상과 예술은 고대 그리스의 사상과 예술로 돌아가자는 운동이다. 종교는 개혁이라는 운동을 거쳐 초대교회의 정신으로 돌아가는 운동이기에 성서의 연구가 활발했던 때이다. 종교의 중심축이 개신교라는 모습으로 바뀌는가 하면, 반면에 신의 자리에 고대 그리스의 이성을 중요시하던 사상과 예술이 대신 차지하게 되는 시대로 자연히 변경된다. 즉 중세종교시대의 신의 자리에 이성이라는 인간의 모습이 그 자리를 치환시켰던 시대의 배경사를 가지고 있다. 즉 인간을 중요시하는 인본주의(휴머니즘)의 정신적 바탕 위에 내세보다는 현실세계에 더 관심을 가진다. 이 인문주의는 신 중심에서 지상주의 가치관의 전환으로 말미암아 왕정에 애국적이고 애국심을 가지게 하는 도구로도 사용된다.

고전주의 예술형식은 고대 그리스나 로마의 형식미를 모방하는데, 다음과 같은 특성을 가진다. 문장은 간결하고 아름답고 우아하고 세련미를 가져야하며, 표현은 품위를 가지고 저속하지 말아야하며, 문법에 충실하여야하고 문맥이나 줄거리는 통일성을 가져야한다. 묘사 또한 명확하여야하고 구조도 처음과 중간과 결말이 뚜렷해야한다. 그 이유는 문학을 비롯하여 예술의 대상이나 소비자가 귀족이 중심을 이루고 있었기 때문이다.

정치적으로 절대왕정의 복귀로 절대주의적인 질서를 필요로 하였으며, 중세 로마 가톨릭의 영향에서 벗어나고자 그리스와 로마의 정치나 문학이론을 본떴던 것이다.

앞서 말한 이성 중심으로의 치환이란 데카르트를 위시한 합리주의자들의 사상의 지지를 받게 된다. 데카르트의 소위 '나는 생각한다. 그러므로 존재한다.' 라는 말은 존재의식을 신과의 대자적 존재로가 아닌 즉자적 존재로 존재의식의 변화를 가져오는데, 이 모두 신의 부재의식과 그 자리에 이성이라고 불리는 사고의 의식으로 자리 바꿈을 시도하게 된다. 루소의 '자연으로 돌아가자' 는 명제도 그 자연이 뜻하는 바가 각자 서로 해석이 다를지라도 돌아가는 중심은 신의 중심에서 탈피하고자 하는 태도인 것만은 분명하다. 신과의 합일을 지상 최고의 가치관으로 여겼던 중세시대에서 자연의 균형과 조화야 말로 인간의 모범이 된다는 그리스 시대의 철인들이 말했던 모방이라는 의미에 자연이 가장 부합되는 것이라는 이성주의 또는 합리주의 사상이 생기게 된 것이다. 진리의 본질인 이데아(본질)를 감성으로 파악하는 것이 아니라 이성으로 파악하는 것이며 그 최고 가치는 진선미의 조화라고 믿었던 것이다. 이 이성이란 신이 인간에게 남겨 준 창조의 잔재형상으로서, 신과 같이 우주를 통찰할 수 있는 능력을 내포하고 있다고 생각했다.

문학에서 고전주의자들은 프랑스의 코르네유, 라신, 몰리에르 등과 영국의 드라이든, 포프를 말할 수 있다. 그들은 그리스의 영향으로 서사시가 중심을 이루었고, 영국에서 꽃을 피웠다.

고전주의는 작가의 감성을 억제하고 형식미를 중요시하는 극단의 모습을 띠게 되는 18세기에 와서 독일의 레싱 등에 의해 반발을 일으킨다. 자연과학의 법칙을 중요시하고 합리적 사고와 함께 우매함의 계도를 위한 계몽주의의 사조로 발전되었지만, 감성을 너무 도외시한 나머지 새롭게 생기는 태도가 낭만주의로의 변화를 가지게 된다. 괴테와 쉴러가 대표적이다. 이 낭만주의는 고전주의의의 이성지상주의에 대한 반동인 것이다.

2). 낭만주의

낭만주의(Romantism)의 어원은 Roman에서 빌려온 것이다. 이 단어가 나타내는 뜻과 같이 로마의 특성 즉 개인의 자율과 감성을 중요시하는 태도로 독일에서 먼저 발생한다. 이상주의라는 세계관을 가지고 있다.

1780년대는 영국의 산업혁명으로 봉건주의의 몰락과 함께 자본주의의 사회가 대두된다. 이 산업사회는 사람의 손발이 기계로 노동력이 변환되어 실업자가 대량 발생하게 된다. 이 노동계급의 실업화는 신흥재벌인 부르주아 계급을 탄생시키게 되고 그 영향으로 물신주의의 풍조가 생기고, 이 물신주의는 기존 인간의 이성에 대한 회의를 가지게 된다. 이 반동심리가 이성에서 감성으로 위치를 변하게 한다. 산업화와 기계화는 도시화의 성격과 그 궤를 같이 한다. 인간의 가치가 자본과 물신 숭배로 옮긴 고전주의의 세기말적 회의감이 낭만주의라는 감성중심으로 가치관이 변경되었다는 뜻이다.

이들은 자연을 중요시하고, 인간의 무한한 열정과 능력을 기대하고, 높은 이상과 앞서 말한 루소의 자연이라는 인간의 본디 태어날 때부터 가지고 있는 성품을 중요시하게 된다.

영국의 윌리엄 워즈워드, 새뮤얼 테일러 콜리지등에 의해서 본격적인 시운동이 시작된다.

계승시킨 중요한 시인은 윌리엄 블레이크이다. 한편 독일 낭만주의 운동의 첫번째 단계는 내용과 문어체 모두에 걸쳐 일어난 혁신과 신비적인 것, 잠재의식, 초자연의 탐닉이 특징을 띤다.

우리나라에서 낭만주의가 대두된 것은 1920년대 초의 시에서이다. 인간의 이상추구가 일제의 식민지 지배로 그 당시 지식 계급들이 현실로 나아갈 길이 전혀 없었던 현실도피성 경향으로 감상주의로 흐르게 된다. 즉 개인의 자유와 창조적 가능성에 관심을 기울이며 전통적 도덕과 인습에 거세게 반발하는 동시에, 현실에 대한 극단적인 부정과 현실에서 도피하려는 절망적 색채를 짙게 드러냈다. 흔히 1920년대 낭만주의를 병적·감상적 낭만주의이라 부르는 것은 이러한 이유 때문이다. 이러한 경향은 동인지 『백조』를 중심으로 나타났는데, 홍사용, 박종화, 나도향, 이상화 등이 이에 속했다. 박영희의 「환영(幻影)의 황금탑」(백조, 1922.1)·「월광(月光)으로 짠 병실」(백조, 1923.9), 박종화의 「사(死)의 예찬」(백조, 1923.9), 이상화의 「나의 침실로」(백조, 1923.9) 등은 현실의 모든 번민과 집착의 저편에 서서 죽음에의 초대를 노래했다. 홍사용의 「나는 왕이로소이다」(백조, 1923.9)에서는 세상을 공포와 비애만이 가득 찬 것으로 보기도 했다. 따라서 1920년대 낭만주의자들이 추구했던 행위는 이상지향적 낭만적 정열이라기보다는 염세적 감상주의의 낭만적 허무로 끝나며, 그것은 오히려 현실도피에서 오는 변질된 유미주의에의 탐닉이라는 점에서 두드러지게 나타난다. 따라서 자신의 감정을 과장하고 일정한 감정의 절망적 몸짓을 관습화하는 이러한 감상의 바탕에는 건강한 도덕성이 있을 수 없으므로 1920년대 낭만주의 문학은 김소월 등 몇몇 외에는 그 가치를 의심받을 수밖에 없다. 결국 1920년대 초기 시대적 정치, 사회적 영향으로 감상 및 퇴폐적 성격으로 한국에서는 감상주의 문학의 염세와 허무주의적 경향은 사실주의 또는 프로 문학에 주도권을 빼앗긴다. 한국의 낭만주의 문학은 구미의 애국심으로 민족주의에 영향을 끼친 것과 차이가 나는 것이다. 엄밀하게 말하면 낭만주의는 표현양식이 아니라 추구하는 내용에서 차이점이 있는 것이다.

3). 사실주의(Realism)

객관적 사물의 모습을 있는 그대로 나타내려는 예술사조를 말한다. 그동안 사실주의의 한문을 두 가지로 사용했다. 처음에 사실주의(寫實主義)라고 했다가 근자에는 事實主義를 많이 사용하고 있는데, 처음 한자는 예술사조의 성격을 먼저 강조 한 뜻이고, 근자의 단어로 변경된 것은 영어의 직역으로, 그 사고영역을 넓히며 사용하는 목적을 강조하는데 뜻을 둔 듯하다.

이 사조의 용어는 1800년도 중반부터 미술 분야에서 먼저 사용한 단어로, 왕이나 신화나 영웅이야기가 실제로 존재하는 일반 서민의 사실적인 삶을 예술의 대상으로 삼았던 것인데, 쉽게 말하면 왕이나 영웅들을 그림의 대상이 농민들이나 광부들의 이야기나 그림으로 대상이 바뀌는 밀레의「만종」이나 「이삭 줍는 사람들」, 귀스타브의「쿠르베의 돌을 깨는 사람들」이 그 단적인 좋은 예가 된다. 이것은 단순히 예술의 흐름에 대한 변화가 아니라 사회적, 철학적 영향을 받은 시대상의 결과물이라고 할 수 있다.

낭만주의가 줄거리나 인물의 묘사에 역점을 둔 반면 사실주의는 배경이나 환경에 묘사의 중점을 두었다. 그 이유는 객관적 사실에 대한 객관적 태도로 작품을 만들고자하는 의도에서 였다. 고전주의와 다른 점은 사물의 실재에 대한 표현을 냉철한 과학적 자세로 그려냈으며, 고전주의는 그 내용이 교훈적이나, 사실주의는 사회에 대한 고발성의 의도로 제작한 것이다.

그 당시 시대는 산업자본가와 무산계급이라는 노동자들의 시민혁명의 영향 등으로 봉건주의가 몰락하고, 과학의 발달로 실용주의가 주를 이루었다. 과학이란 합리적 이성의 세계를 바라보는 의식이기에 실증주의와 공리주의는 사실주의라는 과학적 인생관을 가지게 되었다.

이 철학은 찰스 다윈의 진화론이 결정적으로 영향을 미쳤으며, 우주를 신앙적 태도로 보던 사고를 과학적 자연탐구의 자세와 대상으로 보는 세계관을 취하게 된다. 이전의 콩트의 이론이 그 기저를 이루는 철학적 배경을 만든다. 모든 사물을 물질적이며 생물학적인 존재로 관찰하여 우리의 보편적 감각을 통해서 이해되는 현상만을 진리라고 믿는 경험주의에 영향을 미치는데, 자연주의의 예술이 그 극단적인 모습인 것이다. 낭만주의가 가진 이상주의적이며 미래주의적인 의식이 현재적이며, 실재적인 인생관을 가지게 되었다는 뜻이다. 고전주의나 낭만주의자들이 가진 경이로운 세계와 우주의 중심은 과학이라는 방법을 사용하는 인간이 그 중심에 서게 되는 시대가 됐다.

이 사조는 시의 부문보다는 소설 쪽에서 더 발달이 되었는데, 그것은 소설의 표현양식이 사실주의의 방법을 사용하기에 더 효과적이기 때문이다. 사실파 소설가인 발자크, 스탕달, 톨스토이, 도스토예프스키 등이 영향을 받았다.

한국에서는 현진건이나 김유정 등의 소설가를 들 수 있고, 시 분야에서는 1960년대의 소위 참여문학파인 김수영, 신경림, 조태일 등을 열거할 수 있다. 이들은 사회현실의 모순과 사회구조의 고발 방법으로 리얼리티를 강조하면서 그 수단으로 문학 표현 양식과 대상을 사실주의 입장에서 시도하고 있다. 낭만주의와 다른 것은 내용보다 표현양식에서 더 큰 의미가 있겠다고 하겠다.

사실주의의 극단적인 사조인 자연주의는 사실주의의 관찰과 경험에 한발자국 더 나아가 실험이라는 방법을 사용하기에, 시 분야에서는 특별히 방법론상 의미를 지적하지 않겠다.

4). 모더니즘 (Modernism)

모더니즘만큼 설명하기에 애매하고 넓은 범위는 없다. 모더니즘이란 용어는 시대적인 구분이지 예술사조의 성격을 뜻하는 것은 아니기 때문이다.

넓은 의미로는 교회의 권위 또는 봉건성에 반항, 과학이나 합리성을 중시하고 널리 근대화를 지향하는 것을 말하지만, 좁은 의미로는 기계문명과 도회적 감각을 중시하여 현대풍을 추구하는 것을 뜻한다.

예술상에서의 모더니즘은 20세기 초, 특히 1920년대에 일어난 표현주의, 미래주의, 다다이즘, 형식주의(포멀리즘) 등의 감각적 · 추상적 ·초현실적인 경향의 여러 운동을 가리켜 말한다. 유럽과 미국에서는 이와 같은 여러 운동을 통틀어 모던 아트(modern art)라고 말하는 경향이 많으나, 이것을 대국적인 견지에서 말한다면 19세기 예술의 근간이라고 할 수 있는 사실주의(리얼리즘)에 대한 반동 운동이며, 세계 1차 대전 후에 일어난 전위예술(前衛藝術: 아방가르드) 운동의 한 형태였다. 이 현대라는 시기의 예술사조를 일컫는 모더니즘의 사조에는 서로 지나간 사조들의 변형된 모습이 혼재해 있거나, 앞서 말한 사조들처럼 그 경계선이 확실히 구분되어 있지 않고 학문과 철학과 사회의 급변으로 그것을 대체하거나 보강하는 사조로 서로 혼재하고 있어, 여기서는 편이상 신고전주의와 일본에서 사용하기 시작한 주지주의를 중심하여 생각하려 한다. 이 주지주의가 본격적으로 나타나기 전 시간적으로 의미가 있는 사조들을 초기 모더니즘이라고 구분해보려 한다. 이 구분은 전적으로 사견일 수 있으나 이해를 쉽게 돕기 위한 방편임을 밝힌다.

가). 근대 모더니즘

여기서 초기 모더니즘이란 넓은 의미에서 현대의 모더니즘과 동일한 양식이나 시대적으로 볼 때 부분적인 차이가 있어 고의적으로 구분을 시도해 본다. 여러 양식이 있으나 현대에서 많이 차용하는 사조들을 간략하게 서술해 본다. 현대의 본격적인 모더니즘에서 주지주의나 신고전주의 등을 설명하기 위해서는 필요한 일부

사조에 국한하여 선택한다. 주지주의 등 본격적인 모더니즘을 위해 성격만 간단히 지나간다.

a) 상징주의 (Symbolism)

프랑스에서 19세기 말부터 20세기 초에 일어난 사조로 내면의 세계를 사물로 암시적인 이미지를 묘사하여 드러내는 예술 양식을 가리킨다. 앞서 말한 사실주의를 위시한 고답파 등에서 반동하여 생긴 사조이다. 작가의 사상이나 정서를 구체적 사물을 통해 암시적으로 이미지화하여 나타내는 시도의 사조인데, 이것은 예술가들이 정신적인 내면의 세계를 구체적으로 표현하고자 한 것이다. 상징주의의 지적이고 객관적인 태도와 달리 감정, 직관, 관념에 기초하여 표현한 것은 주지주의와의 차이점이다.

이 상징주의를 뜻하는 영어의 심벌(symbol)의 어원은 상징주의(symballein)인데, 그 말뜻은 짝을 맞추다는 의미이다. 후에 표시, 기호 등으로 사용하게 되었다. 상징주의에서 노리는 것은 이미지의 형상화를 통해 언어의 의미를 무한대적으로 확장하고자 하는 것으로, 상징이란 과정에서 나타나는 암시를 통해 본질의 의미를 제시하고자 하는 시도이다. 이때 암시는 은폐요, 상징계는 의미의 제시인 것이다. 이 때 상징은 논리적 연상으로 수많은 사고를 유발할 수 있게 하는 힘이 있다. 시의 표현은 구체적인 사물을 통해 표현하는데, 그 내용에 담긴 의미는 다중성을 가지기 때문에 소위 시의 애매성을 초래하여 그 의미 폭의 확대를 꾀할 수 있다.

고티에, 샤를르, 보들레르, 에드거 앨런 포 같은 사람들을 손꼽을 수 있다. 한국은 김억, 황석우 등이 이 범위에 들어간다.

b). 유미주의(Aesthetism)

탐미주의 심미주의라고도 번역되는데, 예술의 태도와 목적을 미의 최고 창조에 둔다.

개인의 경험과 내면의 세계를 추구하며 도덕적인 기준이나 사회성의 요구보다는 감각의 기준에 둔 예술의 자율성에 목적을 둔 것으로 예술지상주의와 일맥상통한다. 작가의 개인 특성과 정신보다는 감각에, 내용보다는 형식미에, 현실보다는 상상의 세계에 중점을 두는 사조이다. 보들레르의 시에서 그 경향이 두드러짐을 알 수 있다.

c). 예술지상주의

프랑스의 고티에가 주창한 것으로 예술의 목적을 오직 아름다움이 주는 감동을 추구함에 둔 것으로 도덕적 , 사회적 목적을 배제함이 특징이다. 이 영향으로 상징주의 고답파, 데카당스(퇴폐주의) 등에 영향을 서로 주고 받는다.

d). 신낭만주의(Neo-Romantism)

사실주의의 반동으로 일어난 사조 중 하나로 직관으로 오는 감성이나 종교적 영성을 추구하는데 특징이 있다. 낭만주의적인 이상

추구가 종교적 신비성을 가지고 있는데 릴케의 시 등에서 쉽게 찾아 볼 수 있다. 이성의 뒤편에 신비의 세계가 있음과 실재를 추구하는 영감의 원천을 탐구하고자 하는 예술적인 자세이다.

e). 초현실주의 (Surréalism.)

제1차 세계대전과 제2차 세계대전 사이에 유럽에서 일어난 문학 및 시각예술 운동이다.

심리학의 발달로 인간의 무의식 세계의 관심으로 인간의 본질의 모습은 무의식의 세계가 더 본질적이라는 관점에서 생겼다. 초현실주의는 제1차 세계대전 이전의 반예술 운동인 초기 다다이즘으로부터 생겨났다. 그러나 초현실주의는 다다이즘처럼 부정 그 자체를 강조한 것이 아니라 오히려 그것에 대한 적극적인 표현을 강조했다. 초현실주의자들은 과거 유럽 문화와 정치를 주도해왔으며 제1차 세계대전의 공포 속에서도 절정을 이루었던 이성주의가 결국은 파괴를 야기시켰다고 보고 그에 대한 반대를 표방했다. 시인이자 비평가인 앙드레 브르통은 이 운동의 대변자로서 1924년에 '초현실주의 선언'을 공표했다. 그에 따르면 초현실주의는 경험의 의식적 영역과 무의식적 영역을 완벽하게 결합시키는 수단이며, '절대적 실재, 즉 초현실' 속에서는 꿈과 환상의 세계가 일상적인 이성의 세계와 결합될 수 있다고 한다. 주로 지크문트 프로이트의 이론을 원용하면서 무의식의 세계를 상상력의 원천으로 간주했다. 또한 시인이나 화가에 의해 달성될 수 있는 천재성은 일반적으로 미개발된 무의식의 영역에 대한 접근가능성으로 규정했다.

의식의 통제로부터 벗어난 무의식의 세계를 즉흥적으로 표현하려는 목표만을 추구했다. 지고미(至高美)를 형식적 수단으로 해서 개인의 환상, 무의식과 의식을 탐구했다. 이 두 극단은 그 발전가능성의 영역면에서 구별된다. 읽는 사람의 마음에 무의식적인 연상작용을 일으켜 그 끝없는 탐구과정을 통해 창조적 상상력이 스스로 발언하게 하는 것이다. 이러한 태도를 일컬어 유기적·상징적·절대적 초현실주의라고도 했다. 이와 반대되는 극단에서는 명확하고 세밀하게 묘사되었으나 비합리적인 세계를 접하게 된다. 사실적으로 묘사되어 인식 가능한 이미지는 일상적인 맥락으로부터 분리되어 모호하고 역설적이며 충격적인 구조로 재구성된다. 이들은 보는 이로 하여금 논리에 의해서는 드러나지 않는 비이성적인 태도이며 소위 자동연상기술법을 만든다. 작가의 무의식으로부터 분출하는 혼돈의 이미지를 다듬지 않고 즉흥적으로 기록하는 방법이다. 비재현적인 형태로 감정을 표현하고자 했던 미국의 추상 표현주의에 영향을 미쳤다.

나). 현대 모더니즘

a). 주지주의

어떤 이들은 주지주의를 고급 모더니즘이라고도 구분하여 말하기도 한다. 주지주의를 여기서 굳이 현대 모더니즘이란 용어를 구분하여 사용하는 이유는 모더니즘의 본격적인 시대에 중심적이고 보편적이며 통합적인 문학사조인 주지주의를 다른 모더니즘과 구분하고자 하는데 목적이 있다. 왜냐하면 이것은 앞서 말한 모든 사조의 종합적인 자세와 내용을 가진 사조이기 때문이다. 이성과 관념의 중심이 된 문학이 각 시대마다 반동을 통한 발전을 거듭하여 외부의 세계에 대한 내용적 관심에서 표현양식인 기법으로 그 중심의 축이 옮기게 된다.

모더니즘이라는 시기에 와서는 그동안 고전주의, 낭만주의, 사실주의 등 모든 사조가 망라되어 서로 부분적으로 유기적인 관계를 가지고 얽혀 있다. 주로 상징주의에서부터 강조하기 시작했지만 고전주의의 조화와 엄격미를 추구하기도 하며 관념과 이상에서 작가가 각 시대의 현실에 처한 내면세계로의 이동을 통하는 종합적인 태도를 가지게 되는 특성을 가진다.

모더니즘이란 직역하면 현대(근대)주의라고 하는데, 이 말에서 내용과 대상의 문제가 아니라 현대라는 시기적인 특성에서 유발된 양식을 쉽게 알 수 있다. 즉 현대성이라는 시간적 특성에서 유래됨을 말한다.

그러면 현대적 특성이란 무엇일까?

현대라고 말하는 20세기를 특징짓는 것은 과학의 발달과 그것으로 야기된 대량의 죽음을 초래한 세계 1, 2차 대전이라는 전쟁을 들 수 있다. 과학이라는 것은 인간의 합리적 사고와 이성을 통한 자유정신의 확장을 이루었지만, 과학이 만든 결점으로 이성에 대한 불신과 반대로 도시화에 의한 인간의 개성몰락, 그것에 따른 대중화와 함께 인간의 상대적 고독 등 앞 세대에서 가지지 못한 특수한 상황으로 갑자기 변화를 가지게 된다. 여기서 인간은 스스로 철학적 질문을 깊이 하게 된다. 사람이란 무엇인가에 대한 자체 점검을 현대적인 방법인 과학적 태도로 추구해 본다. 심리학, 문학, 언어학, 철학 등의 분야에서 깊은 자기 성찰을 해본다. 영구성에서 순간의 찰라와 무한에 대한 유한, 감정의 객관적 태도 등의 자세를 가지게 된다. 이것은 직관을 통한 이미지를 강조한 흄에서 쉽게 찾아볼 수 있다. 이미지 운동은 에즈라 파운드를 들 수 있으며, 기존시의 운율성을 중요시하던 것을 이미지라는 방법을 더 중시하게 되었다. 특히 이미지 중 과학적인 실념의 관점에서 시각적 이미지를 강조하고 있다. 여기에 이미지즘에서는 시간의 개념이 추가되어 계속되는 시간상의 존재가 아니라 순간이라는 시각에 존재하는 마치 사진을 통한 이미지처럼 공간적 형식을 지향하고 있다. 흄 등이 말한 "견고하고 건조한 이미지"란 말 뜻에서 볼 수 있듯이 사물시(물질시)의 이론이 등장한다. 흄의 이론을 에즈라 파운드와 엘리엇에 의해 발전시켜 주지주의라는 현대적 예술사조가 생성된다. 이 이론은 특히 형식주의라는 야콥슨 등의 이론에 힘입어 토대를 튼튼히 구축하게 된다. 여기서 엘리엇에게서 간과해서는 안 될 분야가 있다. 그것은 형이상시(Metaphysical poetry)라는 견해인데, 이미지즘에서 말하는 사물의 이미지에 그 사물의 현상 뒤에 담긴 사물의 본질을 추구하려하는 시법을 말한다. 즉 시에서 사물에 대한 사상과 감성을 파악하여 서로 하나 되게 하는 이미지로의 표출을 시도하는 노력이다. 이곳에서 사물이나 사건에 대한 정서의 감각화를 소위 객관적 상관물이라고 부른다.

더욱이 러시아의 형식주의의 이론과 연합하여, 사물과 감정이 통합하는 유기적 관계가 모순된 충돌을 통한 긴장(tension)을 유지하는 것으로 이루어진다고 랜섬 등을 위시한 비평가들이 말하고 있다. 그들은 이런 작품이 최고의 예술작품이라고 말하고 있는데, 여기에서 나타나는 기법이 소위 '낯설게 만들기'라는 기법이다. 즉 원관념과 보조관념이 긴장감을 가지기 위해서는 서로 아주 모순된 이미지와의 결합을 통해야 하는데, 이 모순된 이미지의 결합을 시도하는 예술적 행위를 소위 '폭력적 결합'이라는 언어로 나타난다.

이성과 감성의 고전주의와 낭만주의 그리고 사실주의의 과정에서 나타난 대상에 대한 작가의 관심이 이 시대에 와서는 작가의 자신의 표현에 중심을 둔다. 즉 그리스 시대부터 문학의 가장 중요한 모방론이 표현론으로 위치를 변경했다는 뜻이다. 인간의 내면세계를 표현하기 위해 상상력을 통한 상징주의 이론이 성립됐고, 더 나아가 이미지즘을 거쳐 주지주의에 도달하게 된다.

니체와 다윈 등의 유물론적 철학과 과학의식은 기존 정신질서체계를 무너뜨리고 허무주의와 다다이즘 등으로 변하여 인간은 스스로 자폐적 세계로 몰입하게 된다. 즉 문학의 관심은 내면세계에 대한 표현으로 변하게 되었고, 인간에 대한 의식세계와 무의식의 세계에 대하여 관심을 가지고 다루어지고 있다. 여기에 머물지 않고 사물에 대한 본질적인 물음을 사물을 통한 그 사물의 배후의 이미지를 통해 본질을 파악하려 하는 지적 태도를 가지는데, 이것을 소위 주지주의라고 말한다. 이 이론을 도입하여 활동한 김광균의 시 「와사등」에서 군중 속의 고독으로 생기는 정서를 와사등을 통해 말하는 시법을 보면 이것을 쉽게 이해할 수 있게 된다.

한국 문학에서는 1931년경 프로문학의 퇴장과 일본강점기의 대두를 계기로 나타났다. 이 이론을 초기 도입한 김기림이 시의 낭만주의적 요소를 배격하고 시창작 자체의 의식성을 강조하는 기술주의를 주장하면서 형태화되었다. 김기림은 모더니즘 시운동을 벌이는데, 그 특징은 정서에서 지성으로 현실의 초월적 태도에서 현실비판적 자세로, 청각적 리듬에서 시각적 요소를 강조하였다.

모더니즘의 대표적 문인들로는 1930년대의 프랑스의 P. 발레리 영국의 T.E.흄, T.S. 엘리엇, H.리드, 헉슬리 등의 이론과 작품의 영향을 받은 정지용, 김광균, 장만영 등이 있다. 김기림의 장시 「기상도(氣象圖)」(1936)는 엘리엇의 『황무지』의 영향을 받은 당시 모더니즘의 대표작이며, 김광섭, 김현승 등의 시인들이 그 뒤를 이었다. 이어 1950년대의 김수영, 박인환 등과 '후반기' 동인들에 의해 모더니즘 시운동이 전개되었다. 1960년대의 『현대시』, 『신춘시』 동인들은 1930년대의 모더니즘시가 상실했던 상징적 내면의식과 초월의식을 형상화하려 했다.

b). 아방가르드

혹자는 주지주의는 신고전주의의 일본식 표기로 영미 중심의 사조에 대한 의견이고, 아방가르드는 프랑스를 중심하여 말하는 넓은 의미의 모더니즘의 총칭이라고 말한다.

그러나 여기서 달리 구분하고자 하는 것은 문자적인 뜻, 즉 척후병이라는 언어가 의미하는 전위적 성격으로 보는 좁은 의미로 아방가르드를 말하고자 한다. 왜냐하면 현대모더니즘의 전통예술 개념에 대한 부정적 자세로 많이 사용되는 경향을 가지고 있기 때문이다. 이 특징은 그동안의 예술의 전통적이고 유기적인 관계를 파괴시킬 정도로 부정하고 있다는 점이다. 초현실주의 입체주의, 다다이즘을 위시하여 미래주의를 포함한 예술기법에서 흔히 볼 수 있기 때문이다. 한국에서 이상의 시를 들 수 있겠다.

5) 포스트모더니즘 (Post-modernism)

포스트모더니즘은 매우 다양하여 한마디로 설명하기가 매우 난이하다. 그러나 일종의 아방가르드 표현양식의 변환 형태라 할 수 있다. 시기적으로는 세계 2차 대전 이후로 구분할 수 있는데, 가장 두드러진 특징으로는 내용의 변화보다는 표현기법의 전환을 들 수 있다. 따라서 어떤 이념적 주의라는 단어보다는 현상의 한 단면의 모습이라고 말하는 편이 알기 쉽다.

사회의 영향력이 대중의 구매력에 중심을 가지게 되어 모더니즘 시대까지 대중을 이끌고 온 중심세력의 힘이 소비자층인 대중으로 탈중심화 되었다고 설명하는 편이 가장 설득력이 있다. 훈련된 특수층의 소위 고급문화(엘리트주의)가 대중문화로 자리바꿈을 시도한 시대라 할 수 있다. 처음 시도한 형태를 팝아트에서 찾는 것도 그것을 설명하는 좋은 단초가 된다. 자리바꿈이라는 단어가 의미하는 것 같이 어떤 확실한 자리매김이 아닌 과정 중의 위치를 설정하기에 꼭 꼬집어 위치를 설명할 수 없는 항상 혼합형태로 존재하는 모습을 보여준다. 그래서 포스트모더니즘을 혼합 예술 , 혼성예술 등으로 표현한다. 예술의 내용이 일상의 생활 도구로 하나 되는 시도일 수도 있다.

대중에 대한 일반화의 내용과 기법은 예술의 신비성이 퇴색되는 탈신비화와 함께 대중에 이해되는 구상적 자세를 가진다. 패러디나 광고 예술에서 노리는 다중성을 시도한다. 다다에서 노린 방법의 전통에 대한 부정도 작용했다고 볼 수 있다. 여기서 말하는 전통이란 단순한 기법만을 말하는 것이 아니라 내용과 함께 작품의 표현이 가지고 오는 그 동안의 전통적인 가치관까지 해체내지 부정하는 자세를 취한다. 해체란 기존가치관에서부터 탈피하는 것으로, 모더니즘까지 가지고 온 절대성이나 보편성 등이 다원성과 상대성으로 가치이동을 가지고 온다. 특히 문학에서는 사실과 허구의 구분을 없애고, 작가의 권한을 최소화하고, 독자들에게 문학의 해석에 대한 선택권을 주는, 소위 미니멀리즘(Minimanism) 기법 등을 사용한다.

한 가지는 절충주의인데 이것은 전통과 실험을 혼합하는 자세이다. 인습을 탈피하고 실험을 통해 새로운 미학을 추구하는 그 과정에서 모더니즘과 포스트모더니즘은 공통점과 차이점이 동시에 혼재해 있다. 즉 포스트모더니즘이란 모더니즘과 전혀 다른 사조의 예술형태인 것이 아니라 서로 수용하고 비판하는 대립과 화합의 이중성을 가지고 있다. 특이한 것은 미국을 중심으로 나타난 것으로 그동안의 구미의 역사성에서 자기문화를 추구하는 미국중심의 새로운 문화실험이라고 해도 크게 틀리지 않다. 포스트모더니즘에서는 다민족사회로 구성된 미국의 문화처럼 작가의 개성을 중요시하지 않고 작품의 미적 수준이나 깊이를 요구하지도 않는다. 특이 독창성이나 개성을 강조함을 찾아 볼 수 없는 것도 특징이다.

하나 더 특이한 것은 대중성을 강조한 나머지 다른 분야의 예술장르는 접근성이 쉬운데 비해 문학에서는 난해성이 심해진 것이 다른 분야와 다른 특징 중 하나이다.

3. 한국기독시의 현재의 위치와 방향의 제언

앞서 간략하게 특징을 중심하여 살펴본 각 예술사조가 현재 한국의 기독현대시 뿐 아니라, 일반문학의 전 장르와 마찬가지로 각각 혼재하고 있음을 알 수 있다. 그 이유는 한국문학사의 기간이 구미에 비해 일천할 뿐 아니라, 받아들인 순서도 각 사조의 존재당위성을 가진 역사의 순서대로 겪으면서 만들어지지 않고, 각자의 작가들이 접촉한 순서에 의해 국내에 일제강점기에 접어들기 시작했기 때문이다. 유입된 순서가 뒤죽박죽이라 할 수 있을 정도인 것은 일단 구미의 사조들이 일본을 통해 들어오면서 한국에는 아주 지연되어 받아들이게 된 연유가 가장 큰 원인의 하나로 꼽을 수 있다. 우리의 현대 문학이 오랜 역사의 기간을 거친 구미와 달리 100여 년 전 정도에 시작된 불모지에 갑자기 일본지배시대를 통해 일본을 접촉한 각 개인의 작가들을 통해 들어왔기 때문에 혼란의 과정을 겪어 왔던 것은 당연하다. 고전주의 , 낭만주의, 사실주의, 주지주의 등은 이미 해방 전에 사용되었으며, 그 사조의 의미와 관계없이 사회의 발전과 전혀 다른 양상을 가졌던 것이다. 그러나 광복 후에는 탈 농촌화와, 산업화를 통한 사회의식과, 정치적인 변환으로 생긴 민주화의 과정을 통해 이런 예술사조들이 그 역사적인 필요에 따라 사용되었던 것인데, 이것은 길게 잡아도 50년 정도에 지나지 않는다.

일반 문학의 현상과 같이 한국기독시도 많은 혼란의 과정을 거쳤던 것도 마찬가지라고 말할 수 있다.

여기서 기독시인 한사람으로 제언을 하여 문제점을 노출시키고 그 해결책을 한번 쯤 고민해보자는 의도로 그 방향을 제시하는 소견을 밝힌다.

첫째, 기독시라는 정체성의 문제의식에 대한 결여이다. 여기서 기독시란 종교의 경전의 기독교시(Christianity poetry)가 아닌, 기독인으로서 기독시(Christian poetry)를 말한다.

여기서는 단지 종교의 목적에만 한정하는 것이 아니다. 기독인으로의 인간 존재 탐구와 인간이 본질적인 죄성을 가진 존재에서 바라본 실존적 모습과, 기독인의 살아가는 사회의 역사의 한 점에서 본 역사의식 등 인간이라는 전제로 본 예술의식이 곧 기독문학의 하나인 기독시라는 정의에 대한 투철한 의식이 결핍되어, 작품 자체가 과거의 작품보다 더 육화되지 못하고, 심히 우려할 정도의 미학적인 수준에 머물고 있다는 점을 숨길 수가 없다.

둘째, 기독시의 존재 목적에 대한 무식 내지 무관심에서 유인된 점을 들 수 있다.

왜 기독시가 존재하여야 하는지의 당연성과 기존시의 특이성에 대한 무식함의 소치일 수 있다. 이것은 기독이라는 신학과 신앙 그리고 시라는 문학성의 연관성을 적절히 구성되지 못하게 한 원인이라고 할 수 있다. 왜 문학인의 한 사람이자 신앙을 가지고 바라보는 문제의식에 대한 선지자적인 의식의 결핍을 들 수 있다. 사회와 분리된 도피적인 자기고백에 지나지 않은 작품이란 일반인들이나 기독인들 양쪽 모두에서 무시당하거니 도외시 되는 것은 아주 당연한 일인 것이다.

셋째, 기독시의 미학적 수준에 대한 철저한 검토가 불충분했던 점과 그것을 해결하려는 시인들의 의욕과 노력의 결핍을 들 수 있다. 문학으로의 육화시키지 않고 성급한 욕심에 의한 자기표현방법의 저급성 때문에 사회의 고급예술을 포함한 지도자적인 사명과 책임의식을 가지고 이끌고 나갔던 앞선 초기 기독시인들과 예술인들에 비교하여 지금의 기독시인들의 대부분이 아주 얼굴을 들 수 없게 된 현시금에 기독문화의 영역을 심각하게 우려를 고려해 보아야 할 수준이라고 말하고 싶다. 모든 기독인이 마땅히 가져야 할 선교적 사명을 무시하자는 것은 결코 아니다. 그렇지만 만일 시문학이 종교목적에만 급급한 사명이라면 고급예술인 시의 역할이 대중성의 사회에서는 필요 없을 수 있을 것 아닌가 하는 역질문도 가능하다. 그러나 기독시인들에게 아무리 목적시에 가까운 신앙시라도 시가 시다워야 한다는 것을 재강조하는 것은 아무리 해도 지나치지 않는다. 즉 그 내용이 아무리 심오하다 해도 어찌 성서의 내용을 뛰어 넘을 수 있겠고, 그것보다 더 훌륭한 내용이 어디 다른 곳에서 찾을 수 있겠는가. 다만 그 진리라고 믿는 것들과 그 진리의 힘을 인간의 정서 내에서 작용할 수 있도록 미적 감동을 극대화하려는 의도가 문학이며, 그 문학이라는 것을 차용하여 인간과 인간의 삶을 통한 언어로 대화하고자 하는 의도가 기독시인의 존재목적 중 큰 분야를 차지한다고 말할 수 있기 때문이다.

위와 같은 문제점을 살피면서 문예부흥이후 인류가 추구하여 온 예술 분야의 큰 흐름을 말한 사조의 관점에서 기독현대시의 방향을 제언하고자 한다.

종교가 다 그러하듯이 기독교도 초기 정신에서 당면한 문제를 해결하는 지혜를 거울 삼아야한다. 그러기 위해서는 성서의 기본정신으로 돌아가야 한다. 내용과 형식기법을 그곳에서 찾는 기준으로 삼아야한다. 이런 면을 볼 때 그 기본은 그리스의 정신으로 돌아가 이성이라는 기준으로 출발점을 삼았던 고전주의의 자세를 무시해서는 안 된다고 강조하고 싶다. 인간의 삶의 향상을 위한 정신적인 기초는 최소한 하나님 앞에서 우아하고, 장엄하고, 조화로움을 추구하며, 인간이 신의 세계를 모방하는 그런 사조의 긍정적인 점을 함께 시도하여야 함은, 기독교 경전인 성서의 가르침 자체가 그 기저를 이루고 있음을 굳이 밝힐 필요성을 느끼지 않는다. 그러나 시인의 시야는 신적 존재에서 인간의 현실로 초점을 맞추어야 하리라고 본다. 신 중심의 역사관에서 인간 삶의 현장에 대한 애정의 시선이야말로 그리스도의 삶 자체였던 것이기 때문이다. 이런 태도는 사실주의와 매우 흡사하다. 신의 세계보다는 시인의 시안이 처할 수밖에 없는 현실의 현존의식에 초점을 가지고 있어야 하리라고 본다. 그럴 때 기독교의 목적과 사명인 선교적 역량이 확대되리라고 본다. 그리고 신앙인의 방향은 어디까지나 미래에 다가올, 눈에 보이지 않는 영성의 분야에 대한 제시를 끊임없이 시도해야 함에서 낭만주의 정신을 무시할 수 없다. 마치 신낭만주의에서 시도했던 사실들을 곰곰이 살필 필요성이 있다. 그러나 그런 정신들을 어떻게 나타냄으로 작품으로 육화시킬 수 있느냐하는 것이 우리의 당면한 숙제이다.

여기서 결론적으로 말한다면, 기독현대시는 모더니즘 중 가장 영향력을 가지고 한 세대를 풍미했던 주지주의에서 취했던 기법을 원용해야 한다고 본다. 상징과 이미지즘의 변용을 통해서 영적인 불가시적인 세계를 현실의 세계로 이끌고 오는 주지주의의 방법론은 현실감이 있는 과학의 시대인 21세기에도 효과적으로 사용할 수 있는 좋은 방법 중 한가지라고 생각한다.

앞으로 더 나아가 강조하는 것은 주지주의 영향으로 '사물과 이미지와 결합'. '원관념과 보조관념의 폭력적 결합' 이 결합에 객관적 모습을 띠는 "객관적상관물의 사용" 그리고 냉정하리만큼 정서를 숨기고 은폐함으로 상상의 극대화를 노리는 '정서로부터의 도피' 등의 이론을 가지고 통합적으로 즐겨 사용했던 기법 중 우리의 관심을 끄는 형이상시이다. 이 형이상시는 위와 같은 문제를 완벽에 가까울 정도로 해결할 수 있는 중요한 기법이라고 말할 수 있다. 종교시의 최종 목표는 형이상시 자체일 수밖에 없지 않은가.

포스트모더니즘에서 시도했던 표현양식은 어쩌면 한계가 있다고 생각한다. 다만 그것이 일반대중이 쉽게 이해할 수 있도록 하는 노력과 정신은 높이 살만하다. 역사의 중심에 있는 기독인의 역할에서 본다면 한 번쯤 시도하는 것으로 만족하고 지나가는 것이 좋겠다고 생각한다. 원래 본질적인 물음에 다가가는 선구자적이며 사명자의 길은 외로운 것이다. 지도자란 수적으로 많은 것이 아니다. 문학적으로 극도의 심오한 미학성을 가지고 한 분야의 예술을 끌고 가는 사람이란 그리하고 싶다고 누구나 할 수 있는 일은 아니다. 그러니 본격 기독시문학을 하는 사람은 그 신앙인과 시인으로 두 가지 사명감에서 투철하여야 할 것이다. 물론 독자의 대중성을 도외시하거나 무시하자는 것은 아니다. 그것을 다루는 사람들은 어느 시대에서나 많은 사람들이 관심을 가지고 다루고 있어 왔다. 다만 본격문학으로서 기독현대시인의 역할과 사명이 다르다는 것을 강조하고자 하는 것이다. 이와같이 시문학분야인 기독시의 창작에서 그 내용과 형식은 어디 까지나 기독정신과 그 중심에 있는 인간의 신의식의 사상을 가장 잘 나타낼 수 있는 방법이 되어야 한다. 그것은 어쩔 수 없이 기독시인은 기본적인 문학 방법론을 연구 개발해야 하리라 생각한다.

여러 사조들을 살펴보면서 확신이 서는 것은 지나간 여러 사조들 중 가장 기독시에 가까운 사조적 태도는 주지주의적인 태도에 바탕을 둔 형이상시의 기법을 사용하는 것이 가장 합리적인 타당성을 가진다고 말할 수 있다. 첨가하여 부연해본다면 포스트모더니즘에 와서 지난 사조들이 절충되었다는 주장에 귀를 기울이고 그 사실을 다시 상기하여야 할 것이다. 기독인은 모든 사고가 평면적이지 않고 입체적일 필요가 있다. 대부분의 기독교의 진리는 해석상에 입체적으로만 설명이 가능하기 때문이다. 주지주의에 기저한 여러 방법론들이 서로 유기적으로 결합하고, 그 장점을 잘 살려 종합적인 문화양식을 가진다면 기독시인이 추구하는 순수본격문학과 목적문학이 기독현대시라는 장르를 가지고 성공적으로 공존할 수 있으리라고 생각된다.

4. 나가는 말

긴 역사가 필요에 따라 만들어 진 모든 예술사조는 그 때마다 각각 의미가 있어 왔다. 뿐만 아니라 그 사조가 존재하여야 할 문학적 당위성이 있었기 때문에 한 시대를 이끌었다고 본다. 지나간 사조들이 그 때마다 존재 가치가 있어 왔지만, 현재는 포스트모더니즘에서 헤매다 막히고 있는 예술의 길을 다시 원위치로 되돌아와 살펴보아야 한다. 그 원인을 찾아보고, 혹시 가능한 탈출구가 있나 살펴보고자 하는데 이 글의 목적이 있었던 것이다. 예술사조들의 계속되는 변화의 모습을 통해 알 수 있었던 것은 그것들이 현대라는 이름의 역사적 현 시점에서도 재사용 가능한 예술사조의 기능을 통섭학적으로 연합하여 이용할 수 있다는 가능성에 대하여 확신이 든다. 그것은 아주 훌륭한 기독현대시의 창작기법으로도 원용될 수 있으리라고 생각이 든다. 다시 말하거니와 포스트모더니즘에서 확인된 것처럼 알 수 없는 방향에서 헤매는 것보다는 각각의 장점을 살린 모더니즘의 기법을 차용하여 한 단계 발전시킬 수 있다면 당대의 기독현대시라는 입장에서도 그것들은 매우 유용한 창작기법이라고 볼 수 있겠다. 결론적인 말로 표현한다면, 기독교 현대시란 주지주의와 그 영향을 받은 형이상시의 근원을 추구하여 한발자국 발전과 변화를 통한다면 수준 높은 문학성을 가진 작품으로 표현될 수 있는 타당성 있는 창작기법을 구현시킬 수 있다고 본다.

문학으로 보는 성경

조선문학 문학총서 20

2010년 1월 20일 인쇄
2010년 1월 25일 발행

지은이 / 정재영
발행인 / 박진환
펴낸곳 / 조선문학사
등록번호 / 1-2733
주소 · 110-092 서울 서대문구 홍제2동 96-4
대표전화 / 730-2255
팩스 / 723-9373

ISBN 978-89-93614-28-2

정가 15,000원